Collection *les Postmodernes*
dirigée par Alexandre Rougé

LA SOCIÉTÉ TOXIQUE

Pryska DUCŒURJOLY

LA SOCIÉTÉ TOXIQUE

RES PUBLICA
éditeur

Conception graphique : Julien Chaudeaux

ISBN : 978-2-35810-018-2

À mes deux grands-mères,
qui m'ont transmis, chacune à sa manière,
leur bon sens paysan.

À ma mère, qui m'a donné goût à l'alimentation bio,
dès les premiers jours de ma conception…

Sommaire

DEUXIÈME PARTIE
L'intox médica-menteuse

TROISIÈME PARTIE
L'intox agroalimentaire

ÉPILOGUE

« Le monde est dangereux à vivre ! Non pas tant à cause de ceux qui font le mal, mais à cause de ceux qui regardent et laissent faire. »

Albert EINSTEIN

Préface

Ce livre arrive bien à point, alors que toute la presse nous parle de dépolluer ou « détoxiquer » la planète, mais sans beaucoup de résultats. En vérité, comme le démontre magistralement cet ouvrage, l'intoxication existe à tous les niveaux, physiques autant que psychiques, à commencer par la censure et l'autocensure des médias. Pryska Ducœurjoly fait ici le tour de toutes les intoxications qui nous menacent et nous permet de mieux comprendre leur mécanisme. Elle traque cette « intox » dans tous les recoins où nous ne la soupçonnons même pas.

C'est en cela que ce livre est original. Il traite de la désinformation organisée et du lavage de cerveau que l'on nous inflige sournoisement, et navigue entre l'intoxication médiatique, agroalimentaire, domestique et « médicamenteuse », comme l'appelle si bien l'auteur, avec autant de détails que d'humour. Il démontre fort bien comment le dualisme corps et esprit, introduit par Descartes, a conduit l'homme à une intoxication générale dont il doit se guérir s'il désire survivre. Pour le citoyen consommateur, tout ce qu'il connaît, qu'il peut voir et toucher existe, le reste n'existe pas. « Si ça existait, ça se saurait ! » Non ! Cela existe, mais on ne le sait pas, ou, pour quelques-uns, cela ne se dit pas.

Comme le disait si bien Bertrand Russell, « Les hommes craignent la pensée originale plus que n'importe quoi sur la terre, plus que la ruine, plus que la mort elle-même. » Ainsi, l'homme aime imiter ses semblables, et c'est ce besoin qui permet d'influencer, par des publicités mensongères, le comportement de milliers d'individus selon la mode, qu'il s'agisse de vêtements, de nourritures, terrestres et spirituelles, ou d'opinions politiques et artistiques.

Or, cet ouvrage incite le lecteur à penser par lui-même, à changer sa manière de vivre et de se comporter, à cesser d'obéir aveuglément aux lois que le pouvoir lui impose, à s'éveiller enfin et sortir de l'abrutissement dans lequel les médias et la publicité le maintiennent.

Heureusement, une partie de la population commence à prendre conscience que tous ceux qui détiennent un pouvoir en profitent impunément, et que la plupart des hommes politiques sont, de gré ou de force, les otages des compagnies industrielles qui influencent leurs carrières.

En outre, l'approche matérialiste de la vie est un échec dont même les médias se rendent compte. Malgré ses promesses, la recherche en biologie ou en médecine est incapable de nous donner le fameux « mieux vivre » promis depuis longtemps. La lutte contre la maladie n'a jamais été sérieusement abordée, et l'on se contente de faire disparaître les symptômes au lieu de soigner l'individu dans sa totalité.

Un infime pourcentage de Français est parfaitement averti de cet état des choses, mais une partie plus importante n'est pas vraiment informée ; cependant elle cherche à l'être, et cet ouvrage s'adresse particulièrement à cette frange de lecteurs. Enfin, la majorité, non seulement des Français mais aussi de la population mondiale, est ravie de ne pas être informée et ne cherche surtout pas à l'être. Cela lui poserait de nombreux problèmes, l'obligerait à réfléchir alors qu'elle n'en a pas la moindre envie, et installerait chez elle des états d'âme, des peurs, des culpabilités, et surtout, risquerait de provoquer la remise en question de tout un système de vie et de pensée.

À l'heure de la mondialisation et de l'uniformisation, les dangers des totalitarismes à venir se précisent et les citoyens subissent une dépersonnalisation physique et mentale inquiétante. Nos gouvernements nous imposent une civilisation dans laquelle ceux qui « décident » ont pour objectif essentiel la mise en servitude de toute la population afin d'obtenir la stabilité sociale — toujours pour notre bien — imposée par la caste dirigeante afin de conserver sa domination.

Sous le prétexte de protéger l'individu au nom de la société qui doit payer pour lui, l'État se substitue au citoyen pour prendre des décisions, même celles qui pourraient mettre sa vie en péril. Mais nous ne devons jamais perdre de vue que nos dirigeants rêvent de convertir la liberté de chacun en données économiques. Il faut donc à tout prix les empêcher d'être les promoteurs des lobbies.

Aussi, ayons le courage de critiquer ce qui nous semble inacceptable, de nous révolter contre la corruption qui règne à tous les niveaux, de refuser de consommer ce que l'on cherche à nous imposer par des mensonges éhontés, et surtout, gardons notre bon sens et notre capacité de juger.

Pryska Ducœurjoly nous aide à faire le tri entre ce que nous croyons et ce qui existe réellement. Puisse son livre nous aider à changer de paradigme, car seule une vision holistique permettra de résoudre des problèmes qui semblent insolubles pour l'instant, tant que notre science officielle affichera une absence de conscience dans tous les domaines.

Aussi, je ne peux qu'encourager la lecture de *La Société toxique*, car, après l'avoir lue, nous ne pourrons plus vivre comme avant, mais nous vivrons mieux.

Sylvie SIMON,
journaliste et auteur

Avant-propos

« Détox ». Le terme chéri des praticiens de médecines douces est devenu à la mode, pour ne pas dire *branché*. De nombreuses publicités nous vantent désormais les bienfaits de ces cures, parfois fort chères, dont le but est de nous faire éliminer une partie des poisons auxquels notre corps est confronté, bien malgré lui. Le discours écologique a fini par s'imposer. Après des années de déni scientifique, il est désormais admis que nous baignons dans une foule de toxiques avec lesquels l'organisme est forcé de composer. Phtalates, pesticides, formaldéhydes et autres intrus de synthèse imposent à notre organisme un surcroît de travail en plus de ses fonctions habituelles (penser, se dépenser, manger, récupérer). Outre le célèbre « Buvez, éliminez ! », il faut désormais « détoxiner » !

On aurait tort de se moquer de cette nouvelle mode. La détoxination, concept par ailleurs ancien, est impérative aujourd'hui pour sauver sa peau, car les toxiques modernes ont une fâcheuse tendance à l'accumulation. Ils créent ainsi de multiples maux qui entravent notre dynamisme naturel : fatigue chronique, nausée du matin, mal de dos, allergies, problèmes de peau ou de digestion, autant de soucis du quotidien que nous tentons de masquer à l'aide de subterfuges. Café, antalgiques, anti-histaminiques, fonds de teint et autres pommades symptomatiques ne font souvent que gommer le problème en le déplaçant. Ces béquilles de vie trimballent un cortège d'effets indésirables, pas toujours repérables dans le présent, mais qui finissent toujours par se montrer de plus en plus insistants. Le cercle vicieux dans lequel s'est enferrée notre société n'a pas d'autre issue que la « détox » !

Certes, mais comment s'y prendre ? Soyons d'abord indulgents avec nous-mêmes car nous ne sommes pas aidés... Demandez à un généraliste de vous prescrire une cure de détoxination : il prendra un regard écarquillé... Rien d'étonnant à ce fait puisque cela n'entre pas dans le champ de ses compétences. La médecine est très douée pour repérer les maladies, beaucoup moins pour les prévenir. Elle est le parent pauvre de la pleine santé.

Plus facile à dire qu'à faire, la détoxination consiste en réalité à redonner au corps les moyens d'évacuer les poisons. Les causes de la *toxémie* sont diverses, et le plus dur est de les identifier. Elles sont la somme de l'*intoxication* (les toxiques venant de l'extérieur) et de l'*intoxination* (les toxines produites par notre corps).

Parmi les toxiques apportés par l'extérieur : les engrais et les pesticides de la chimie agricole, les additifs de l'industrie agroalimentaire, les médicaments pharmaceutiques, la pollution de l'air et de l'eau (nitrates, pesticides et autres composants volatiles), les amalgames dentaires, les cocktails vaccinaux, la cigarette, ou encore les faux amis alimentaires (café, thé, chocolat, alcool, sucre...).

Parmi les toxines produites à l'intérieur de l'organisme : les cellules mortes, les débris issus de la vie cellulaire (urée, acide urique...), les toxines sécrétées par certains microorganismes qui nous parasitent (des champignons au ver solitaire), les ralentissements digestifs (fermentations anormales), sans oublier le stress (pensées toxiques).

Pour lutter contre la toxémie, une alimentation naturelle (biologique et de saison) est nécessaire, avec, si possible, quelques cures annuelles à base de plantes qui purifient le sang ou soulagent le foie, véritable station d'épuration du corps. Mais pas seulement. Face à la sédentarité qui a fait grimper en flèche les maladies de civilisation, le sport est un véritable moyen d'éliminer, bien que ses vertus soient totalement laissées de côté par les messages publicitaires du ministère de la Santé (et des *Sports*!).

Au cours d'un exercice physique correct et régulier, qui suppose de transpirer un minimum, le foie, les reins, les poumons, les intestins, la peau excrètent les toxines avec bien plus d'efficacité qu'une cure de radis noir. Pour allier l'utile à l'agréable, sauna et hammam peuvent également compléter le tableau.

Néanmoins, il existe un autre paramètre essentiel : la « détox » mentale. Rire, s'épanouir dans son métier et apprendre à gérer son stress sont les meilleurs alliés du système immunitaire. Et c'est surtout ici que le bât blesse. Autant les toxiques environnementaux sont désormais identifiés, autant il est difficile de décrypter les poisons mentaux qui nous diminuent à petit feu. Publicités trompeuses, journaux télévisés démoralisants, débats stériles entre experts bien-pensants, toutes ces « pensées-poisons » font barrage à notre légitime envie d'évoluer vers le mieux-être. Elles bloquent l'évolution du corps social en nous perdant collectivement dans des perspectives sans issue, dans les « alternatives bornées » dont parle le philosophe et sociologue Edgar Morin[1], dans son « Éloge de la métamorphose ».

Nous sommes en permanence bombardés d'informations pathogènes qui, ajoutées à la toxicité de notre environnement et de nos camisoles chimiques, diminuent considérablement notre libre-arbitre. Pris dans les filets de la pensée unique, il est bien difficile pour le citoyen d'imaginer un monde meilleur, un univers des possibles, une place à la fois pour la générosité et pour la liberté, où l'individualisme rejoindrait l'altruisme. Entre l'idéologie capitaliste au bord de l'effondrement et les restes du communisme, nous peinons à entrevoir un nouveau mode de société, où l'individu serait, cette fois, véritablement empreint de liberté, d'égalité, de fraternité.

Temple de la malbouffe visuelle, veau d'or de la société matérialo-consumériste, notre télévision manichéenne ne nous offre souvent qu'un choix illusoire et limité (entre le pire et le moins pire). Sans la « consommation » et la « croissance », point de salut… Dans ce monde bien gris et conformiste, l'idéal d'un monde meilleur (sain et fraternel) est donc souvent caricaturé en utopie. « On ne peut pas cultiver sans produits chimiques », « l'économie, c'est forcément la croissance », rabâche-t-on tous les jours aux derniers rêveurs. Malgré la pollution qui s'étend partout, il est de bon ton d'être résigné devant les dommages collatéraux de nos croyances collectives. Drôle de démocratie où le réalisme rejoint le pessimisme, sans que personne ne réagisse.

1. « Éloge de la métamorphose », Edgar MORIN, *Le Monde*, 10-11 janvier 2010.

On nous l'assure, nos dirigeants veillent sur nous et font tout pour nous prémunir des fléaux qui rôdent : terrorisme, épidémies, désordres sociaux. « Dormez, braves gens »...

Les journalistes, peu dérangeants, ressemblent davantage à des attachés de presse, lorsqu'ils ne sont pas des porte-parole de la *peur* sous ses multiples formes (chômage, pandémies, insécurité, etc.). Dans ce ronron généralisé, les voix dissidentes peinent à se faire entendre. Voudrait-on nous vacciner en masse contre l'esprit critique ?

Dans cet enfer sociétal pavé de bonnes intentions, il est vital pour chaque citoyen de retrouver le chemin qui mène à « un esprit sain dans un corps sain ». Pour cela, il lui faut prendre à contresens les routes du prêt-à-penser de la société toxique. Si chacun s'y met, le corps social pourra enfin évoluer.

Que les chapitres qui suivent soient autant de cailloux pour celui qui, tel le Petit Poucet, souhaite se repérer dans la jungle des pensées toxiques. Le moins qu'on puisse dire, c'est que les pièges tendus sur le chemin du retour à un authentique développement personnel ne manquent pas. La détox, cela passe aussi et surtout par une cure de *dépollution mentale* (ou d'épuration mentale), dont le présent ouvrage constitue un manuel pratique à l'usage du citoyen averti.

PREMIÈRE PARTIE

L'intox médiatique

« On nous cache tout, on nous dit rien
Plus on apprend, plus on ne sait rien
On nous informe vraiment sur rien »
Jacques DUTRONC

Introduction : la société du stress permanent

Plus sournoise que la pollution de nos assiettes, de l'eau ou de l'air, il nous faut considérer la pollution mentale. Les images et les informations délivrées par notre société ultra-médiatisée peuvent en effet entraîner une véritable intoxication[2], au sens médical du terme : une « altération de l'état de santé provoquée par l'action d'une substance toxique (poison) sur l'organisme ».

L'idée que les informations que nous percevons puissent être source de maladies n'est pas commune. La possibilité que les pensées puissent nous rendre malades est rejetée par la médecine, ce qui n'empêche pas certains médecins de manier, parfois abusivement, l'argument du « psychosomatique » lorsqu'ils se trouvent désarmés devant un cas difficile...

2. Terme attesté en 1484 sous la forme *intosiquer*, « empoisonner par un poison » et en 1521 sous la forme *intocciquer*, « empoisonner moralement ». En 1823, le mot signifie « empoisonner par l'absorption d'un toxique » (Boiste). La forme pronominale s'intoxiquer se constate en 1883. Emprunté au latin médiéval *intoxicare*, dérivé de *toxicum* (toxique). Inconnu aux XVIIe et XVIIIe siècles, le mot a été réintroduit en 1823 ; il connaît aujourd'hui une véritable prospérité !

Pourquoi les Français sont-ils les plus grands consommateurs mondiaux d'antidépresseurs ? Ce déséquilibre généralisé de la psyché[3] réside-t-il seulement dans des conditions de vie difficiles ? Probablement pas.

La télévision et les médias en général ont leur part de responsabilité. Leurs informations anxiogènes nous maintiennent dans un état d'alerte, ce qui est la définition même du stress. Le matraquage médiatique et la dépendance au journal télévisé de 20 heures peuvent constituer un facteur aggravant pour les personnes sensibles aux troubles psychosomatiques !

Le stress se caractérise par une réaction de l'organisme à un effort d'adaptation (plus ou moins important) imposé par la vie en société. Le stress active un processus hormonal et nerveux pour créer un état d'attention maximum, ce qui implique l'augmentation du rythme cardiaque et un état de vigilance. Le stress est bénéfique lorsqu'il est bref car il permet de réagir favorablement face à une situation d'urgence : préparer un examen, éviter de justesse un accident, etc.

En revanche, un stress permanent (chronique) est pathogène car il conduit à l'épuisement de l'organisme, qui ne parvient plus à activer le mode « détente ». En nous exposant continuellement à des informations qui « zooment » toujours plus sur l'insécurité, la violence, la souffrance, la précarité, nous sommes maintenus malgré nous dans cet état de stress chronique.

---

3. Ce terme de psychologie analytique désigne l'intégralité des manifestations conscientes et inconscientes de la personnalité et de l'intellect humain. Le mot psyché (issu du grec ancien) signifie « âme », « esprit ».

C'est prouvé : le stress chronique épuise notre système immunitaire (qui est le premier pilier de notre santé). Deux psychologues américains[4] ont compilé près de trois cents études — qui ont été publiées sur une période de trente ans — sur la relation entre le stress et l'immunité. Au total, près de dix-neuf mille individus ont participé à ces études, de tous âges, mais principalement jeunes (âge moyen : 35 ans), le plus souvent en bonne santé.

Leurs résultats confirment l'association entre les événements stressants et des modifications de notre immunité. Ces modifications dépendent de la nature et de la durée du stress, mais aussi des capacités de résistance de l'individu. Dans cette étude, les stress les plus chroniques sont associés à l'immunosuppression[5] la plus globale. Ainsi, la prolongation du stress « fait déplacer les modifications potentiellement adaptatives vers des modifications potentiellement délétères ». En d'autres termes, un stress chronique va aboutir à une perte d'autorégulation du système immunitaire qui nous rend « plus vulnérables aux effets immunologiques négatifs du stress ». Un vrai cercle vicieux[6].

Non seulement la société médiatique nous entretient dans un stress continu, mais il est d'autant plus difficile à supporter que les informations martelées sont très rare-

4. Les conclusions de Suzanne SEGERSTROM (University of Kentucky) et Gregory MILER (University of British Columbia) ont été publiées dans le *Psychological Bulletin* de l'American Psychological Association le 5 juillet 2004.

5. L'immunosuppresion est une suppression partielle ou complète des réponses immunitaires.

6. Lire à ce sujet *Le Stress permanent*, des psychiatres Pierre et Henri LÔO et André GALINOWSKI, Éditions Masson, 2003 (3e édition).

ment compensées par les bonnes nouvelles qui pourraient « rassurer » notre système immunitaire.

« Que fait la télévision à longueur d'émissions ? Elle suggère que le monde est dangereux, que les envahisseurs nous guettent, que la misère dévaste les pays du Sud, que des tireurs fous mitraillent des enfants dans les écoles », commentent de leur côté René Blind et Michael Pool, dans leur livre *La Machine à décérébrer*[7]. « Les réponses au mal proposées à l'écran sont dérisoires : seul un Superman auquel un enfant de 5 ans cesse de croire peut sauver le monde. Face à la misère dans les *slums* de Calcutta, il n'y a que des Mère Teresa. Des héros ou des saintes. Jamais notre force, notre bon sens, notre solidarité, notre liberté ne résolvent les problèmes. Ce sentiment d'impuissance rend impuissant. Ces images de souffrance font souffrir, ces messages d'angoisse nourrissent nos angoisses, et tout cela ne saurait nous conduire à la santé… »

Que penser par ailleurs du nombre de séries télévisées violentes et sanglantes sur lesquelles tombent régulièrement les enfants, les plongeant dans un stress visuel dont ils peinent à s'extraire sans l'aide de leurs parents ?

Intoxication aiguë et chronique

Certes, l'exposition à la télévision ne nous rend pas immédiatement malades. Il ne s'agit donc pas d'une intoxication aiguë, à la manière d'une indigestion qui nous clouerait au lit dans les trois heures qui suivent le repas. Néanmoins, quelques rares fièvres médiatiques ne sont pas si éloignées de ce concept d'intoxication aiguë, dans la mesure où elles

7. David GROSSMAN, René BLIND et Michael POOL, *Comment la télévision et les jeux vidéo apprennent aux enfants à tuer*, suivi de *La Machine à décérébrer*, Éditions Jouvence, 2003.

sont capables de générer un soudain et intense traumatisme émotionnel et de fabriquer un consentement collectif en nous faisant abandonner (voire perdre) la raison. Tel un malade délirant sous l'effet de la fièvre, nos comportements collectifs peuvent s'en trouver altérés.

Ce fut notamment le cas du 11-Septembre, où le choc des images a permis de faire accepter facilement à une grande partie de la population mondiale la guerre contre le terrorisme, sans que nous puissions poser la moindre question sur le bien-fondé d'une telle entreprise. « Les images des avions qui s'écrasaient et de l'effondrement des tours ont créé un effet de choc en même temps qu'elles suscitaient de violentes émotions », écrit Carol Gluck, de l'université de Columbia, dans *11-Septembre. Guerre et télévision au XXIe siècle*[8].

« Mais le phénomène le plus remarquable, en ce qui concerne l'économie politique de la télévision dans les jours qui ont suivi le 11-Septembre, a été la combinaison d'une diffusion compulsive par les directeurs de programme et d'une consommation obsessionnelle d'images par les téléspectateurs. Certains ont confessé être restés comme "scotchés" devant leur poste, regardant en boucle les mêmes images d'horreur, sans être vraiment conscients de ce qu'ils faisaient. Outre la fascination pour l'inimaginable image — et celle-ci l'était bien —, voire le lien (malsain) entre terrorisme et sublime, peut-être l'attirance pour l'épouvantable grandeur de l'événement est-elle un exemple de ce que Mark Seltzer a appelé "la sphère publique pathologique", dans laquelle le spectacle des catastrophes et de la mort non seulement nous attire mais nous rapproche aussi

8. *Annales. Histoire, sciences sociales*, Éditions de l'EHESS, janvier 2003, pp. 135 à 162.

les uns des autres, dans un acte social d'identification aux victimes», rappelle Carol Gluck.

Hormis cet exemple qui a généré un stress intense et immédiat, et une réponse immunitaire collective face à l'agresseur terroriste, le matraquage télévisuel relève plus communément de l'intoxication chronique. À la différence de l'aigu, la chronicité se caractérise par une évolution lente, sans signe apparent. Notre système immunitaire est obligé de composer chaque jour avec des informations malsaines, distillées de manière continue, des «toxines à bas bruit» (c'est-à-dire des pensées poisons que nous ingérons à faible dose mais de manière ininterrompue et sur de longues années). Ce type d'intoxication est difficile à repérer, mais ses effets sur le long terme n'en sont pas moins dévastateurs. La chronique médiatique nous épuise sans que nous puissions clairement en identifier la cause.

Nous sommes continuellement exposés à des informations qui, petit à petit, font leur chemin dans notre esprit, nous amenant finalement à une forme d'aliénation, c'est-à-dire à faire nôtres des pensées qui n'émanent pas de notre réflexion personnelle mais des médias. Ces derniers véhiculent une vision de la société plus sombre que lumineuse. À cause de tant de martèlement médiatique, nous finissons par accepter cette vision faussée de la réalité. Rendus craintifs et méfiants, nous devenons davantage préoccupés par notre propre sécurité que par l'évolution de notre humanité. Il devient ainsi plus aisé de nous contrôler.

Toutes ces informations pathogènes nous tuent à petit feu plus qu'elles nous guident vers la pleine santé! Lorsque nous écoutons la radio ou regardons la télévision, la balance bénéfice/risque ne penche donc pas en notre faveur. D'autant plus que la publicité en rajoute une couche et nous pousse à des comportements à risque : manger toujours plus, préférer les produits gras et sucrés, rouler à toute allure dans des berlines puissantes, recourir à des gadgets technologiques plutôt qu'à nos capacités réelles.

Si les médias voulaient vraiment représenter une menace toxique pour la population, ils n'auraient pas grand-chose à changer dans leur fonctionnement. Il est urgent de les remettre en question et de leur demander ce qu'ils ont fait de leur prétendue vocation à servir l'humanité ! Et ce qu'ils font de notre redevance télévisuelle...

Chapitre 1
L'information toxique

1. Pourquoi écoute-t-on les informations ? Ou pas…

Notre mental est-il capable de résister et d'analyser en temps réel ce flot inégalé d'informations anxiogènes qui sont déversées chaque jour par les médias, à travers différents supports : télévision, presse écrite, radio, Web ? Dans quelle mesure une journée qui démarre du bon pied, peut-elle être empoisonnée par ces flashes matinaux déprimants et stressants ?

Chacun a sa manière de se positionner face à la société de l'information. Très schématiquement, on peut réagir de trois façons : par intérêt, par habitude ou par indifférence.

- Pour certains, l'information constitue un élément essentiel de leur cadre professionnel. C'est le cas des journalistes notamment, des hommes d'affaires et des personnalités politiques. Plus que l'analyse de l'information, c'est surtout les sujets à l'ordre du jour qui vont mobiliser en premier lieu leur attention : de quoi parle-t-on aujourd'hui ? En quoi les informations que je perçois vont-elles interagir avec mon quotidien ? Certains écoutent aussi les informations pour alimenter leur système de croyances et renforcer leurs opinions sur tel ou tel sujet. Cela leur permettra d'alimenter les débats dans les dîners et d'affiner leur personnalité sociale.

• Pour d'autres, allumer la radio le matin constitue un geste machinal. Sous la douche, les informations glissent sur leur mental comme le savon sur leur peau. Sans déclencher de réaction immunitaire, le ronron en boucle de France Info produit en eux le signal du début de la journée. Tel un réflexe pavlovien, la voix du présentateur nous signifie que l'heure est au réveil.
Pour que le goût du bol de café ne soit pas gâché par l'annonce de la dizaine de morts d'un attentat au Moyen-Orient, il faut néanmoins déployer, inconsciemment, un maximum d'insensibilité. Cette carapace naturelle nous permet d'être au courant de la marche du monde, puisqu'il le faut bien, pour ne pas avoir le sentiment d'en être exclu. Puis vient la chronique de notre humoriste préféré ! Celle qui va détendre l'atmosphère viciée de la *sinistrose* ambiante. Cela permettra aussi d'échanger des lieux communs avec ses collègues de boulot devant la machine à café et d'entretenir la conscience de sa propre existence en tant qu'animal social.

• Enfin, il y a ceux qui n'écouteront rien. Soit parce que, hyperémotifs ou trop réactifs, ils ont développé une véritable allergie aux infos et ne veulent pas se laisser pourrir la matinée par France Inter ou RMC. Soit parce que d'un tempérament insouciant, ils n'ont tout simplement pas pensé à allumer la radio. Dans les deux cas, le travailleur quitte son domicile l'esprit vierge, presque sûr qu'il ne ratera rien d'extraordinaire. En cas d'événement réel, on se chargera bien de l'informer ! Acte de résistance ou simple passivité, c'est l'indifférence qui est ici prépondérante.

Ces comportements variables face à l'info peuvent alterner et se succéder chez une même personne, en fonction de ses humeurs ou de son état d'esprit (certains accros s'obligent par exemple à couper la radio et la télévision pendant leurs vacances). Pour ma part, bien qu'étant journaliste, je dois confesser que je mettais un point d'honneur à franchir la porte de mon ancienne rédaction sans avoir la moindre idée des titres de l'actualité…

Puisque je me situais dans la troisième catégorie, celle des hyper-réactifs, à quoi bon risquer de compromettre la digestion de mon petit-déjeuner par l'ingestion forcée de propos acides ou mielleux servis par les journalistes radio et leurs invités ? Ainsi, je me sentais déjà un peu marginale au milieu de mes collègues pré-informés, pour ne pas dire pré-formatés par les débats bien-pensants des émissions matinales.

Avant la conférence de rédaction, professionnalisme oblige, je devais néanmoins réviser le contenu de ma journée sur le fil de l'AFP. Malgré un réflexe d'autoprotection initial, j'étais vite rattrapée par l'info. Son flux incessant me donnait l'impression d'être en permanence débordée. Le malaise croissait au fil de la journée… Il était impossible d'appuyer sur « pause » pour s'accorder un temps de réflexion. Pourquoi privilégiait-on tel sujet, anecdotique à mes yeux, plutôt qu'un autre, qui semblait de portée bien plus générale ? J'avais souvent le sentiment que l'ordre des sujets était sans rapport avec leur importance réelle. Cette hiérarchie de l'information faisait néanmoins consensus chez mes confrères, après quelques minutes de discussion.

En décalage permanent avec la tyrannie de l'audimat, j'avais de plus en plus de mal à croire en mon métier. À cela s'ajoutait la médiocrité des sujets que l'on me demandait de traiter, et qui me donnaient souvent la nausée. Il en résultait, mes papiers bouclés, un sentiment de vacuité et d'écœurement. En d'autres termes, je me sentais autant étrangère à moi-même qu'inutile à la société. Après mûre réflexion, j'ai finalement opté pour une salutaire démission, ce qui m'a permis de rapidement m'envoler vers d'autres horizons. Ouf!

C'est en travaillant dans une grande rédaction que j'ai découvert à quel point l'information et son traitement pouvaient être toxiques. Non seulement pour celui qui la reçoit mais aussi pour celui qui la traite. D'ailleurs, ne se demandait-on pas tout le temps : « Info ou intox ? » ?

2. Dix heures : bienvenue en conférence de rédaction !

Téléthon en vue. « Hélène, tu prévois quoi ? Ah ! Bonne idée, le reportage dans une association. On ne va pas suffisamment sur le terrain. Un beau portrait, bien poignant, ce serait bien. » Allez, ça roule, comme on dit !

« Pryska, l'Éduc', c'est quoi le problème avec la réforme du primaire ? Hum, les coulisses de la stratégie médiatique de Darcos, l'angle est pas mal, mais t'as des éléments ? » Des éléments, j'en avais, bien sûr. Mais les guéguerres entre le ministère et les syndicats enseignants commençaient sérieusement à me lasser…

« Bernard, on part toujours sur la crise en ouverture du journal ? Il faudrait que tu me trouves quelques entreprises qui seront bientôt sur la paille. On fait le papier leader avec ça. En encadré, on prendra l'AFP pour les propositions du gouvernement. Tu peux faire le "Trois questions" à un économiste ? »

Une douzaine de personnes entourent le rédacteur en chef et son adjoint. Chacun avec son bloc, son stylo et sa bible : les prévisions de l'Agence France-Presse (AFP). Sans ce mémo, on est un peu perdu… C'est en quelque sorte l'agenda national de l'actualité pour la semaine. Chaque chef de rubrique fait le point sur son secteur.

L'AFP annonce les événements de la journée et son niveau de couverture. Le nombre d'articles et leur longueur sont censés refléter l'importance du sujet dans l'actualité. On attend ces papiers qui vont tomber dans la journée, les fameuses dépêches auxquelles sont abonnés (et suspendus…) les journaux. Elles permettront de faire du copier/coller sur certains sujets, ce qui est fort utile en cas de… manque de personnel (RTT, arrêt maladie, réduction d'effectif). Dans tous les cas, il convient de se « dépêcher »… Quel stress, ce métier !

Comment se crée l'actualité ? Justement : via les agences de presse, qui évaluent la portée des événements, avec un grand sens de la perception de l'opinion, et aussi, en théorie, un maximum d'objectivité et de conscience humaine. Les dépêches constituent des idées de traitement de l'information (reportages, résumés des faits, éclairages chiffrés), une base de départ que le journal va enrichir et animer par des angles maison, c'est-à-dire par un éclairage, plus ou moins original, sur le sujet.

Dans les faits, on constate que ce qui est important pour les agences s'adapte plutôt bien aux impératifs de vente des journaux, leurs clients. Malheureusement, la facilité conduit trop souvent les journalistes à se satisfaire de cet agenda quasi-institutionnel et à broder autour, sans tenir compte des événements qui ne sont pas abordés par l'AFP. Et ils sont nombreux.

C'est ainsi que des faits se produisent dans la société sans que personne n'en soit informé par les *mass media*, tous rivés sur l'AFP. Avant l'arrivée d'Internet, la situation était plus défavorable encore aux citoyens. Aujourd'hui, le Web permet de découvrir des débats qui sont mis en ligne plusieurs semaines, plusieurs mois, voire plusieurs années avant que les médias classiques ne s'en fassent l'écho.

Il est possible, pour un journaliste qui cherche des scoops, d'avoir le nez creux grâce à une veille Internet. Les sujets de prédilection des réseaux associatifs ou militants contiennent en germes de futurs débats de société. Fait surprenant, les journalistes des grandes rédactions ne s'intéressent pas à ces sources alternatives. Il y a pourtant matière à exposer des débats plus équilibrés qui prennent davantage en compte la pluralité de la société et la réalité des enjeux. Pour ma part, j'ai toujours considéré que la mission d'un « professionnel de l'information » consiste aussi à débroussailler le terrain d'Internet, en s'efforçant de séparer le bon grain de l'ivraie sur les sujets qui font un *buzz*, par la vérification des sources notamment.

Combien de fois ai-je levé des lièvres sur la Toile, arrivant, le cœur palpitant, en conférence de rédaction ? Bien souvent, j'ai récolté des regards perplexes, dubitatifs et parfois méfiants à cause de mes sources non conventionnelles. C'est ainsi qu'un dossier de « une » consacré aux phtalates (ces polluants du plastique), validé à force d'insistance et de persuasion, a traîné six mois au « marbre » (là où s'entassent les sujets à venir) avant que le scoop ne soit éventé par le quotidien gratuit *Métro*, puis par les autres médias. Bref, j'avais une longueur d'avance au départ, mais je m'étais faite doubler par une dépêche de l'AFP, reprise partout ensuite.

Comment expliquer que ce sujet, consacré à la baisse de la fertilité masculine par l'intoxication chronique aux phtalates, sujet fondamental et assurément bon pour l'audience, n'ait pas suscité l'enthousiasme de la hiérarchie ? La raison est aussi simple que déconcertante : lorsque j'avais suggéré le sujet, il n'avait pas encore été repris par les agences de presse ; il ne faisait donc pas encore partie de l'actu ! Hormis le prêche de l'AFP et de ses dépêches, point de réalité.

À cela s'ajoute le scepticisme habituel à l'égard des intuitions… féminines, réflexe archaïque dans un corps de métier dont la hiérarchie reste masculine. Mes consœurs ne me contrediront pas, elles qui se voient infliger régulièrement, en plus des pages sport, des papiers de « une » sur les dernières performances sportives des Girondins! La rédaction en chef semble oublier que le lectorat est composé à 50 % de femmes, et que celles-ci, dans les sondages, ne citent jamais le sport parmi les informations prioritaires.

Ce fait fut par ailleurs confirmé par une enquête Sofres pour le journal *Sud Ouest*, réalisée en 2007 auprès de ses lecteurs. À la grande surprise des rédacteurs en chef, ce sondage plaçait le sport et le shoping en queue de peloton des treize principaux sujets d'intérêt du lectorat. Les deux premiers thèmes de prédilection étaient (et sont sans doute encore plus aujourd'hui) l'environnement et la santé… Comme quoi les lecteurs s'intéressent à de vrais sujets, même si les journalistes s'évertuent à croire qu'ils préfèrent les futilités.

Ainsi, non seulement certains rédacteurs en chef ne tiennent pas compte des avis de leurs propres salariées, mais ils se tirent aussi une balle dans le pied en donnant la priorité à des sujets que le lectorat considère comme secondaires. Ils se lamentent ensuite sur les baisses des ventes de la presse quotidienne…

Les journalistes finissent par croire à la réalité qu'ils produisent avec l'aide des agences de presse. À l'image des politiques, ils se sont déconnectés du monde qu'ils prétendent décrire et éclairer. On ne peut plus leur faire confiance pour nous informer. C'est pourquoi de plus en plus de lecteurs s'en désintéressent, préférant les quotidiens gratuits, vite parcourus, qui disent la même chose sans leur coûter un centime.

3. Les journalistes sont-ils devenus des fonctionnaires de l'info ?

L'explosion des techniques de communication, notamment du numérique, rend l'information désormais très accessible. Sans bouger de chez soi, elle nous parvient par le tube cathodique, par la radio, par le Net. Le journaliste, relié en permanence à une pluralité de sources, tire aussi de nombreuses facilités de ce phénomène. La rédaction d'un article est devenue plus rapide. Revers de la médaille: le journaliste est devenu un homme de bureau plus qu'un homme de terrain. Il est de plus en plus tenté de rester vissé à sa chaise et à son écran d'ordinateur, d'autant plus qu'il a de moins en moins le temps de mettre le nez dehors. *Il croule sous l'info.*

La plupart des chefs de rubrique des grandes rédactions sont à quelques années de la retraite. Certains vivent assez mal l'arrivée d'Internet et du plurimédia qui les bousculent dans leurs habitudes, en leur demandant des capacités d'adaptation et un surcroît de travail. Beaucoup regardent donc avec méfiance le Web, qu'ils jugent fourre-tout, et répugnent à se saisir pleinement de cet outil comme source à part entière d'information. Il en résulte une fracture numérique entre les générations de journalistes, liée aux habitudes de travail.

Remplissage et écrémage

Deux logiques inadéquates peuvent présider au traitement de l'information par les médias. La première, le remplissage, intervient lorsqu'on est « creux » dans une page. Il reste de la place, et on n'a rien à dire pour combler l'espace vide. En théorie, il ne peut pas y avoir de remplissage dans la presse, ni en radio, ni en télévision. L'information est tellement abondante, on n'en est pas à ce point-là !

En réalité, la situation économique difficile que traversent les médias (dans un contexte de concurrence accrue) a conduit un peu partout à des réductions d'effectifs. Si bien que la charge de travail augmente (le nombre de papiers à écrire) et que le temps manque pour l'analyse. Cela aboutit parfois à un remplissage, avec des informations sans grande importance, traitées rapidement. Le niveau de qualité de l'information qui figure dans un journal ne dépend pas seulement de la conscience professionnelle du journaliste, mais aussi de son degré de pressurisation…

Le résultat est assez insipide. Dans le jargon, on appelle ça « pisser de la copie ». Au final, le lecteur tournera vite la page, avec le sentiment de n'avoir rien avoir appris en refermant son journal.

Logique délétère inverse : l'écrémage. Cela prévaut en cas d'actualité chargée (crise économique, grève massive, intervention présidentielle, catastrophe, etc.). La place étant limitée, il s'agit de ne délivrer que la substantifique moelle de ce qui parvient au journaliste. Bien trop souvent, l'analyse passe à l'arrière-plan et l'on ne se pose souvent les bonnes questions qu'après la bataille. Exemple : lorsque les médias se demandent pourquoi Roselyne Bachelot a acheté 94 millions de vaccins contre la grippe A, cela fait six mois que les contrats ont été signés. Il aura fallu que ces doses nous restent sur les bras pour que la presse s'empresse enfin d'en parler.

Face à la montagne d'informations, l'écrémage est nécessaire. Mais étant donné le traitement émotionnel des faits au détriment de considérations d'intérêt

général, c'est souvent le lait écrémé que boit le lecteur, le beurre passant à la trappe. Certains le récupèrent et s'en délectent, en *off*.

Communication ou information?

Autre problème récurrent: la «communication institutionnelle» de certains articles publiés dans des journaux de référence. Cette expression désigne l'un des travers de la presse qui, au lieu de traiter des sujets en toute indépendance et de sa propre initiative, se laisse contaminer par le virus de la communication dont sont porteurs les ministères et leurs administrations. Sources officielles et journaux martèlent alors en chœur les mêmes arguments.

Lorsque les journalistes ne cherchent pas à mettre en doute la parole des cellules de communication de nos institutions, fait étonnamment courant, on est en droit de les comparer à des attachés de presse, et de parler de collusion!

La liste des exemples est longue: il suffit d'être attentif à la lecture des journaux pour prendre conscience de l'étendue de cette maladie chronique dont souffrent les médias. On ne prendra qu'une illustration, sur un sujet qui n'a pas fini d'*effrayer* la chronique: la grippe A.

Sous la plume de Marie-Béatrice Baudet et Paul Benkimoun, *Le Monde* a livré «Quatorze questions sur la vaccination», le 29 novembre 2009. Un article qui étonne d'abord par sa longueur: 12000 caractères, alors qu'un article dépasse rarement 4000 signes (sous peine de perdre le lecteur en cours de route...). Un bref décryptage montre que *Le Monde* a donné, ce jour-là, un sacré coup de pouce à une ministre de la Santé en mal de vaccinés. Pour l'information objective, il faudra repasser.

Dans la déontologie qui prévaut au traitement des controverses, une première règle de base est enfreinte : l'intégralité des sources est institutionnelle ! Sur l'efficacité du vaccin, nous avons droit à l'avis officiel des « agences de sécurité sanitaire » et de « l'OMS » (l'Organisation mondiale de la santé). « Des études » sont évoquées, mais on ne sait pas lesquelles précisément. En cas de mutation virale, on nous donne à penser « selon l'OMS », « un avis partagé en France par l'InVS » (l'Institut national de veille sanitaire). Parmi les autres sources : « le site du ministère de la Santé », « l'Afssaps » (l'Agence française de sécurité sanitaire des produits de santé) ou encore « le Haut Conseil de la santé ».

Au milieu de ces sigles officiels, il convenait de donner un peu d'humanité : c'est ainsi que le professeur Claude Hannoun vient lui aussi apporter de l'eau au moulin de l'argumentaire pro-vaccination. Pouvait-il en être autrement de la part du pionnier de la vaccination anti-grippale, auteur de plusieurs ouvrages sur les bienfaits de la vaccination ?...

Les journalistes sont passés maîtres dans l'art d'entretenir une illusion d'objectivité sous l'apparente variété des sources.

Autre remarque, plus anecdotique : il est symptomatique que les auteurs de l'article du *Monde* livrent leur conclusion dès l'introduction du papier : « Y compris dans la survenue du syndrome de Guillain-Barré, la balance entre le bénéfice et le risque penche en faveur de la vaccination. » Si vous en doutiez, c'est que vous n'aviez rien compris au sujet ! Journal philanthrope, *Le Monde* va reprendre avec vous les points essentiels, afin que vous ayez enfin la « bonne manière » de voir les choses.

Ses quatorze questions sont en fait un lavage de cerveau présenté sous une forme animée et agrémentée de conseils pratiques. Ce déroulage verbal est un chef-d'œuvre de communication, prémâché par les attachés de presse de l'Afssaps, du gouvernement ou de la Haute autorité de santé publique.

Plus inquiétant, certaines affirmations sont à la limite de l'amateurisme scientifique. À la question n° 12 : « À partir de quel âge faut-il faire vacciner les enfants ? », *Le Monde* répond : « Avant l'âge de 6 mois, cela n'est d'aucune utilité. Le système immunitaire n'est pas encore assez mature pour que la vaccination soit efficace. » De quoi jeter le trouble chez les parents à qui les pédiatres recommandent, avant l'âge de 4 mois, les vaccins contre la diphtérie, le tétanos, la polio, la coqueluche, l'*haemophilus influenza*, l'hépatite B et le pneumocoque. Ces vaccins seraient-ils eux aussi prématurés ? En réalité, ce que ne disent pas les journalistes, c'est que la vaccination anti-H1N1 n'a pas été testée sur les enfants de moins de 6 mois et que les exposer à la seringue pourrait leur être fatal. Un exemple de malhonnêteté intellectuelle parmi d'autres…

Plusieurs points sensibles ont été évacués par les journalistes. Avec seulement 340 signes pour « Les adjuvants sont-ils dangereux ? » contre 1 780 sur « La grippe est-elle dangereuse ? », l'article est orienté et minore les risques de la vaccination. Les journalistes ne donneront au lecteur aucun moyen de vérifier leurs informations sur des points cruciaux, ces dernières n'étant tout simplement pas « sourcées »[9] : « Plusieurs études », « Seule une étude américaine »,

9. Cela signifie qu'on ne donne pas la source des informations ou leur référence scientifique, ce qui est pourtant le B.A.-ba du métier.

« une étude française »… C'est vague. Souviens-toi, lecteur, que ce flou est caractéristique du manque de fiabilité de certaines informations derrière lesquelles il ne faut pas trop gratter…

Le citoyen doit faire confiance aux journaux les yeux fermés. Ne pouvant tout rejeter en bloc, ni passer trois heures par jour sur Internet pour se faire sa propre idée, il se retrouve, malgré lui, soumis à une intoxication passive. Pour s'en prémunir, il est important de bien repérer les sources citées dans les articles. Si ces dernières ne sont que les variantes d'une même entité (qu'il s'agisse de l'État, d'une administration ou d'un lobby), la suspicion s'impose d'entrée !

4. Les experts de la… désinformation

La complexité du monde technologique dans lequel nous vivons a donné naissance à une nouvelle espèce envahissante : les experts. Ils sont les conseilleurs des pouvoirs publics et les premiers interlocuteurs des médias. Tout le monde ou presque se fie aveuglément à leur « expertise ». Malheureusement, plusieurs crises sanitaires (amiante, pesticides) ou affaires judiciaires (distilbène, hormone de croissance), nous enseignent qu'ils défendent surtout les intérêts privés au détriment de l'intérêt collectif (la santé publique). Conseilleur n'est pas payeur, dit l'adage.

Très courtisés par les lobbies, leur influence sur les pouvoirs publics et sur les médias s'exerce à travers des techniques de désinformation bien rodées. La stratégie argumentaire du lobby de l'amiante, via les experts, a été analysée dans le livre *Trust us, we're experts* (« Faites-nous confiance, nous sommes des experts »), écrit par Sheldon Rampton et John Stauber[10].

1. L'amiante ne nuit pas à la santé.

2. OK, elle nuit à la santé, mais ne provoque pas le cancer.

3. OK, l'amiante peut provoquer le cancer, mais pas le type d'amiante que nous commercialisons.

4. OK, notre amiante peut provoquer le cancer, mais pas le type de cancer dont ces personnes souffrent.

5. OK, notre amiante peut provoquer ce type de cancer, mais pas aux doses auxquelles ces personnes ont été exposées.

10. Éditions Tarcher, 2000.

6. OK, l'amiante peut provoquer le cancer à ces doses, mais ces personnes ont contracté le cancer à la suite d'autres causes, comme par exemple le tabac.

7. OK, ces personnes ont été exposées à l'amiante et ont contracté le cancer, mais nous n'étions pas au courant des dangers au moment où ces personnes ont été exposées.

8. OK, nous étions au courant des dangers, mais les délais montrent qu'il y avait prescription.

9. OK, il n'y avait pas prescription, mais si nous sommes jugés coupables, nous ferons faillite et la situation sera pire pour tout le monde.

10. OK, nous sommes d'accord d'accepter la faillite, mais uniquement si l'on ne touche pas à certains départements de la compagnie et si l'on accepte de limiter notre part de responsabilité par rapport aux dommages que nous avons causés.

L'exemple ci-dessus est emblématique ; son but est de gagner du temps pour épuiser financièrement les plaignants dans des procédures judiciaires au long cours. On pourrait changer le mot « amiante » par « ondes électromagnétiques », « pesticides » ou « OGM », mais aussi par « matériaux irradiés », la nouvelle bête noire de l'association indépendante spécialisée dans les pollutions nucléaires, la Criirad.

En effet, un arrêté ministériel autorise, depuis mai 2009, l'utilisation de rebuts faiblement radioactifs dans la fabrication d'objets usuels de grande consommation. Il constitue une dérogation contre l'avis de l'autorité compétente, l'Autorité de sûreté nucléaire, qui avait émis un avis défavorable. Les quatre ministères concernés (Santé, Écologie, Logement et Économie) sont passés outre, sur les recommandations des… experts.

De nombreuses centrales nucléaires arriveront en fin de vie dans les quinze années qui viennent. Tout est bon pour éviter le gâchis dans lequel nous emmène l'industrie nucléaire : métaux, plastiques, gravats issus du démantèlement d'installations nucléaires pourront donc bien servir à la fabrication de ciment ou d'acier. « Ces produits contaminés seront utilisés pour la construction de maisons, voitures, bateaux, vélos… », assure la directrice de la Criirad, Corinne Castagnier. Du ciment radioactif pour bâtir nos logements et nos écoles ? L'histoire de l'amiante recommence…

Il y a quelques années, une étude scientifique concluait que les poules élevées en batterie n'étaient aucunement gênées par leur cage mais qu'elles s'y trouvaient, au contraire, davantage en sécurité. *Les Poules préfèrent les cages*, c'est donc le titre d'un petit livre instructif consacré à la manipulation de la science par l'industrie[11]. L'auteur, Armand Farrachi, nous montre que malgré la grosseur des ficelles, les experts finissent par nous faire gober n'importe quelle affirmation. Ce qui est insensé d'un point de vue éthique peut s'avérer parfaitement « scientifique » pour la logique du profit…

11. Armand Farrachi, *Les Poules préfèrent les cages. Quand la science et l'industrie nous font croire n'importe quoi*, Albin Michel, 2000.

5. Trop d'infos tue l'info : la surinformation toxique...

Intégrer la conférence de rédaction générale du troisième journal de la presse quotidienne régionale française, *Sud Ouest*[12], représente un aboutissement pour de nombreux journalistes. Par chance, il se peut qu'on y soit nommé pour un remplacement. Ce fut mon cas, pendant un an et demi. J'ai été extraite de ma locale isolée[13] pour rejoindre le pôle « Actualités », en charge de deux secteurs : l'immobilier et l'Éducation nationale. J'y ai été littéralement dévorée par l'actualité.

L'art de la diversion

Xavier Darcos, alors au ministère de l'Éducation nationale, nous inondait de sujets avec ses réformes (environ une par mois) et les réactions syndicales que cela provoquait. Occupée par la lettre de Guy Môquet que le président Sarkozy avait entrepris de faire lire aux bambins ou mobilisée sur la suppression du samedi matin à l'école, j'ai été baladée par les nombreux chiffons rouges agités par le toréador Darcos.

Prisonniers de leur logique d'opposition, les syndicats réclamaient, en 2008 et toujours maintenant, plus de moyens humains pendant que Xavier Darcos « dégraissait le mammouth », tout en instaurant un très contesté service minimum. Autant de grèves à couvrir, de ripostes et de querelles à rapporter. Pressurisée par l'actu, je n'ai pas eu

---

12. Après *Ouest-France* et *Le Parisien.*

13. Rédaction rattachée à un département où le journaliste est seul en poste pour traiter l'information d'une petite ville, généralement une sous-préfecture.

l'énergie nécessaire pour explorer cette information extraordinaire selon laquelle, désormais, plus d'un enfant sur dix souffre de troubles du comportement, de façon inexpliquée. De quoi apprécier sous un autre angle la faible moyenne en calcul et en orthographe des petits Français dans les études comparatives européennes, ces mêmes études étant par ailleurs brandies par le ministre pour justifier sa politique des ressources humaines.

Alors que l'on culpabilise parfois parents et enseignants sur leurs méthodes d'éducation, que l'on focalise sur les rôles de chacun, il est tout à fait envisageable que la cause des problèmes d'apprentissage soit ailleurs et qu'elle provienne de l'environnement toxique de la société : pollution omniprésente, alimentation neurotoxique, surenchère médicale et gavage médiatique, un cocktail explosif dans lequel baignent les jeunes générations, parfois dès leur vie in-utérine. Ce sujet, jugé trop « anxiogène » (sic), n'a pu figurer là où il aurait dû être, en double page d'ouverture, à la rubrique « Fait du jour »...

Aborder ce sujet est-il pour autant toxique ? Non, dans la mesure où cette information, aussi difficile soit-elle à accepter, apporte une partie de la solution au problème. Portée à la connaissance du grand public, elle donnerait aux parents des clés de compréhension et un moyen d'agir à leur niveau. Elle contribuerait aussi à rétablir le dialogue avec l'école, qui n'est pas directement en cause.

À la différence d'une information toxique, une information saine ouvre l'esprit, motive et rassemble, et permet une action citoyenne (voire politique) appropriée. Par sa nouveauté, elle parle davantage à notre intuition. Par sa clarté d'explication, elle aussi est libératrice.

Tout dire, c'est ne rien dire

Submergés par le flux incessant d'informations que génère le système dans lequel ils baignent, les journalistes ne parviennent pas à creuser ce qui mériterait de l'être. Ils veulent tout dire pour ne pas être en retard sur la concurrence et publient dans l'urgence, sans prendre le recul nécessaire pour établir une saine hiérarchie des sujets.

Malheureusement, si tout le monde parle en même temps des mêmes choses, et si ces infos sont mitraillées à longueur de journée à un rythme trépidant, vous avez tendance, naturellement, à tenir pour vraies les bribes que vous percevez.

Imaginez-vous l'expérience suivante. Vous devez réaliser une recette compliquée ou vous concentrer sur une tâche précise et urgente. Pendant ce temps, vos amis discutent dans le salon sur la grippe porcine et sur tout ce que racontent les médias. Vous n'avez pas le temps d'analyser la portée de leur propos, mais vous essayez néanmoins de comprendre ce qui se dit. Si on vous demande ensuite votre avis sur la grippe, vous aurez naturellement tendance à répondre comme la majorité de l'assistance, car votre cerveau, pour faciliter la compréhension de ce débit d'infos trop rapide, suppose bêtement qu'elles sont vraies.

Bien différente aurait été votre réponse si vous aviez suivi attentivement le débat. Moins occupé à retenir ce qui était dit, vous auriez été disponible pour analyser la véracité des propositions de chacun. Il en va de même devant la télévision. Plutôt que de vouloir comprendre rapidement ce qui vous est annoncé en boucle, il est plus judicieux de se demander si ce que vous voyez est vrai.

Face à l'obésité médiatique, il est devenu urgent de se concentrer, non pas sur la quantité, mais sur la qualité nutritionnelle des informations que nous ingurgitons.

6. *La consanguinité médiatique*

En France, trois ou quatre marchands d'armes et groupes de BTP (bâtiments et travaux publics) ont la haute main sur la majorité des médias. Le pluralisme intellectuel et culturel, pourtant indispensable au débat citoyen, est confiné aux marges que le système veut bien lui concéder. La relation fusionnelle qu'entretiennent les différents supports d'information, non seulement les uns avec les autres, mais aussi avec le monde politique et économique, est pathogène. Alors que l'on croit s'alimenter avec des informations équilibrées et variées, nous n'avons pas, en réalité, les nutriments nécessaires à un bon fonctionnement mental…

Janine Brémond a dressé un état des lieux, en 2004, pour l'Observatoire français des médias. « Le grand nombre de titres de presse écrite, de chaînes de télévision, d'éditeurs de livres masque l'ampleur de la concentration dans les médias et ses effets dévastateurs. Cette concentration met en cause l'indépendance des hommes politiques vis-à-vis des médias, le pluralisme et la qualité de l'information et rend donc nécessaire, et urgente, l'adoption d'une loi limitant réellement la concentration dans les médias. »

Ainsi, l'entreprise TF1 n'est pas seulement la chaîne gratuite TF1, c'est aussi le premier actionnaire du bouquet numérique TPS, qui diffuse plus de deux cents chaînes, avec un million d'abonnés. L'entreprise TF1 possède également les chaînes de télévision LCI, Odyssée, Eurosport, TPS Star, Cinétoile, Cinéstar, Télétoon, Infosport, sans compter des participations dans Série Club, TF6, TV Breizh, etc.

« Le groupe Bouygues contrôle TF1 avec 41,3 % du capital, rappelle Janine Brémond. Si, au sein de Bouygues, TF1 ne représente que 12 % du chiffre d'affaires du groupe, en revanche l'activité média peut être utilisée pour favoriser les autres activités du groupe (construction, téléphone). Comme l'affirmait Francis Bouygues au moment de la privatisation de TF1 : "il y a des intérêts secondaires découlant de la possession d'un tel outil" (cité par P. Péan, C. Nick dans *TF1, un pouvoir*).

« Qui possède le groupe Bouygues ? La famille Bouygues est le premier actionnaire du groupe, le groupe Pinault (FNAC, *Le Point*, radio BFM...) détient 8 % du capital et le groupe Arnault (*La Tribune*, *Investir*, LVMH...) près de 5 %. Ainsi deux groupes, eux-mêmes impliqués dans les médias, détiennent une part significative du groupe qui détient TF1. »[14]

Bref, on se perd dans ce labyrinthe médiatique, mouvant de surcroît : il existe de nombreuses passerelles entre des groupes soi-disant concurrents. Ces liens s'exercent par des prises de participation financière tous azimuts ou via les personnalités qui siègent dans plusieurs conseils d'administration. Au final, TF1 est copain avec Silvio Berlusconi ou Rupert Murdoch, mais aussi avec la chaîne M6, qui fait ami-ami avec le pôle Vivendi-Lagardère. En 2004, d'après l'Observatoire des médias, l'ensemble TF1 et M6 représentait 46 % de l'audience totale de la télévision en 2002 (TF1 : 32,7 %, M6 : 13,2 % selon Médiamétrie). La domination est encore plus forte dans le domaine des recettes publicitaires : les 76,8 % du marché de la publicité à la télévision leur reviennent.

Les médias deviennent de plus en plus interchangeables, d'où l'homogénéisation croissante du mode de traitement de l'information et de son contenu. L'esprit humain n'est pas seulement menacé par les multiples pollutions envi-

14. Extrait de « La concentration dans les médias en France », Janine Brémond, OFM, 14 avril 2004.

ronnementales mais également par la douce anesthésie des émissions « décérébrantes » qui servent en réalité les intérêts commerciaux des grands groupes qui les conçoivent.

La nature humaine est ainsi faite que la population n'a nul besoin que la soumission soit obligatoire pour s'y adonner. Personne n'oblige ainsi les Italiens à regarder les chaînes de télévision de Berlusconi, ni les Français à rester plantés plusieurs heures d'affilée devant TF1. Pourquoi contraindre les citoyens par la force alors qu'une connaissance plus approfondie de leurs comportements démontre qu'ils ne demandent que ça ?

La Boétie l'avait déjà pressenti dans son *Discours de la servitude volontaire*[15]. L'une des raisons de ce maintien de la servitude est que les tyrans usent de plusieurs stratagèmes pour affaiblir le peuple. D'abord, le peuple est engourdi par le théâtre et les divertissements. La Boétie condamne ainsi ces « drogueries ». Mais les passe-temps ludiques et les diverses superstitions ne peuvent endormir que le « gros populas », et non pas les « hommes bien nés » et cultivés. Ces derniers sont cependant enclins à se mettre au service de la *tyrannie* par cupidité et désir d'honneurs. Pour La Boétie, c'est d'abord de l'*habitude* que le peuple devra se défaire s'il veut sortir de la servitude volontaire.

15. *Le Discours de la servitude volontaire* (ou le Contr'un) est un ouvrage rédigé en 1549 par Étienne de La Boétie, à l'âge de 18 ans. Sa première publication date de 1576. Ce texte pose la question de la légitimité de toute autorité sur une population et essaye d'analyser les raisons de la soumission de celle-ci (rapport domination/servitude). Le jeune Sarladais cherchait une explication au succès des tyrannies de son époque. S'écartant des discours traditionnels, La Boétie s'intéresse non pas aux tyrans mais surtout aux sujets : comment peut-il se faire que « tant d'hommes, tant de bourgs, tant de villes, tant de nations endurent quelquefois un tyran seul, qui n'a de puissance que celle qu'ils lui donnent ? »

Face à l'intoxication télévisuelle servie par quelques groupes dominant l'économie, c'est donc à chacun de prendre ses responsabilités ! Faute de quoi nous ne sommes que les complices de notre propre intoxication, via notre penchant à la passivité.

Hégémonique AFP

Drapée d'indépendance, l'agence de presse française donne la becquée à la majorité des journalistes français. Mais par qui est-elle dirigée et financée ?

L'AFP dépend de ses seules ressources commerciales. Elle ne dispose pas d'actionnaires, mais seulement de dotations de fonds propres. Son statut lui interdit d'être subventionnée directement par l'État. Ainsi les journalistes revendiquent l'indépendance absolue de la ligne éditoriale.

L'AFP est gérée par un conseil d'administration de seize membres, parmi lesquels trois représentants des services publics nommés par le Premier ministre, le ministre de l'Économie, des Finances et de l'Industrie et le ministre des Affaires étrangères.

Côté direction, l'indépendance prend un coup dans l'aile lorsqu'on regarde le pedigree des trois derniers présidents de l'agence. Ces personnages, certainement brillants et très respectables, entretiennent néanmoins des accointances avec le monde dirigeant puisqu'ils sont diplômés de l'École nationale d'administration (ENA). De 1999 à 2000, l'AFP a été dirigée par Éric Giuily, énarque, ancien directeur général de France 2, haut dirigeant dans le monde de la communication française. Il est l'auteur d'un ouvrage au titre révélateur : *La Communication institutionnelle. Privé/public : le manuel des stratégies*, aux Presses universitaires de

France. Il est maintenant à la tête de sa propre agence de communication, CLAI, fondée en 2009.

Le site Internet de cette agence rappelle sa raison d'être : « En cas de crise, votre image peut être considérablement affectée. Nous sommes à vos côtés pour préparer, coordonner et exécuter une communication de crise efficace qui vous permettra de préserver votre réputation. Forts d'une longue expérience en communication corporative et institutionnelle [peaufinée sans doute à l'AFP… NdA], nous nous engageons à vos côtés pour vous conseiller avec intégrité et pertinence. »

Pierre Louette, haut fonctionnaire, est le patron de l'AFP depuis décembre 2005. Diplômé de l'Institut d'études politiques de Paris, cet ancien élève de l'ENA a exercé des fonctions au sein du cabinet du Premier ministre Édouard Balladur, de 1993 à 1995, et dans le groupe France Télévisions de 1995 à 1996, puis dans le privé, au sein de Havas Advertising de 1996 à 2000, puis de ConnectWorld, une agence de communication, et enfin chez LVMH de 2000 à 2003. Pierre Louette est devenu directeur général « Gestion » de l'AFP en novembre 2003, avant son élection au poste de président-directeur général.

Avant lui, Bertrand Eveno, haut fonctionnaire (inspecteur des Finances), ancien élève de HEC et ancien vice-major de l'ENA, fit une grande partie de sa carrière dans l'industrie privée et l'édition, avant de devenir président de l'AFP de 2000 à 2005. Il serait, sous toute réserve (d'après Wikipédia), membre du club Le Siècle.

Cercle de la pensée unique

Ce club, fondé en 1944, réunit des membres influents de la classe dirigeante française. Il compte environ cinq cent quatre-vingts membres. On sera moins surpris, en regardant la liste de ces *happy few*, des relations cordiales ou conjugales qui peuvent se tisser quelquefois entre présentatrices télé et hommes politiques influents (DSK, Borloo, Kouchner, Baroin, etc.).

Le journaliste Frédéric Saliba, dans *Stratégies magazine* en 2004[16], écrivait : « Un mercredi par mois, place de la Concorde à Paris, la fine fleur de la communication et des médias pénètre discrètement dans les salons de l'Automobile club de France. Ce n'est pas l'amour des voitures qui rassemble Maurice Lévy (Publicis), Alain de Pouzilhac (Havas), Serge July (*Libération*) ou Patrick Poivre d'Arvor (TF1), mais un dîner en compagnie de Nicolas Sarkozy, Dominique Strauss-Kahn, Thierry Breton, Claude Bébéar ou Nicole Notat. Tous sont membres du Siècle, le plus prestigieux des cercles de décideurs hexagonaux.

« "On ne choisit pas le Siècle, c'est lui qui vous choisit !", souligne Étienne Lacour, secrétaire général de l'association. [...] Triées sur le volet, les recrues gardent le statut d'invités pendant au moins un an avant de devenir membres. David Pujadas (France 2), Emmanuel Chain, Édouard de Rothschild ou Jean-François Copé ont, depuis peu, décroché le sésame. »

Comme le disait *L'Express* en mars 1988[17] : « Imaginer Le Siècle comme une "loge" toute puissante serait faire preuve de naïveté ou de fantaisie romanesque. Mais n'y voir qu'un dîner mondain serait ignorer que la capitale est faite de réseaux, de codes non écrits, de relations personnelles,

16. N° 1365, 14 avril 2004.

17. Cité par Anne MARTIN-FUGIER, « "Le Siècle" (1944-2004). Un exemple de sociabilité des élites », dans *Vingtième Siècle* n° 81, 2004 (Presses de Sciences-Po).

qui transcendent les frontières trop simples de l'univers politique. Et témoignent de l'homogénéité de l'élite française. »

Les dîners mondains, où se rencontrent des cercles de privilégiés, sont peut-être tout simplement les lieux de vie de cette pensée unique au service d'intérêts particuliers. Peut-on compter sur leurs membres pour nous informer honnêtement, en supposant qu'ils ne soient pas eux-mêmes préalablement intoxiqués par une forme de prêt-à-penser ?

7. Le prêt-à-penser viral

Apparue pour la première fois en 1995 dans un éditorial d'Ignacio Ramonet, l'ancien directeur du *Monde diplomatique*, l'expression « pensée unique » est décrite comme une « doctrine poisseuse et visqueuse » qui englue le citoyen. À ce titre, elle peut être définie à la fois comme un toxique et comme une toxine. À la différence du premier, qui est intrusif, la toxine est sécrétée par nous-mêmes. Dans les deux cas, il convient de s'en débarrasser !

Pour apprécier le pouvoir des mots sur l'individu, voyons ce qu'en pense un grand sociologue : « Le langage est en nous et nous sommes dans le langage. Nous faisons le langage qui nous fait. Nous sommes, dans et par le langage, ouverts par les mots, enfermés dans les mots, ouverts sur autrui (communication), fermés sur autrui (mensonge, erreur), ouverts sur les idées, enfermés dans les idées, ouverts sur le monde, fermés au monde », explique Edgar Morin dans son livre *La Méthode*[18].

Antithèse du langage complexe (et de la « biodiversité » des mots), la pensée unique est une représentation à une seule dimension de la réalité. Pour réductrice qu'elle soit, peut-on au moins espérer qu'elle soit neutre ? Si les mots ont un pouvoir, ils peuvent servir le pouvoir…

Le célèbre roman *1984* de George Orwell (1950) fournit quelques pistes d'utilisation du langage dans une optique de domination : « Le but du novlangue était non seulement de fournir un mode d'expression aux idées géné-

---

18. « La Méthode », tome 4, *Points* n° 303, p. 172. C'est l'œuvre majeure d'Edgar Morin. Cette somme est constituée de six volumes, que l'on pourrait qualifier d'encyclopédiques. Elle est éditée en poche.

rales et aux habitudes mentales des dévots de l'Angsoc[19], mais de rendre impossible tout autre mode de pensée. Il était entendu que lorsque le novlangue serait une fois pour toutes adopté, et que l'ancilangue[20] serait oubliée, une idée hérétique — c'est-à-dire une idée s'écartant des principes de l'Angsoc — serait littéralement impensable, du moins dans la mesure où la pensée dépend des mots. »

À la manière d'un cheval de Troie, les mots de la langue unique agissent comme des virus contagieux : introduits à faible dose dans le discours du moment, leurs toxines asphyxient en quelque sorte notre pensée critique et empêchent toute formulation alternative. Ainsi, on ne peut plus penser l'économie sans la *croissance*, le bien-être sans la *consommation*, la politique étrangère sans la *lutte contre le terrorisme* ou encore le vivre-ensemble sans l'*exclusion*.

Parmi les vecteurs de la pensée unique, en tant que forme collective du « bien-penser », les médias sont aux premières loges de la contamination. Journaux, émissions télé, presse magazine, etc., contribuent à diffuser rapidement son usage, répété et quotidien, condition indispensable à sa pénétration et à son acclimatation.

Comme le précise également François-Bernard Huygues, auteur de *La Langue de coton*[21] et consultant en « info-stratégie », « La langue médiatico-politique actuelle sert moins à

19. L'Angsoc, régime de l'Océania, divise le peuple en trois classes sociales : le « Parti intérieur », classe dirigeante au pouvoir partagé, le « Parti extérieur », travailleurs moyens, et les « prolétaires », sous-classe s'entassant dans les quartiers sales. Le chef suprême du Parti est Big Brother, au visage immortel et adulé placardé sur les murs de la ville. Tous les membres du Parti sont constamment surveillés par la Police de la pensée.

20. L'ancienne langue.

21. *La Langue de coton*, Robert Laffont, 1991.

imposer une idéologie structurée qu'à assurer un consensus sur l'essentiel. Elle est redondante et prévisible au point de n'exprimer que des généralités très vagues sur le monde qui change, les contraintes du réel, ou la diversité des humains. Elle décourage toute critique par un mélange savant de flou et de moralisme désarmant. Elle a définitivement circonscrit l'espace de la polémique tout en réclamant toujours plus de débat. »

Rien n'est plus douillet que le prêt-à-penser, pour les journalistes comme pour les citoyens. C'est pourquoi les médias s'y complaisent et ont généralement tendance à qualifier d'extrême ou de militante toute remise en question du ronron bien-pensant. C'est ainsi que Jean-Marie Bigard et Mathieu Kassowitz, pour leur questionnement sur les attentats du 11-Septembre, ont été qualifiés un peu vite de *révisionnistes*, autre terme commode agissant comme un repoussoir, ce qui n'a pas manqué de les discréditer. Un raccourci simpliste pour un sujet brûlant : notre vision du 11-Septembre conditionne l'envoi de troupes françaises en Afghanistan. La lutte contre le terrorisme entretient la santé de l'industrie de l'armement, dont on a vu l'emprise majeure qu'elle avait sur les médias…

Débats stérilisés

Pour satisfaire les exigences du débat contradictoire, règle de base du journalisme, on assiste souvent à des foires d'empoigne télévisées. Malheureusement, le débat y est souvent stérile, les participants pinaillant principalement sur les moyens de convertir les gens à leur idéologie commune et non sur la possibilité d'en changer. C'est ce qu'on appelle le vrai-faux débat contradictoire : les intervenants sont de professions ou d'appartenances politiques différentes, mais ils cautionnent néanmoins le même monde (puisqu'ils font partie des mêmes cercles). D'où la sensation, assez légitime, que gauche et droite forment un « centre mou » qui parle le même langage, celui du politiquement correct. Il en résulte l'absence d'informations alternatives capables de faire émerger, par une réelle confrontation des points de vue, des solutions nouvelles pour une autre société.

En l'absence de la pluralité d'options intellectuelles, le choix citoyen est lui aussi amputé et son expression demeure limitée à l'*endoxa,* terme inventé par Aristote qui désigne l'opinion de ceux qui savent[22]. Voilà comment l'info nous intoxique, en nous amputant de ce qui nous distingue des animaux : notre liberté de pensée et notre esprit critique.

---

22. Par opposition aux croyances et opinions du peuple (*doxa*), l'*endoxa* désigne les opinions plausibles partagées par la majorité, une communauté ou par la majorité des sages (nos experts modernes).

8. Les toxines de l'autocensure

Demandez à un journaliste s'il pense que la censure existe. Il vous répondra certainement: «En France, nous avons la liberté d'expression!» Malgré tout, il y a des années noires dans les médias... On se souvient ainsi du sort réservé à Richard Labévière en 2008. Ce journaliste, jeté de RFI (Radio France internationale) durant l'été, avait réalisé une interview de Bachar el-Assad sans l'aval de sa direction. Il avait alors dénoncé l'«orwellisation» de la presse française.

Sur Agoravox, Richard Labévière assure que son limogeage s'inscrit d'abord dans «une suite de harcèlements professionnels» de la part de la direction de RFI, sur une durée de quatre ans. Il note que sa mise au pas intervient au moment où Christine Ockrent (épouse du ministre des Affaires étrangères Bernard Kouchner) et Alain de Pouzilhac prennent la tête de l'Audiovisuel extérieur de la France (RFI, TV5 Monde et France 24). Coïncidence?

On se souviendra également du limogeage, en septembre 2008, de Bertrand Coq (rédacteur en chef de France 24, prix Albert Londres 2003) et de Grégoire Deniau (directeur de la rédaction, prix Albert Londres 2005). Pour ces deux têtes coupées, la «faute professionnelle» a été invoquée. Dans le cas de Grégoire Deniau, c'est l'organisation d'un débat sur le 11-Septembre qui a posé problème. Pour Bertrand Coq, selon les informations du site Internet Rue89, la direction de France 24 lui aurait reproché son management des journalistes du *desk*. Mais Bertrand Coq a surtout commis un livre sur le mari de Christine Ockrent (directrice générale de

France Monde[23]), *Les Tribulations de Bernard K. en Yougoslavie ou l'imposture humanitaire*[24]. Un livre qui a précédé de quinze ans celui de Pierre Péan, *Le Monde selon K*[25].

Cette mise au pas dans l'Audiovisuel extérieur de la France a beaucoup indigné la Toile. La presse conventionnelle, elle, ne s'en est guère émue. Il faut dire que la censure au sens strict est rare et peut aussi résulter de conflits de personnalité larvés, de jeux de pouvoir au sein des rédactions. Le moindre « dérapage » est alors sanctionné. Ce qui n'a pas été le cas, rappelons-le, pour certaines personnes « bien vues », comme Thierry Ardisson, lorsqu'il a commis la « bourde » d'inviter l'auteur de *L'Effroyable imposture*, celui par qui la polémique sur le 11-Septembre est arrivée, le sulfureux Thierry Meyssan.

« Si c'était vrai, ça se saurait »

Plus toxique — car silencieuse — est l'autocensure que s'infligent de nombreux journalistes, pour conserver leur travail, espérer évoluer dans la hiérarchie ou tout simplement ne pas être exclus de la communauté de la pensée unique. La paresse intellectuelle aidant, à grands renforts de « Si c'était vrai, ça se saurait » ou « Ils sont si peu à penser ça », le journaliste, incrédule et conditionné, s'interdit souvent de creuser certains sujets délicats. Cette pratique, courante dans les médias, relève de la désinformation par omission…

Cette désinformation n'est pas toujours systématique, consciente et contrôlée. La complexité des processus d'élaboration de l'information, et le vaste champ de recueil de

---

23. Holding chargée de regrouper l'audiovisuel extérieur : TV5 Monde, France 24, RFI.

24. Michel Floquet et Bertrand Coq, Albin Michel, 1993.

25. Fayard, 2009.

celle-ci, font que la désinformation est le plus souvent le fruit de l'incompétence du journaliste — qui ne connaît pas tel sujet, qui manque de temps et d'espace — et de ses préjugés ou de ceux du rédacteur en chef qui applique des schémas de travail trop simplistes, trop sensationnels, etc.

La forme d'autocensure la plus répandue relève tout bêtement des bons sentiments et de la naïveté. « L'enfer est pavé de bonnes intentions », dit le dicton. Dans la presse, ce travers concourt à la désinformation. C'est ainsi que l'on ne va pas trop farfouiller dans les comptes de certaines associations caritatives, ni regarder de près les actions des ONG. L'esprit humain n'étant pas fondamentalement mauvais, les journalistes répugnent à envisager que certaines personnes, arguant de leurs bonnes intentions, profitent de leur statut pour se livrer à des actes criminels sur des populations fragiles.

Enfin, l'autocensure peut s'exercer lorsque le journaliste se laisse impressionner ou manipuler par des « sous-marins ». Un sous-marin est une personne qui, sous couvert de défendre un camp, agit en réalité pour un autre. Son but est de semer le trouble et de discréditer un combat en adoptant des positions extrêmes ou malhonnêtes intellectuellement. Cette taupe peut aussi être manipulée par des intérêts supérieurs (version « complotiste ») ou tout simplement par ses propres émotions (version plus réaliste). Quoi qu'il en soit, ses excès discréditent certaines informations sensibles.

C'est ainsi que certaines informations capitales passent à la trappe, parce qu'elles sont portées par des personnes peu respectables au regard de la société. Un exemple : parce que l'anti-sionisme est porté par de bruyants représentants de l'extrême droite, les médias, qui craignent d'être assimilés au révisionnisme, s'interdisent de débattre de la politique d'Israël envers la Palestine.

Si, comme le dit un proverbe chinois, « le chemin de la vérité est aussi fin qu'une lame de rasoir », un véritable journaliste est un équilibriste sur le fil de l'objectivité. Un travail honnête consiste à examiner toutes les sources, en considérant que certaines peuvent n'être vraies qu'en partie, sans jeter le bébé avec l'eau du bain. Il convient alors de sélectionner les points objectifs et vérifiables, dans le but ultime de confronter les points de vue pour délivrer une information adéquate et nuancée.

C'est un travail ardu car l'intox est partout, aussi bien au milieu (le centre mou), qu'aux extrêmes du champ idéologique, mais également dans la subjectivité du journaliste. Cependant, n'est-ce pas renier la vocation démocratique du journaliste (et la noblesse du métier) que de laisser les extrêmes ou les tièdes s'emparer d'une partie de la vérité au profit de leurs propres intérêts et surtout au détriment du contribuable ? En refusant d'examiner les arguments de personnes jugées peu respectables (à tort ou à raison), la démission des journalistes fait le jeu du Front national et des conspirationismes pathogènes. Il sert aussi, par ricochet, le centre mou, où se tiennent des débats jugés plus acceptables sur lesquels on se rabat. La boucle est bouclée.

Paradoxalement, la pensée unique fonctionne de manière duale, et c'est sans doute pourquoi les médias aiment tant les polémiques, les débats « pour ou contre ». Ces débats manichéens sont bien souvent parasités par les toxines de la *Langue de coton.*

Des toxines verbales à la biodiversité du langage

La pensée unique est une contrefaçon du « principe dialogique » d'Edgar Morin. « Le principe dialogique », explique le sociologue, « unit deux principes ou notions antagonistes, qui apparemment devraient se repousser l'un l'autre, mais qui sont indissociables et indispensables pour comprendre une même réalité. » Et de citer Pascal : « Le contraire d'une vérité n'est pas l'erreur, mais une vérité contraire. » Le problème est selon lui « d'unir des notions antagonistes pour penser les processus organisateurs et créateurs dans le monde complexe de la vie et de l'histoire humaine ». La « pensée complexe », c'est justement ce que ne parviennent pas à proposer les journalistes, parasités par la pensée unique.

Une autre notion sociologique d'Edgar Morin, le principe « hologrammatique », met en évidence « l'apparent paradoxe de certains systèmes où non seulement la partie est dans le tout, mais le tout est aussi dans la partie. La totalité du patrimoine génétique est présente dans chaque cellule d'un être humain. De la même façon, l'individu est une partie de la société, mais la société est présente dans chaque individu en tant que tout, à travers son langage, sa culture, ses normes ». La démocratie, elle aussi, est un individu à part entière, un corps social, que chacun peut aider à faire grandir, en veillant personnellement sur la biodiversité de son langage (et donc sur la richesse de sa réflexion), pour qu'il ne soit pas seulement le vecteur de toxines verbales.

Pour délivrer une information saine qui concoure au bien-être du corps social, le journaliste doit faire un peu d'exercice intellectuel : se hisser au-dessus de la montagne d'informations, pour mieux apprécier les différents points de vue, et donner au lecteur, resté en bas, une vision juste du panorama. Et, facultativement, lui indiquer les meilleures voies d'accès possibles !

9. Comment reconnaître une information saine ?

Il est acquis que les médias, dans leur manière de présenter leurs infos, insistent particulièrement sur l'émotion. La corde sensible est un moyen aisé de capter l'attention. Il faut du vécu, des tranches de vie, des portraits, des cas particuliers qui incarnent l'information souvent ennuyeuse qui nous est servie.

L'aveuglement émotionnel

Si les marronniers[26] reviennent tous les ans sur le devant de la scène médiatique, ce n'est pas tant parce qu'ils sont importants mais davantage parce qu'ils nous renvoient nos propres émotions et que, par ce biais, ils sont censés être plus vendeurs. « Censés » parce que, dans les faits, les ventes de la presse écrite étant en chute libre, il semble qu'un phénomène de saturation émotionnelle, couplée au manque crucial d'informations saines, soit en train d'invalider cette idée reçue.

Malgré tout, le phénomène d'identification sert à maintenir les ventes : cela fait partie des grandes constantes de l'audimat. C'est aussi la raison pour laquelle les faits divers sont si présents. Généralement, ils sont sélectionnés sur le critère de la proximité. Cent morts dans le déraillement d'un train au Bangladesh, c'est moins vendeur, parce que moins émotionnel, qu'une petite Française renversée par un chauffard. Plus on est proche des victimes, plus on ressent d'émotion. C'est humain.

---

26. Dans le jargon, un marronnier désigne un sujet qui revient tous les ans à date fixe : la rentrée scolaire, les cadeaux de Noël, les vacances d'été…

L'impact émotionnel des titres des journaux est réel. Il peut avoir de telles répercussions sur le système, notamment économique, qu'il est à manier avec précaution. C'est ce que rappelle cette expérience : Marwan Sinacœur et ses collègues de l'Université de Stanford[27] ont compté le nombre de fois que sont apparus, entre 1991 et 2002, l'expression « vache folle » et son équivalent scientifique « encéphalopathie spongiforme bovine » dans *Le Monde* et *Les Échos*. Ils ont constaté que lorsque les journaux utilisaient « vache folle », la consommation de viande de bœuf diminuait. Mais lorsqu'ils utilisaient le terme scientifique, la consommation remontait. C'est aussi pour cela que nous ne disons plus « grippe porcine » mais « grippe A », pour préserver les cours de la viande de porc (malgré des cas de transmission chez cet animal).

« L'expression "vache folle" s'adresse au système associatif car elle frappe par l'image suscitée, celle d'une vache qui a perdu la raison et qui transmettrait sa folie par l'assiette. Une telle image est plus fantasmagorique qu'objective, elle s'adresse à la partie émotionnelle de l'être humain », explique Sébastien Bohler, docteur en neurobiologie, auteur de *150 petites expériences de psychologie des médias*[28].

Outre le fait que seuls nos ressorts les plus primaires sont sollicités, insister sur l'émotion n'est pas sans conséquence pour notre perception de la réalité et notre appréciation des risques. « Lorsque nous essayons de nous représenter la probabilité pour qu'un événement arrive, nous rassem-

---

27. SINACOEUR *et al.*, *Psychological Science*, vol. 16, n° 3, mars 2005.

28. Sébastien BOHLER, *150 petites expériences de psychologie des médias. Pour comprendre comment on vous manipule*, Dunod, 2008.

blons à toute vitesse des images mentales liées à cet événement, et plus nous trouvons d'images mentales, plus nous jugeons l'événement susceptible de se produire. C'est ce qu'on nomme l'heuristique de disponibilité», explique Sébastien Bohler.

Que se passe-t-il alors si l'ensemble des médias nous alimente constamment en images consacrées à la grippe A et aux patients placés en réanimation? «Nous avons alors toute une banque d'images disponibles et nous croyons, d'après l'heuristique de disponibilité, que c'est un phénomène courant. Nous considérons comme très élevé le risque d'une épidémie réelle.» C'est aussi la raison neurobiologique pour laquelle nous avons généralement plus peur de l'avion que de la voiture. Parce que les crashes aériens, bien que peu nombreux, sont très médiatisés.

On peut dès lors se demander si les médias n'ont pas la fâcheuse tendance à nous maintenir dans cet état très primitif où seule l'émotion nous gouverne, afin de mieux nous contrôler. À ce titre, la peur est incontestablement le levier le plus efficace du ressort émotionnel.

Vertus et écueils de la raison

Il est possible de résister aux informations émotionnelles en activant le mode délibératif, c'est-à-dire celui qui analyse. «L'état d'esprit où l'on se trouve en recevant une information est aussi important que l'information elle-même. L'expérience de M. Sinacoeur révèle que l'on peut éviter de nombreux pièges de la presse "émotionnelle" si l'on a pré-activé en soi le mode cognitif délibératif. Cela peut se faire de multiples façons: par la lecture d'un livre de philosophie, la réalisation de calculs mentaux ou même le montage d'un meuble demandant une démarche déductive et rationnelle… », précise Sébastien Bohler.

Est-ce pour autant suffisant ? Pas toujours, si l'on en juge par le nombre de débats d'experts, dans les médias, qui ne font souvent que compliquer le problème au lieu de clarifier les choses. La France, pays de Descartes, donne souvent la priorité à l'analyse et à la dissection des faits. Le raisonnement, la voie logique, la revue de détails prévalent sur nos capacités dc synthèse.

Ainsi, lorsqu'ils n'activent pas le ressort émotionnel, les médias ont tendance à se perdre dans l'analyse, voire dans la masturbation intellectuelle, bien peu fertile. Cette façon de faire tient compte de la structure même de notre cerveau, séparé entre hémisphère gauche et hémisphère droit.

Chaque partie du cerveau a une manière spécifique de percevoir et de comprendre le monde. La gauche excelle dans la logique et le raisonnement scientifique déductif. La droite, au contraire, privilégie une perception globale de la réalité. Précisons que, par un phénomène de croisement du système nerveux, l'hémisphère gauche contrôle le côté droit du corps, et l'hémisphère droit, le côté gauche. Chez 90 % des humains, l'hémisphère gauche est plus développé que l'hémisphère droit. Ceci expliquerait pourquoi la grande majorité des gens sont plus habiles de la main droite.

Cette prévalence de l'hémisphère gauche n'est sans doute pas étrangère à la dissociation des savoirs. L'ultra-spécialisation de nos disciplines universitaires, intellectuelles et médicales prévaut sur les « humanités », version ancienne des études qui conduisait l'élève à aborder aussi bien les disciplines littéraires que scientifiques, toutes participant à la formation complète d'un être humain. Les réformes successives de l'éducation n'ont fait qu'aggraver la situation. De même, les médias charcutent l'information en rubriques, en angles, en encadrés où le lecteur pioche en fonction de ses intérêts, sans pouvoir faire de liens pour parvenir à une vision d'ensemble du sujet abordé.

Le profil de préférences cérébrales mis au point par le chercheur américain Ned Herrmann[29], et qui connaît un certain succès depuis trente ans aux États-Unis, nous rappelle que les êtres humains possèdent une carte mentale unique, qui leur fait percevoir le monde selon la dominante de l'un ou plusieurs des « quadrants » du cerveau :

- Le cortical gauche (résolution de problèmes, mathématique, technique, analyse, logique) s'impose par exemple chez le spécialiste qui se fonde sur les faits ; c'est le cas de l'expert scientifique.
- Le limbique gauche (contrôle, planification, organisation, administration, attachement aux valeurs traditionnelles) prédomine chez l'organisateur qui a le culte des choses bien faites et de la sécurité, comme le policier.
- Le limbique droit (verbal, musical, spiritualiste, émotionnel, doué pour les contacts humains) est particulièrement actif chez le communicateur qui fonctionne à l'affectif, comme l'enseignant ou le comédien.
- Enfin, le cortical droit (synthétique, conceptuel, artistique, imaginatif, créatif, global) domine chez le visionnaire qui construit l'avenir, comme le stratège, l'inventeur ou certains sociologues comme Claude Lévi-Strauss ou Edgar Morin.

Par leur traitement de l'information, surtout émotionnel ou rationnel, les médias parlent plus souvent à notre cerveau

29. Ned HERRMANN, *Les Dominances cérébrales et la Créativité*, Éditions Retz, 1992.

gauche (débats d'experts, analyses) et à nos systèmes limbiques gauche (reportages qui cultivent un sentiment d'insécurité, alertes pandémiques) ou droit (jeux et séries télévisées, émissions de télé-réalité, divertissements, talk-show, Téléthon). Ce n'est que très rarement que le cortical droit, siège de l'intuition et de la compréhension globale, est activé.

Chacun sent bien qu'il manque une dimension à nos médias. En fait, ils échouent dans leur mission d'élever l'être humain à une meilleure connaissance de lui-même et du monde.

Submergés par le tsunami quotidien de l'information, ils n'ont plus le temps de prendre le recul nécessaire pour apprécier la globalité des enjeux. Ils ne font que décrire par le menu des événements passés. La plupart des journalistes fonctionnent en réalité sans jamais mettre à profit l'ensemble de leurs facultés corticales…

Ceci rend la presse particulièrement vulnérable aux stratégies de communication des politiques : on voit bien comment le président Nicolas Sarkozy sait organiser sa médiatisation et balader un grand nombre de journalistes aux quatre coins du monde sans que leurs rédactions, toujours à l'affût du scoop présidentiel, aient la présence d'esprit de se demander pourquoi elles les envoient vraiment. Comme la plupart des stratèges, Sarkozy utilise son cerveau cortical droit, d'où sa longueur d'avance.

Côté citoyen, c'est en activant cette faculté d'analyse — qui permet d'aller à l'essentiel et de ne pas se perdre dans le détail du flot informationnel — que nous pourrons mieux résister à la tendance « mono-hémisphérique gauche » des médias et ne pas subir leur intoxication permanente qui nous ampute d'une partie de nos facultés mentales.

D'autres travaux sur le cerveau humain montrent l'importance de cet équilibre entre cerveau droit et gauche pour parvenir au développement complet de l'homme. La distinction des quadrants d'Herrmann recoupe celle des quatre tempéraments endocriniens du Dr Jean Gautier et de son successeur Jean du Chazaud[30], qui ont posé les bases d'une endocrino-psycho-physiologie. La dominante neuroendocrinienne d'un individu pourrait même se repérer à la palpation du crâne (voir l'encadré).

Peu connue, l'endocrino-psychologie pose le principe que seul l'esprit humain (auquel participe la conscience) dirige le comportement, et non le cerveau dans son acceptation biochimique. Pour l'endocrino-psychologie, les glandes endocrines sont au service de l'esprit humain, qui s'incarne en elles. Si l'organisme est pollué, le déséquilibre hormonal va entraîner un déséquilibre nerveux (fatigue permanente, difficultés de sommeil, stress, dépression, hyperémotivité, déséquilibre thyroïdien, syndrome de Basedow[31], Hashi-

---

30. Jean du Chazaud, *Ces glandes qui nous gouvernent*, Éditions Équilibre-Charles Corlet, 1990 ; *L'Origine glandulaire des troubles mentaux. Le fonctionnement des facultés mentales par l'endocrino-psychologie*, Jean du Chazaud, Éditions Équilvital, 2009.

31. Affection étudiée par Karl von Basedow en 1840, se caractérisant par une augmentation de volume de manière diffuse de la glande thyroïde à l'origine d'une sécrétion trop importante d'hormone thyroïdienne. Au cours de cette affection, apparaissent des tremblements, une accélération du rythme cardiaque, un amaigrissement, de l'anxiété, une sudation excessive, de la nervosité… Le stress psychique peut provoquer un déséquilibre dans le système immunitaire chez les personnes génétiquement prédisposées. Ainsi, dans certaines recherches médicales, on a constaté que le nombre de maladies de Basedow déclarées était à son comble en période de guerre où le niveau de stress est à son maximum. Mais le stress à lui seul ne suffit pas pour déclencher une maladie de Basedow, il doit s'associer à d'autres facteurs prédisposants.

moto[32], difficultés scolaires). De même, si la conscience du sujet est mise à mal par des informations ou des pensées nocives (pollution mentale), le système endocrinien peut se dérégler.

On perçoit mieux, au regard de cette discipline, l'impact potentiellement déséquilibrant des médias, qui nous bombardent de pensées anxiogènes. Chez certains sujets fragiles (sensibles aux émotions ou ayant des prédispositions génétiques aux dysfonctionnements hormonaux), les informations peuvent se révéler physiologiquement pathogènes.

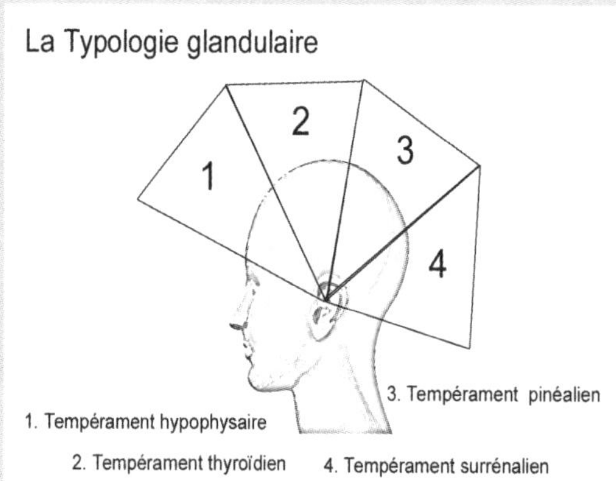

La prédominance du lobe frontal caractérise l'hypophysaire. C'est la glande de la raison, du calcul, du jugement, des personnalités qui ont besoin de comprendre.

La prédominance des pariétaux (sur les côtés du crâne), désigne les thyroïdiens, les créateurs et les

32. Thyroïdite chronique auto-immune.

communicants. C'est la glande de la parole, de la sensibilité artistique, des émotions.

Le pinéalien se reconnaît à un arrière du crâne bien bombé. La pinéale est la glande des biorythmes, de la sensibilité à la lumière, de l'intuition, des qualités morales (altruisme, tolérance). Elle permet les capacités de synthèse.

Enfin, le tempérament surrénalien se reconnaît à la prédominance de l'occiput, l'arrière du crâne (cou de taureau). Le surrénalien est pratique, terre-à-terre, aime la force physique et la discipline. Il se confronte facilement aux éléments naturels.

Même si nous sommes tous uniques, les quatre tempéraments endocriniens doivent s'équilibrer dans la vie de chacun pour parvenir au bien-être. On ne manquera pas de remarquer à quel point notre environnement social privilégie toujours trois tempéraments majeurs et plus particulièrement la dominante hypophysaire, en marginalisant les capacités « pinéaliennes » de l'être humain — c'est-à-dire la compréhension globale, le développement personnel voire la spiritualité.

De là découle un déséquilibre de la conscience qui nous empêche de devenir des êtres complets, et qui n'est pas sans rapport avec les problèmes psychosomatiques sur lesquels achoppe une médecine moderne qui peine à articuler corps et esprit.

L'intuition, une faculté à développer

Pour *Le Petit Robert*, l'intuition est une « forme de connaissance immédiate qui ne recourt pas au raisonnement». Souvent confondue avec l'instinct, qui se base sur les réflexes inconscients et les mémoires émotionnelles de notre cerveau primitif reptilien (dont le but est avant tout la survie et la défense de son territoire!), l'intuition se caractérise par sa radicale nouveauté.

Alors que l'instinct et l'émotion surgissent de notre mémoire inconsciente et se fondent sur les ressentis de nos anciennes expériences, l'intuition, elle, semble surgir de l'extérieur, au moment où l'on s'y attend le moins — généralement après avoir retourné un problème dans tous les sens! Elle est souvent déstabilisante de prime abord, puis unifiante ensuite par son extraordinaire pouvoir de réconciliation des contraires et sa surprenante simplicité. C'est effectivement ce qu'en disent les grands mathématiciens qui ont fait l'expérience de l'intuition pour résoudre des équations, là où la raison les avait laissés devant un mur.

Séphi Dang, auteur de l'article «L'intuition dans les mathématiques»[33], résume bien les quatre étapes qui interviennent dans le processus de l'intuition. «Le mathématicien sèche sur la question: c'est la *préparation*, il laisse le problème et s'adonne à d'autres activités tandis que son inconscient prend le relais: c'est l'*incubation*, l'inconscient trouve une piste prometteuse et la communique subitement au conscient: c'est l'*illumination*, le mathématicien explore (par acquit de conscience) la piste intuitive qu'il vient d'obtenir, c'est la *vérification.*» Et généralement, ça colle.

Limpidité et simplicité définissent l'intuition. Mais pas seulement: «L'intuition, c'est la tension vers la beauté», assure le mathématicien français Alain Connes.

---

33. Sur le site de Principia: cer1se.free.fr/principia.

À quel moment les médias nous parlent-ils de la beauté du monde ? Rarement. À la télévision, il est davantage question de désordres en tout genre, de guerres, de situations insolvables (comme au Moyen-Orient). Pas de quoi nous laisser entrevoir la possibilité d'un monde meilleur où les solutions seraient à portée de main. Les informations nous maintiennent donc dans un sentiment d'échec permanent. C'est pourquoi le pessimisme règne !

« Prendre conscience du rôle de l'intuition apporte une vision très optimiste de l'activité mathématique. [...] Sécher sur un problème, c'est avancer vers sa résolution », rappelle Séphi Dang. À nous d'adopter le mode intuitif lorsque nous sommes dépassés par la complexité des problèmes sociaux, économiques et politiques que nous renvoient les médias. Mais cela nécessite le lâcher-prise de la raison. Difficile, au pays de Descartes...

Dans quelle mesure l'intuition peut-elle nous aider à apprécier les informations, leur toxicité ou leur salubrité pour l'esprit ? Et comment ne pas la confondre avec des suggestions d'ordre émotionnel ?

Notons que l'intuition possède trois caractéristiques communes avec une information saine (et c'est ainsi qu'on parvient à la repérer) : la nouveauté, la véracité et la capacité à apporter des solutions aux problèmes. Cousine de l'intuition, l'information saine nous élève à un meilleur niveau de perception du monde qui nous entoure. Elle agit comme la lumière : elle nous permet de voir, alors que les informations émotionnelles nous laissent dans le brouillard (et c'est sans doute pour cela que la société avance si lentement à tâtons...).

À l'inverse de l'émotion, qui se nourrit de la répétition des mêmes schémas, l'intuition, par son caractère tout à fait novateur, va d'abord bousculer nos références émotionnelles ou rationnelles, avant de les assimiler comme partie de la réalité. Nous sommes alors pénétrés d'un sentiment d'évidence qui balaye tous les doutes (« Bon sang mais c'est bien sûr ! »). La solution apportée forme alors un système englobant, supérieur, dans certains cas universel. Tout se passe comme si nous allions chercher ce fait nouveau, cet éclair de lucidité, dans un lieu qui nous dépasse, dans un réservoir qui relèverait plutôt du grand inconscient collectif décrit par Carl Gustav Jung, auquel notre cerveau peut accéder au cours de moments privilégiés et brefs.

Une information toxique, en revanche, est souvent répétitive (voire martelée !) et ne produit qu'un sentiment d'impasse ou d'angoisse. Elle ne fait que véhiculer des idées fausses qui remuent le problème dans tous les sens, tout en appuyant sur nos émotions (culpabilité, peur, compassion, colère, impuissance, etc.).

Une information saine produit au contraire un sentiment d'élargissement de l'esprit tout en apportant une satisfaction intellectuelle certaine. Elle n'est donc pas contre la raison ni contre l'émotion, car elle est réconciliation. Elle libère plus qu'elle ne frustre, elle pousse à l'action plus qu'à la résignation, et elle est en outre compréhensible par tous.

Cette information saine existe, bien sûr, dans les médias. Mais noyée dans la masse, disséminée on ne sait où, encore faut-il apprendre à la reconnaître ! Si on ne parvient pas à déterminer le degré de véracité d'une information, il est bon de s'en remettre aux critères de l'intuition (nouveauté et élargissement de point de vue) : cette information que je reçois joue-t-elle seulement avec mes émotions ou bien m'apporte-t-elle des idées fertiles, novatrices et porteuses de solutions ?

Lorsqu'ils privilégient le mode rationnel pur, les journalistes nous font croire que, sans une connaissance exhaustive et détaillée d'un fait de société, on ne pourra jamais le comprendre. C'est pourquoi nous abdiquons souvent devant certains sujets, et avons tendance à nous en remettre aux experts et aux spécialistes. Erreur ! Ces derniers, prisonniers de leurs spécialités, ne possèdent qu'une partie de la solution : ils sont souvent incapables de faire des liens avec les autres aspects du problème et de produire une synthèse salutaire.

Il est connu depuis Emmanuel Kant, grand philosophe allemand des Lumières[34] (étudié en classe de Terminale), que la raison peut démontrer une proposition et son contraire. Kant se livre à cet exercice dans ses *Antinomies de la raison pure*[35] : colonne de gauche, « Dieu existe », colonne de droite, « Dieu n'existe pas ». Au final, la raison a l'étonnante propriété de se subordonner avec zèle à nos croyances. Ainsi, bien souvent, nos experts si rationnels ne défendent que leurs idées reçues… Pour apprécier un problème, il convient donc de s'élever à un autre niveau d'appréciation qui relève du plan moral, de l'intuition ou de l'éthique.

Il est urgent que les citoyens réalisent enfin que le bon sens est parfois en connexion directe avec l'intuition et que celle-ci est, heureusement, à la portée de tous ! C'est même un postulat à toute démocratie.

34. Né en 1724, mort en 1804, on lui doit trois essais philosophiques, la *Critique de la raison pure*, la *Critique de la raison pratique* et la *Critique de la faculté de juger*.

35. Dans *Critique de la raison pure*, tome 2, livre 2, chapitre 2 (« Les antinomies de la raison pure. Remarques sur la quatrième antinomie »). Les antinomies se produisent lorsque la raison tombe dans des conflits insolubles et ne parvient pas à se déterminer en faveur d'une thèse particulière.

Chapitre 2
Le lavage de cerveau cathodique

1. De la dépendance à l'apathie

Vous êtes-vous déjà demandé à quoi servait la télévision, mis à part le fait de nous informer (avec la manière que l'on vient de décrire) ? À nous divertir, évidemment ! À défaut de nous élever avec des contenus dignes d'intérêt (relégués aux heures tardives), la télévision nous fournit du divertissement. Le latin nous rappelle que « divertir » tire son sens premier de la diversion. La télé aurait donc l'art de nous emmener sur d'autres chemins, de nous faire emprunter des bifurcations, bref de détourner notre attention.

Panem et circenses, « du pain et des jeux » : l'expression de Juvénal, relative aux mœurs du peuple sous l'Empire romain, est assurément un lieu commun, mais elle n'en est pas moins toujours d'actualité ! Il n'y a qu'à regarder l'hystérie politico-médiatique autour du thème de l'emploi. Par ces temps de crise, le pain pourrait bien venir à manquer, c'est pourquoi les jeux ne manqueront pas, puisqu'ils servent à nous détourner de nos velléités belliqueuses (émeutes, grèves, manifestations, pétitions...).

La télé serait-elle seulement un moyen aisé de nous empêcher de nous rebeller ? Non, pas seulement ! La télévision sert aussi, et surtout, à nous faire consommer pour alimenter le système sur lequel elle repose. Sous couvert de « croissance » et d'« emploi » — les mots magiques de l'*endoxa* — on parvient à nous faire ingurgiter beaucoup de choses ! Non pas du pain complet, mais de la baguette blanche insipide, et autant de babioles superflues qui engraissent l'*avoir* plus qu'elles nourrissent l'*être*.

Richesse et célébrité sont les deux mamelles de l'illusoire moralité du petit écran.

Propulsés comme modèle unique pour parvenir au bonheur, l'avoir et le paraître sont promus à grand renfort de publicité. Pouvoir d'achat, possessions, confort matériel, signes ostentatoires de richesse sont la manière moderne de marquer notre territoire (« c'est à moi ! ») — question de survie primaire chez l'hominidé du XXe siècle. L'argent ne fait pas le bonheur, c'est connu, expérimenté, vieux comme le monde, et pourtant : la télévision s'échine inlassablement à vouloir nous prouver le contraire. De quoi nous pousser à la schizophrénie.

Comment la publicité parvient-elle à nous captiver au point d'influencer notre comportement ? « Pour qu'un message publicitaire soit perçu, il faut que le cerveau du téléspectateur soit disponible. Nos émissions ont pour vocation de le rendre disponible : c'est-à-dire de le divertir, de le détendre, pour le préparer entre deux messages. C'est ce que nous vendons à Coca-Cola, c'est du temps de cerveau humain disponible [...]. Rien n'est plus difficile que d'obtenir cette disponibilité. C'est là que se trouve le changement permanent. Il faut chercher en permanence les programmes qui marchent, suivre les modes, surfer sur les tendances, dans un contexte où l'information s'accélère, se multiplie et se banalise... » Ces propos signés Patrick Le Lay[36], P-DG de TF1 de 1988 à 2008, n'ont pas manqué de faire scandale.

Programme, vous avez dit programme ? Ne faudrait-il pas plutôt dès lors parler de programmation neuro-linguistique (la PNL, discipline de la communication verbale) ? Ou comment les slogans publicitaires parviennent à reprogrammer notre cerveau avec de nouvelles croyances, avec de nouveaux besoins. Les spécialistes du marketing connaissent parfaitement les moindres rouages de notre mémoire. Ils excellent dans l'art de la persuasion inconsciente.

Pourquoi le rythme des images est-il particulièrement élevé dans les pages de publicité ? Parce que la fréquence des coupes renforce la mémorisation, même si cet artifice de vente mobilise beaucoup d'énergie pour le spectateur, qui a tendance à épuiser son cerveau.

Pourquoi avez-vous envie d'acheter une voiture coûteuse après un message effrayant de la prévention routière ? Parce que, dans la foulée du clip on vous a passé une publicité pour une superbe berline avec des airbags dernier cri.

Il est à ce titre particulièrement risqué de s'endormir devant la télévision. N'importe quel spécialiste de l'hypnose ou de la relaxation vous le confirmera. Avant le sommeil, il existe un état intermédiaire où notre vigilance se relâche, et où notre conscient n'interprète plus les informations qu'il reçoit. Elles passent alors directement dans notre inconscient, qui les accepte sans rechigner. La suggestion publicitaire étant particulièrement intrusive, ne vous étonnez pas si, le lendemain matin, vous vous retrouvez au super-

36. Patrick Le Lay, *Les Dirigeants face au changement*, Éditions du Huitième jour, 2004.

marché avec des envies compulsives d'acheter du Coca-cola ou des saucisses Herta, alors que vous n'en consommez pas habituellement…

De façon plus générale, la dépendance télévisuelle est un phénomène reconnu. Si tout le monde n'est pas atteint gravement par ce syndrome, des études ont démontré qu'une majorité de personnes avait tout de même du mal à « éteindre la télévision et reprendre une activité normale », selon l'expression des Guignols de l'Info. À quoi tient le fait que nous soyons si facilement englués par la télé ?

Des études montrent que nous sommes en fait anesthésiés, et plongés dans un état de relaxation. Les changements de plans entraînent une baisse du rythme cardiaque. Chez les téléspectateurs disposant de grands écrans, la baisse du rythme cardiaque s'avère plus intense[37]. Cet effet physique est produit par un « réflexe d'orientation », une expression qui désigne notre adaptation naturelle aux milieux visuels changeants : le ralentissement du rythme cardiaque et l'afflux de sang au cerveau entraînerait notamment une mobilisation de l'attention vers la nouveauté.

Ce ralentissement cardiaque expliquerait aussi notre état de relaxation devant la télévision, dû au rythme élevé des coupes.

D'où la difficulté que l'on éprouve pour s'extraire de la télévision. Cela demande un effort que l'on ressent comme une forme de torpeur. « Il est possible que l'état de relaxation artificielle engendré par les programmes télévisés diminue aussi la probabilité de penser à des aspects embarrassants

37. Reeves, Lang, Kim, Tatar (1999) : « Les effets de la taille des écrans et du contenu des messages sur l'attention et l'état d'éveil », *Media Psychologie*, vol. 1, n° 1, pp. 49-67, cité dans *150 petites expériences de psychologie des médias*, Sébastien Bohler, Dunod, 2008.

ou préoccupants de la vie quotidienne. Mais plus on évite d'y penser, moins on les règle et plus ils deviennent préoccupants. C'est la définition d'une dépendance, où l'usage d'une substance ou d'une activité renforce le besoin d'y faire appel», conclut Sébastien Bohler[38], qui est également chroniqueur pour l'émission de décryptage *Arrêt sur image*. La télé confirme ici son statut d'opium du peuple…

Au-delà de ce constat, il est bon de rappeler que l'*Homo sedentarius* est particulièrement sujet aux maladies de civilisation[39]. Notre organisme est fait pour bouger, nous avons trop tendance à l'oublier! L'abus de télévision, activité purement sédentaire, nuit donc gravement à la santé. Une nouvelle étude publiée début 2010 dans la revue *Circulation* confirme la relation entre le nombre d'heures passées devant la télévision et la prévalence (le taux) de l'obésité, du syndrome métabolique, des accidents vasculaires et de la mortalité en général[40]. Accros du sport à la télévision, vous voilà prévenus!

La télévision ne nous rend pas seulement dépendants d'elle-même, mais également des biens de consommation qu'elle vend. Alors que dans l'Antiquité, les jeux du cirque permettaient de compenser le manque de pain, il semble que, chez nous, le divertissement soit, à l'inverse, au service d'une surconsommation. La digestion, parfois difficile, nous rend somnolents, pour ne pas dire carrément apathiques.

---

38. *Ibid.*

39. KATZMARZYK P.T., CHURCH T.S. *et al.*, «Sitting Time and Mortality from all Causes, Cardiovascular Disease and Cancer», *Medecine & science in sports & exercise*, 2009, pp. 998-1005.

40. DUNSTAN D.W., BARR E.L. *et al.*, «Television Viewing Time and Mortality. The Australian Diabetes, Obesity and Lifestyle Study (AusDiab)», *Circulation*, vol. 121, janvier 2010.

2. Miroir, mon beau miroir...

Non contente de nous entraîner dans des comportements déviants, la télévision se propose aussi de nous apporter les solutions aux problèmes qu'elle a elle-même provoqués ! Remèdes de courte durée, on s'en doute. C'est le cas des publicités relatives à l'alimentation, où la schizophrénie atteint des sommets.

Société de l'image oblige, une dizaine de super top-modèles infligent un matraquage visuel permanent à trois milliards de femmes dans le monde, même si elles ne leur ressemblent pas. La téléspectatrice lambda, croyant que la taille 36-38 est la règle, est livrée à ses pensées de dévalorisation. Il en résulte chez elle un sentiment d'insatisfaction permanent.

C'est pourquoi la femme d'aujourd'hui est particulièrement vulnérable au matraquage publicitaire, qu'il s'agisse d'aliments allégés ou de produits amincissants (potions en sachets, crèmes, compléments alimentaires, plantes miracle...). L'insatisfaction entraîne une frustration qui produit un incompressible besoin de réconfort : chocolat, sucreries en tout genre, desserts laitiers ! La boucle est bouclée, pour le plus grand profit de l'industrie agroalimentaire.

Caroline Rochet, journaliste à *Marie-Claire,* s'est penchée avec humour sur la question dans *Je ne suis pas une bombe... Et alors ?:* « Il y a vingt ans, les top-modèles féminins pesaient 8 % de moins que la femme moyenne ; aujourd'hui, elles pèsent 23 % de moins. Le mannequin occidental idéal annonce 52 kg pour 1,78 m alors que la "femme moyenne" affiche 65 kg pour 1,60 m. Au secours ! »

Lorsqu'on lui demande: « Quels sont, selon vous, les pires ennemis des femmes aujourd'hui? », elle répond sans hésiter: « Les médias, la publicité, la pseudo-perfection des *people*... Toutes ces images retouchées que nous prenons pour argent comptant. Il suffit de regarder dans le monde réel pour constater que notre entourage est loin de ressembler à Madonna, qui fait plus de trois heures de sport par jour et bénéficie des meilleurs spécialistes pour chaque détail de son physique. Redescendons sur Terre! Un surpoids ne change pas grand chose à ce que dégage une personne. Vous n'obtiendrez pas le métier ou l'homme de vos rêves grâce à un régime... En revanche, vous aimer comme vous êtes peut avoir des effets étonnamment positifs. Bichonnez-vous, faites du sport et profitez de la vie. La tyrannie de la minceur est un poison: vaccinez-vous! »

Selon plusieurs études anglo-saxonnes (universités de Cambridge et du Texas), les hommes préfèrent les femmes « en formes ». Elles parlent davantage à leur cerveau primitif reptilien, soucieux de perpétuer l'espèce... Une vérité scientifique à méditer avant de commencer à s'affamer. Ce n'est pas à vous que profite le marché de la minceur mais au portefeuille de l'industrie agroalimentaire, des laboratoires, du corps médical ou paramédical. Plusieurs milliards d'euros, selon une enquête de *60 millions de consommateurs*.

Si aujourd'hui la minceur est synonyme de luxe et de bonheur dans l'imaginaire collectif, c'est toutefois un phénomène récent, qui touche les sociétés sujettes à une surenchère alimentaire bon marché, pas forcément de qualité. Il n'y a pas si longtemps, n'oublions pas que la pulpeuse Marilyn Monroe oscillait généreusement entre le 42 et le 46.

Résister, oui mais comment?

Cette capacité qu'a la télévision de nous renvoyer nos propres réflexions intérieures («je suis seule», «personne ne m'aime», «je suis moche», «ah, si j'avais de l'argent») n'est toxique que dans la mesure où nous acceptons de nous y identifier, rappelle Thierry Salmeron[41]. Cet auteur, animateur de séminaires, nous explique comment briser les cercles vicieux qui freinent notre évolution et nous empêchent d'accomplir notre propre destinée:

«Nous créons des films dans notre tête à chaque seconde et nous y adhérons. C'est un réflexe qui s'installe, malgré nous, à la vitesse de l'éclair. Nous ne sommes jamais sereins. Quoi que je regarde, j'entende, je sente, je goûte ou je touche, des pensées vont arriver en se bousculant dans ma tête sans que je ne puisse rien y faire. C'est ce qui me fatigue et sabote ma joie de vivre, car, la science le prouve, les pensées me pompent 99 % de mon énergie vitale. Ont alors été inventés: le matérialisme pour le confort et la distraction, la religion pour satisfaire la prédisposition à la soumission, l'analyse pour expliquer la pensée, la spiritualité pour expliquer la non-pensée et les méthodes ou autres pratiques pour replâtrer les vides existentiels de nos vies.»

Pour ce «spécialiste» du bonheur, lorsque nous sommes victimes de nos pensées toxiques, nous ne devons en référer qu'à nous-mêmes! Le mental, ce n'est pas nous. «C'est un outil. Comme un ordinateur ou une employée à votre service, enregistrant le présent, classant, vous rappelant ce dont vous avez besoin dans l'instant, planifiant. Le mental n'a aucun pouvoir. Vous êtes le seul décisionnaire. C'est nous qui ne sommes pas "conscients" de ce qu'il nous

41. Thierry Salmeron, *Ce qui est caché aux sages et aux intelligents*, Édition Mols, 2009.

présente. Or ces informations sont neutres. Même si ce sont des souvenirs, c'est vous qui vous laissez aller aux émotions, ou à la nostalgie, vous masquant la réalité. C'est vous qui répétez les anciennes façons de fonctionner, c'est vous qui fabriquez les projections anxieuses dans un futur qui n'existe pourtant pas. Vous vous éjectez vous-même de l'instant. Vous refaites les mêmes choses en boucle et vous vous empêchez d'en faire de nouvelles. »

La télévision, sans être forcément pathogène en soi, renforce donc notre capacité à nous auto-manipuler en accordant du crédit aux émotions que ces émissions génèrent. Toute l'astuce, selon Thierry Salmeron, n'est pas d'étouffer nos émotions (technique contre-productive de l'autruche), mais d'en prendre conscience, le plus souvent possible ! Difficile ? Tout dépend de l'entraînement que l'on accorde à cette pratique de repérage de nos films émotionnels ou de nos propres manipulations mentales. Dans les faits, cela consiste à démasquer les pensées intrusives en y étant attentif. À force d'être repérées, elles ont tendance à ne plus se représenter.

Cet affûtage de l'état de conscience s'effectue par la vigilance. Lorsque nous regardons une émission de télévision, nous ne pouvons nous empêcher de voir surgir en nous des pensées plus ou moins toxiques (« Moi, je n'ai pas de chance », « Je ne suis pas aussi mince que ce top-modèle », etc.). Incompressibles, ces suggestions négatives deviennent toutefois moins nuisibles si nous arrivons à en être tout simplement conscients. Dès lors, la télévision n'est plus toxique. Elle nous tend un miroir dont nous pouvons nous servir pour repérer ces idées noires que nous nous infligeons à longueur de journée.

Thierry Salmeron propose une longue liste d'outils pour la détection des films auto-créés. Ces outils ne sont en fait que la palette infinie des pensées négatives d'un esprit humain : « je ressasse le passé », « j'agis par habitude », « je me projette dans l'avenir », « je doute », « je culpabilise », « je suis en apnée », « j'impose mon avis », « je fume trop », « je cherche la reconnaissance », « je m'ennuie », « je me sens seul », etc. ! « Voyez-les, notez-les. Les pensées vous puisent vos énergies lorsque vous ne les voyez pas, quand vous ne vous observez pas. Gorgées d'énergie, la vôtre, elles prennent possession de vous sous forme d'émotions et guident votre vie à votre place. » Dans un attelage, c'est un peu comme si le cocher (le Moi) se laissait guider par les chevaux (le mental), ces derniers n'en faisant, évidemment, qu'à leur tête.

Comment rester vigilant ? C'est en se branchant sur nos cinq sens (sentir, voir, entendre, goûter, toucher) que nous sommes le plus à même de cultiver cet état de conscience maximale. Nos films intérieurs nous coupent de nos sens et nous transportent ailleurs, nous empêchant ainsi de profiter du moment présent : éplucher consciencieusement les pommes de terre, goûter l'ambiance d'un après-midi sous la neige, observer le chat faire ses griffes, autant de petits moments de bien-être à glaner. En revenant à cet état de connexion aux sens, bien connu chez les enfants, nous avons une voie pratique d'accès au fameux moment présent dont se gargarisent tous les magazines féminins sans nous dire, pour autant, comment y arriver !

Quoique média ouvert sur le monde, la télévision fonctionne en fait en circuit fermé. La barre chocolatée appelle le produit minceur qui appelle la barre chocolatée. Ce mouvement perpétuel relève plus du cercle

vicieux que du cercle vertueux. Nous avons la faiblesse de nous identifier à cette réalité fictive que nous renvoie la télévision. Il n'y a pas d'autre antidote à ces images toxiques que la *conscience.*

3. La malbouffe télévisuelle

À l'image des produits superbement emballés de nos hypermarchés, on nous propose des émissions qui misent tout sur le packaging. L'offre, bien qu'abondante et alléchante, est finalement limitée aux produits bas de gamme. Dans ce supermarché télévisuel, nous sommes malgré nous tentés par la malbouffe.

Impuissants mais conscients, nombreux sont les citoyens avertis qui se posent des questions, notamment sur les forums Internet: « Quant à savoir s'il est imprudent de laisser les enfants apprendre la vie au travers des émissions de "télé réalité", je serai beaucoup plus tranché: oui, ces émissions sont potentiellement toxiques, surtout pour les enfants qui ne disposent pas de "contre-feux" aux images télé (autres médias éducatifs, comme la lecture, ou autres modèles humains, comme des échanges familiaux riches et nombreux). En effet, la "télé-réalité" délivre une image artificielle et factice de l'existence et des rapports humains (fausses fraternités, larmes mises en scène, comportements calculés en fonction de la caméra…) », répond Christophe André, psychiatre et psychothérapeute, sur le site psychologies.com[42].

Le darwinisme social de *Koh Lanta*

Au début, on peut apprécier ce jeu télévisé pour le culte de l'effort et son aspect sportif. Mais l'illusion est de courte durée. À *Koh Lanta*, sportif ne rime pas avec sportivité. La règle numéro 1 est avant tout d'écraser ses concurrents, par tous les moyens, même les plus déloyaux. Le maître mot:

42. Ici: psychologies.com/Planete/Societe/Reponses-d-expert/Que-penser-de-la-tele-realite

stratégie ! Mensonge et double jeu sont érigés en qualités, qui permettront de tromper non seulement les adversaires, mais aussi ses coéquipiers ! Séparés au départ en deux équipes, les compétiteurs sont en réalité amenés à s'entre-déchirer, par le moyen d'alliances de circonstance.

C'est le plus faux cul qui s'en sortira, au détriment du plus sportif, du plus serviable ou du plus débrouillard, vite évincé par les autres concurrents qui n'ont pas sa force et qui craignent de se faire doubler. Trahisons, infidélités, coups bas sont la règle à *Koh Lanta*, et le spectateur est amené à se délecter des disputes qui éclatent à chaque épisode sur l'île.

Au final, l'idée que nous devons intégrer, c'est que, dans la vie, tous les coups sont permis. On se résigne d'autant plus aisément à ce postulat qu'il s'appuie sur la théorie de Darwin, idéologie qui prévaut dans la « vraie » vie : le plus fort écrase le plus faible, c'est en quelque sorte la dure loi de l'évolution. Notez qu'il n'en va pas autrement dans la jungle économique du système capitaliste actuel. Mais à la différence de nos ancêtres primates, il ne s'agit plus de force physique mais de force stratégique. Les décharges d'adrénaline sont désormais verbales.

Ce type de divertissement ne peut, en aucun cas, nous permettre de grandir et d'avancer vers une personnalité plus juste et plus humaine, ni vers une société où le meilleur, au sens éthique du terme, gagne. *Koh Lanta* érige en règle de comportement les réflexes humains les plus primitifs, qui réapparaissent chaque fois que l'homme est confronté à des conditions de vie difficiles. Certes, dans le jeu, les participants courent après des piquets ou des anneaux, mais la mentalité qui est à l'œuvre ne diffère pas de celle qui a présidé aux spéculations des *traders* sur les marchés des matières premières et qui ont conduit aux émeutes de la faim puis aux pillages des supermarchés dans le tiers-monde. Appât du gain et « Moi d'abord ! » Beurk… toxique pour l'humanité !

La triste fin de *Maman cherche l'amour*

La réalité, ce n'est pas le rêve ! C'est pourquoi les quatre candidates de *Maman cherche l'amour* sont persuadées qu'avec un petit coup de pouce extérieur (la télé), ça va s'arranger, qu'elles trouveront le prince charmant, malgré les bambins qu'elles ont déjà dans les pattes. Rencontre avec les prétendants, moments partagés avec chacun d'entre eux, sélection au fur et à mesure des épisodes, après avoir diverti une partie de l'audimat pendant plusieurs semaines, l'émission s'achève lamentablement : on apprend, au dernier épisode, qu'un seul couple n'a pas finalement explosé en vol peu après la fin du tournage. Un cynique épilogue qui témoigne de l'échec, de son propre aveu, de la télévision à nous rendre plus heureux.

On savait que ce serait difficile pour la télévision de marier les cœurs, les mystères de l'amour résistant à tout. Mais en plus de nous saper encore davantage le moral, *Maman cherche l'amour* nous présente une version très édulcorée de l'aventure sentimentale : présélection sur courrier, écrémage en fonction des premières impressions, puis une passion sentimentale éphémère qui finit en eau de boudin. Qu'apprend-on du véritable amour, au final ? Rien, malheureusement.

Comment les quatre mamans de l'émission en sont arrivées là ? Elles n'ont eu d'autre exemple sous les yeux que des personnes manipulées par leurs pensées et leurs émotions, par le biais de la télévision ou des témoignages des magazines féminins. Notre regard sur ce miroir qu'est la télé-réalité ne nous fait pas réellement réfléchir. Nous en restons aux comparaisons narcissiques du « Moi, je suis comme ça » ou « Moi, je ne suis pas comme ça ».

La télé-poubelle peut s'avérer toxique car elle nous maintient dans l'impasse de nos mauvais scénarios, faits de pensées angoissantes et dévalorisantes. On peut néanmoins y échapper en pratiquant la vigilance devant les pensées que notre mental nous suggère en retour. Conscients de nos propres programmes télévisés intérieurs, nous aurons alors davantage le choix de plonger dedans ou de nous en extraire.

Arte, heureuse exception

Face au vide intellectuel des chaînes françaises, la qualité, la rigueur et la constance des programmes d'Arte nous offrent un contraste salutaire. Tout n'est donc pas perdu ! Résistant à l'air du temps, la chaîne franco-allemande garde le cap dans sa mission d'informer et de divertir intelligemment. C'est grâce à ses statuts et au choix de ses dirigeants (d'anciens journalistes de terrain et non des patrons issus de l'ENA) que la chaîne a pu proposer des programmes « sains ».

Oui, mais… « Ce n'est pas très appétant », diront certains, trop habitués à carburer aux additifs émotionnels. Non ! Cela demande un petit effort — pas plus difficile que de cuisiner un repas chez soi plutôt que de céder à la facilité en allant prendre sa becquée chez MacDo. Effectivement, le rythme est plus lent. À la différence de certaines émissions qui nous gavent d'images, certains programmes d'Arte, aux coupes moins fréquentes, nous laissent le temps de réfléchir entre deux séquences.

Ces dernières années, il faut saluer des émissions aux concepts novateurs (*Metropolis*, *Tracks*, etc.), de très complètes soirées «Théma» (*Le Dictateur* de Chaplin, à l'approche des fêtes de Noël, il fallait oser...) et des films documentaires comme «Le monde selon Monsanto», «Mâles en péril», «Marchands d'anthrax»[43], «Déchets, le cauchemar du nucléaire», ou encore «La malédiction du plastique», récents exemples de traitement contradictoire de l'info.

Néanmoins, Arte n'est pas à l'abri de l'intox. Lorsque le 13 avril 2004, elle a programmé «Le grand complot», un reportage de la société Docs en stock, pilotée par le très néo-conservateur Cercle de l'Oratoire[44], qui se réunit autour du journaliste d'Arte-Info Michel Taubmann, la chaîne a finalement montré qu'elle savait aussi diffuser de la propagande pour la lutte contre le terrorisme et la thèse du grand complot islamiste[45]...

---

43. Documentaire sur le bioterrorisme, malheureusement non diffusé en France, mais disponible en anglais sur Internet.

44. «À la suite des attentats du 11 septembre 2001, Michel Taubmann va réunir les intellectuels français favorables à une intervention en Afghanistan puis, en mars 2003, en Irak. [...] À l'équipe fondatrice s'ajoutent de nouveaux collaborateurs tels Pascal Bruckner ou l'écrivain Olivier Rolin. Le cercle crée également l'association des Amis du Meilleur des Mondes dont la présidence est assurée par le philosophe André Glucksmann. Sur les événements du Proche-Orient, la revue véhicule des idées proches de celles des néo-conservateurs.» Source: Wikipédia, page sur Michel Taubmann.

45. Voir le documentaire lapidaire qui dévoile cette bourde d'Arte: «Propagande néo-con sur Arte: analyse du documentaire "Le grand complot"», en ligne sur Agoravox et DailyMotion.

L'offre pléthorique des bouquets numériques est un cadeau empoisonné qui nous transforme en zappeurs frénétiques. À force de vouloir tout voir, nous en oublions de discerner. Une sélection drastique des programmes de la malbouffe télévisuelle s'impose !

4. Le green washing *lave plus blanc*

Au pays merveilleux de la publicité, il est courant de voir une personne jeter son véhicule à l'eau puis se raviser à la première « promotion » sur une reprise, on peut aussi rouler en camion « parce que c'est un nouveau geste écologique », « imprimer plus » même si les forêts sont en danger, ou simplement penser que « choisir, c'est se priver ». Mais plus étrange encore dans la virtuelle réalité publicitaire : les fleurs sortent des pots d'échappement, les autoroutes sont couvertes de gazon et les 4x4 s'éclatent avec les ours de la banquise…

Dernièrement, un constructeur automobile nous montrait comment l'un de ses modèles pouvait se métamorphoser en gentil jardinier et arroser une plante au bioéthanol sans la faire crever. Un tour de passe-passe qui convertit un nouveau produit chimique en inoffensif engrais naturel. Forcément, dans bioéthanol, il y a « bio » ! Un mot magique capable de transformer un crapaud en goûter Prince bon pour la santé. La publicité nous entretiendrait-elle dans un conte de fée ? Que voilà des jolies manières de nous infantiliser…

La publicité est une grande intox. Il est urgent que nous en prenions véritablement conscience, afin d'éviter de nous empoisonner avec des produits toxiques. Depuis que l'écologie est devenue un argument de vente, certains annonceurs français franchissent la ligne rouge en maniant à tort et à travers l'argument vert. Les produits d'entretien, les cosmétiques et les lessives sont les champions du blanchiment écologique : le *green washing*. Emballages verdoyants et composants « zénifiants », comme les huiles essentielles ou l'aloe vera, doivent nous faire oublier que 99,99 % du produit sont beaucoup moins naturels.

Force est de constater que la plupart des produits vendus à la télévision sont des poisons pour le corps, l'environnement et la pensée.

L'argument vert est aussi allègrement brandi par les politiques, qui n'hésitent pas à déguiser des mesures de soutien économique sous leurs bonus écologiques. La France a connu en 2009 sa meilleure année de ventes de voitures depuis 2001 avec plus de 2,25 millions de véhicules, grâce à la prime à la casse introduite par le gouvernement pour encourager les Français à se séparer des véhicules polluants. À cette prime s'ajoutait un bonus pour l'achat de voitures plus « vertes », ce qui a achevé de convaincre les Français. Résultat : toujours plus de voitures sur les routes, toujours plus de pollution, mais toujours pas de transports en commun dans les zones rurales ! L'écologie a bon dos !

Laissons la conclusion sur ce point à Anne Pourrillou-Journiac, chroniqueuse pour *Sud Ouest Dimanche* qui, à travers sa chronique « La lorgnette », fustige élégamment la pub. « En tant que forme de communication, dont le but est de fixer notre attention et d'orienter notre opinion, la pub ne se distingue pas de la propagande. Elle procède des mêmes techniques de manipulation de la conscience et ne s'en distingue que par ses finalités commerciales. Une de ses fonctions principales étant de permettre au consommateur de rationaliser son acte d'achat et de lui économiser la mauvaise conscience consécutive au choix et à la dépense. Le persuader qu'un acte aussi impulsif et égoïste que l'acquisition d'un objet peut être également un acte solidaire est un tour de passe-passe dont on reste éberlué.

« Si la pub parvient à cet exploit, c'est parce qu'elle s'appuie sur nos représentations du monde. Parmi nos actuelles représentations, le souci de l'environnement est en train de devenir le lieu commun le plus battu et rebattu des sociétés post-industrielles et l'on sait que la pub fait son miel des clichés et des idées reçues. Comme il est pratiquement impossible de vivre sans espérer, un oxymore aussi ingénieux que "développement durable" fait office d'écran de fumée tout en servant de remède ou de viatique. »

Il est rageant d'assister à une telle récupération, surtout en pensant à ces braves paysans bio avant-gardistes qui ont été vilipendés pendant des années pour leurs conceptions « anti-progrès ». Il ne fait jamais bon être en avance sur temps. C'est peut-être pour cela que les journalistes ne s'y risquent pas…

5. Infotainment *: les politiques font leur pub*

Fin décembre 2009, l'UMP a produit deux clips, chef-d'œuvre de communication formelle mais... sans contenu. Comme dans toute bonne entreprise soucieuse d'améliorer son image, plusieurs membres du gouvernement se sont prêtés à la réalisation d'un clip promo chantant, sous forme d'une vidéo réalisée en plan séquence, et en play-back. Dans ce *lipdub*, à l'initiative des jeunes UMP, dix-sept personnalités du monde politique, artistique, sportif et associatif se sont ridiculisées devant la France entière.

« Sur un air rappelant les Enfoirés appelant à notre bon cœur au début de l'hiver », relève *Le Nouvel observateur*, « les ministres plus coincés et ringards les uns que les autres, se succèdent, entourés de jeunes UMP, chantant en cœur "Mourir d'amooouuur et mourir d'espérance / Toujours l'avenir recommen-ceu, / Je viens te dire à mon tour / Tous ceux qui veulent changer le mon-deuuu / Venez marcher z-à mes côtés...". »

Dans la foulée, les réactions ne se sont pas faites attendre (« consternant », « dégoulinant de bêtise », etc.). Mais c'est aussi ça, le succès du clip de l'UMP : créer une polémique mnémotechnique, à la manière de certaines publicités de mauvais goût.

Un autre clip, réalisé à l'occasion des élections régionales de mars 2010, nous a vendu une vision de la France des régions version Bisounours. On y voit un père tapant la balle avec son fils, une grand-mère ajustant la robe à smocks de sa petite-fille, le tout sur fond de panneaux solaires... Manque de pot pour le téléspectateur — et le chroniqueur du *Petit journal* de Canal + ne s'y est pas trompé —, ce clip a été fait avec des images américaines, achetées auprès d'une agence de communication. La France de Sarkozy, c'est donc la Californie ! Belle intox, et beau couac en plein « média *circus* » sur l'identité nationale. On nous prend vraiment pour des veaux…

Ardisson *and co.*

Les politiques sont vraiment en mal d'image. C'est pourquoi ils ont besoin des émissions d'*infotainment*, ce mélange d'informations transversales (actualité politique, économique, culturelle et sportive) et de divertissement (*entertainment*). On les retrouve chez Fogiel, Ruquier ou chez le pape du genre, Thierry Ardisson. C'est bien connu : le simple fait de s'exposer souvent à la télévision génère un sentiment de sympathie. Un peu comme dans la publicité, où un produit sans cesse mis en avant génère des ventes par la seule familiarité qu'il suscite.

Mais quel est l'intérêt, sur le plan de la citoyenneté, de telles dépenses en communication ? Aucun. Pire, cela participe au désengagement de l'*Homo politicus.* « De nombreux sociologues et psychologues ont insisté sur le fait que notre société valorise aujourd'hui l'émotion et le sentiment. Les émissions de "divertissement politique" procèdent de cette logique puisqu'il s'agit chaque fois de montrer l'homme politique dans sa dimension personnelle et sensible », rappelle Sébastien Bohler[46]. « Mais cette pratique a un revers : en tant que spectateur, on perd ses repères politiques et surtout la disposition d'esprit nécessaire pour s'imprégner des enjeux politiques et de l'esprit des institutions. »

46. *Op. cit.*

Et de citer les études du psychologue Pascal Marchand[47] : « Il a constaté que les personnes qui regardent prioritairement les émissions de divertissement de type *infotainment* mêlant personnalités politiques et du show-biz, étaient les moins engagées politiquement et n'avaient pratiquement aucune connaissance des institutions et des grands enjeux politiques actuels. »

L'*infotainment* nuit gravement au civisme et peut provoquer de l'absentéisme. À consommer avec modération, donc. En cas de forte dépendance, parlez-en à votre médecin…

47. MARCHAND P., PINO M., « L'Infotainment : la politique spectacle », *Cerveau et Psycho*, n° 15, 2006. MARCHAND P., « L'Engagement dans le champ politique, analyse du discours militant », *Revue internationale de psychologie sociale*, VI (1), pp. 21-46, 1993.

Conclusion
Internet nous sauvera-t-il de la médiacratie ?

La liberté d'expression est une chose. Le droit à l'information en est une autre. Sur ce chapitre, le combat n'est pas gagné, comme le démontre le documentaire américain « Orwell se retourne dans sa tombe »[48], signé Robert Kane Pappas (2005). Si la situation qu'il dépeint outre-Atlantique semble catastrophique, la « consanguinité » des médias européens ne nous met pas en meilleure posture. Que penser de l'objectivité réelle d'un système d'information placé entre les mains d'une poignée de sociétés capitalistes en position d'écraser toute concurrence ?

Le réalisateur d'« Orwell se retourne dans sa tombe » démontre que notre organisation médiatique, par ses nombreuses similitudes, n'a rien à envier aux dictatures du XXe siècle (nazisme et communisme). « Dans les derniers jours de l'Union soviétique, vous aviez des douzaines de journaux, des douzaines de magazines, toutes sortes de chaînes de télévision et de radio. Le seul problème est qu'ils étaient tous sous contrôle du Parti. Nous sommes en train

48. « Orwell rolls in his grave (Orwell se retourne dans sa tombe) - VO ST FR », sur DailyMotion.

de prendre la même direction», avertit Bernie Sanders, membre du Congrès américain (étiqueté indépendant).

Dans nos sociétés démocratiques, la pluralité des médias nous entretient dans l'illusion d'une information variée et complète. Avec cette ironie fascinante: la surinformation concourt à la mal-information. L'excès de supports n'empêche pas l'intoxication médiatique, bien au contraire.

«Nous considérons à tort que notre pays est une démocratie, alors qu'il a évolué vers une “médiacratie”, où les médias qui sont supposés contrôler les abus politiques font partie des abus politiques», indique Danny Schechter, ancien producteur à CNN et ABC.

«Ces entités commerciales sont maintenant à l'unisson avec le gouvernement pour faire autorité sur nos vies. Elles ne sont pas un contrepoids au gouvernement, mais travaillent avec lui. Sous une apparente diversité, règne une réelle uniformité. Certains scandales sont d'une telle ampleur qu'on pourrait penser que la presse remercierait sa propre étoile de les lui offrir sur un plateau. En fait, ces affaires sont devenues tellement énormes que la presse ne peut même plus s'en faire l'écho», lance Mark Crispin Miller, professeur et spécialiste des médias à l'Université de New York.

«Le pouvoir le plus intéressant pour Washington aujourd'hui, ce sont les médias. Ces derniers contrôlent l'accès des politiciens à la télévision. Ça, c'est le pouvoir. Le pouvoir ultime», explique Charles Lewis, ancien producteur de l'émission américaine *60 minutes*.

«Nous partons du principe qu'il n'y a qu'une sorte de démocratie, comme si c'était l'un des grands aboutissements de l'espèce humaine. Or, dans les faits et sous de nombreux aspects, nous vivons dans une démocratie dangereusement faible. Nous avons un taux de dépolitisation à rendre envieux les tyrans. Comment faisons-nous pour rendre la population si insouciante ? », s'interroge le professeur en communication Robert W. MacChesney, fondateur d'une organisation pour la réforme des médias (Free Press).

Existe-t-il un moyen de s'opposer à cette tyrannie médiatique qui n'a pas de compte à rendre à la population ? Oui, Internet. Cet outil permet d'exercer un droit d'inventaire. Depuis une dizaine d'années, la Toile met du plomb dans l'aile des médias. Directement concurrencés par les citoyens, les journalistes n'ont plus le monopole de l'info ! C'est par les blogs que les voix discordantes trouvent désormais un écho. La faillite médiatique dans l'affaire de la grippe A en fut une belle illustration : c'est bien à cause du Web que le gouvernement a perdu la bataille de l'opinion, non pas à cause des médias traditionnels qui se sont peu écartés de la communication institutionnelle.

Ce n'est donc pas un hasard si le débat politique du moment tourne autour du « contrôle » d'Internet. Hadopi, Acta, Indect, derrière ces noms se cachent des projets de lois et des logiciels, autant d'interfaces de contrôle qui pourraient menacer prochainement la Toile. Prudence et vigilance maximum s'imposent devant toutes les tentatives politiques de « régulation », de « traçabilité » ou de « protection de la vie privée » relatives à Internet, à grand renfort de bons sentiments : lutte contre les *spams*, le terrorisme, la pédophilie, le piratage, l'usurpation d'identité, la violation du *copyright*, etc. Il se pourrait bien qu'un loup, à l'écart de la bergerie, se tienne prêt à bondir.

Certes, il y a à boire et à manger sur le Net. Les internautes ne sont pas tous des agneaux et l'intox alimente souvent la rumeur. Mais, en tout cas, ils ne sont pas des moutons ! Prompt à débusquer les *hoax* (canulars), riche en compétences de tous ordres, l'« e-citoyen » s'est véritablement saisi du… cinquième pouvoir ! Internet *versus* médiacratie : le bras de fer a commencé.

Cette « e-démocratie » en cours de formation ne pourra pas se passer de spécialistes de l'info : des journalistes, mais des vrais, c'est-à-dire des professionnels honnêtes et rigoureux qui valident les informations en remontant aux sources et en confrontant les points de vue. Le paradoxe d'Internet est qu'on y trouve autant d'inexactitudes que d'informations véridiques. Plus que jamais, il importe de vérifier. Heureux hasard, et c'est le bon côté du réseau, depuis que tout est sur le Web, nous n'avons jamais eu autant de moyens de remonter aux sources en un record de temps. Le Web est le magazine le plus documenté de la planète.

Cette possibilité de réappropriation de l'expression à portée de quelques clics explique le formidable essor du journalisme citoyen (Agoravox, Rue89, Bakchich Info, entre autres). Le travail « amateur » s'avère souvent plus instructif que celui des journaux de référence…

Malgré les travers de son foisonnement, Internet est pour l'instant le seul et unique média démocratique. Il met l'information à la portée d'un clic. À vos souris, citoyens !

Deuxième partie

L'intox médica-menteuse

« La médecine a fait tellement de progrès
que plus personne n'est en bonne santé. »

Aldous Huxley

Introduction
De l'hygiène de vie… à l'hygiénisme

S'il y a un domaine dans lequel « le mieux est l'ennemi du bien », c'est assurément celui de l'hygiène. Certes, il est incontestable que l'augmentation de l'espérance de vie et l'éradication de certaines maladies doivent beaucoup aux progrès de la propreté (dans nos cuisines ou dans nos salles de bains principalement) ; il est néanmoins vital de rappeler que « trop d'hygiène tue l'hygiène ». La chasse aux microbes (bactéries, virus, champignons) nous a fait oublier que ces derniers font aussi partie de la vie et que, sans eux, nous ne pourrions construire notre immunité, ni même exister !

Après l'usage d'antibiotiques (littéralement, « anti-vie »), la médecine omet de nous prescrire des « probiotiques »[49]. C'est bien dommage… Car notre flore intestinale est décimée par l'usage de ces médicaments qui ne font pas la distinction

49. Expression qui désigne les bonnes bactéries, favorables à la vie, avec lesquelles nous vivons en harmonie et qui constituent un soutien indispensable pour notre système immunitaire. Dans un état de santé optimal, on les retrouve dans les flores buccale, intestinale et vaginale. Leur présence constitue un rempart aux agressions d'autres germes dits « pathogènes ». Après la prise d'antibiotiques, ces souches commensales (naturellement présentes) sont décimées, ce qui entraîne un déséquilibre de la flore et l'apparition de pathologies, souvent de type mycose.

entre les bactéries pathogènes et les bactéries avec lesquelles nous vivons en harmonie. À force d'avoir laissé prospérer une vision stérilisée de la santé, nous nous retrouvons de plus en plus cernés par l'hygiénisme. Au lieu de nous protéger, l'excès d'hygiène, notion mal comprise, nous rend extrêmement vulnérables aux agressions extérieures.

Hygiène : ce terme, utilisé à toutes les sauces sans que l'on sache précisément ce qu'il désigne, a perdu sa signification originale, au profit d'une vision médicale qui n'a pas fini de faire des dégâts. Gels hydroalcooliques, masques respiratoires, lavage régulier des mains nous sont présentés comme des mesures fantastiques contre les mauvais germes et autres agresseurs extérieurs. Mais sont-elles vraiment bonnes pour la santé ?

Les produits hygiéniques de nos salles de bain et les produits de maquillage sont tous plus hypoallergéniques les uns que les autres. Mais ils renferment malgré tout des substances toxiques : éthers de glycol, phénoxyéthanol, parabènes, PEG, phtalates, EDTA, huiles minérales (paraffinum liquidum), etc. ! Le pavé de trois cents pages de Rita Stiens, *La Vérité sur les cosmétiques*, paru en 2002 et réédité en 2005, a fait des vagues dans la mare tranquille du merveilleux monde des cosmétiques, en déchiffrant des étiquettes jusqu'ici pour le moins ésotériques… Même la quasi-totalité des marques vendues en pharmacie sont toxiques, sauf celles qui ont le label Cosmébio.

Selon l'association UFC-Que Choisir, environ 95 % de la cosmétique mise en rayon contient ces produits suspectés de favoriser les allergies ou les cancers[50] : crèmes de jour ou de nuit, laits corporels ou lotions démaquillantes, protec-

---

50. Source : « Le Printemps de la cosmétique bio », P. Ducœurjoly, *Sud Ouest*, 16 mars 2008.

tions solaires, shampoings, fonds de teint, savons, et même lingettes ou autres produits pour bébés ! Ce qui est hygiénique n'en est pas moins toxique… Aussi triste soit-elle pour de nombreuses consommatrices, la mort d'Yves Rocher, abusivement qualifié de « pionnier de la cosmétique naturelle » par les médias, ne doit pas faire oublier que les produits de la marque renferment de nombreux composants de synthèse toxiques ! C'est pourquoi le guide de Greenpeace, *Cosmétox*, la classe dans le rouge… Avant d'aborder le chapitre consacré à la « santé pasteurisée », il n'est donc pas inutile de s'attarder sur cette notion d'hygiène et d'en clarifier le sens. Sans quoi, il faudrait se contenter de la définition réductrice des autorités sanitaires, définition partagée par l'industrie pharmaceutique, grande bénéficiaire de ce marché.

Que dit à ce sujet l'Institut Pasteur? « L'hygiène — ensemble des mesures préventives de préservation de la santé — est devenue une composante essentielle de notre vie. Aujourd'hui, se laver les mains, faire vacciner ses enfants, ou boire de l'eau saine nous semble évident. Mais cela n'a pas toujours été de soi : la notion d'hygiène, étroitement liée aux croyances populaires, aux coutumes, mais aussi à l'état des connaissances scientifiques et médicales, a évolué.

« Ainsi, l'hygiène peut se raconter en deux grandes périodes fondamentales séparées par la révolution biologique qu'a été la découverte des microorganismes et celle de leur rôle dans les maladies. Cette ligne de partage propulse l'hygiène au rang d'une discipline scientifique s'appuyant sur des observations irréfutables. Elle balaie de nombreuses idées fausses et permet d'instaurer des pratiques qui sont pour beaucoup dans l'allongement de notre espérance de vie. »[51]

51. Extrait de hygiene-educ.com, un site pédagogique de l'Institut Pasteur, destiné aux enseignants et aux enfants.

Et l'hygiène de vie, alors ? Pour l'Institut Pasteur, elle ne mérite pas qu'on s'y arrête car l'hygiène se résume visiblement à des mesures anti-microbes (toilette régulière des mains, vaccins, eau sans bactéries). Depuis les travaux de Pasteur, il y a un avant (les « croyances populaires », les « coutumes », les « idées fausses ») et un après (« la révolution biologique », « discipline scientifique »), que nous ne pouvons d'ailleurs contester (« observations irréfutables »)… Fermez le ban !

En réalité, la notion d'hygiène n'est pas nouvelle, elle est même vieille comme le monde. Pour la comprendre, il faut revenir à la Grèce antique et à ces « croyances populaires » balayées d'un revers de main par l'Institut Pasteur.

Hygie et Panacée

Asklepios (Aesculape en latin), divinité mi-homme mi-Dieu, était considéré comme le plus important des dieux de la médecine. Parmi ses enfants : Panacée, la grande guérisseuse, et Hygie, la protectrice de la santé. Cette dernière symbolisait la prévention par les moyens naturels de l'hygiène de vie (bains, alimentation, exercice physique) alors que sa sœur Panacée, en tant que déesse guérisseuse, apportait une solution médicale par des médicaments (plantes, onguents, argiles, à l'époque). Aesculape était alors représenté accompagné de son caducée, inspiré du bâton d'Hermès, autour duquel s'enroulaient deux serpents, les deux piliers de la santé (l'hygiène et les remèdes).

Dans le mythe, « Asklepios vit un serpent qui se dirigeait vers lui, il lui tendit un bâton. L'animal s'y enroula. Asklepios frappa le sol et l'assomma. Un second serpent apparut, tenant dans sa gueule une herbe avec laquelle il rappela le premier à la vie ». C'est ainsi qu'apparut, selon la légende, la révélation du pouvoir des plantes médicinales. Le serpent représente alors la connaissance de la guérison par les remèdes naturels.

Aujourd'hui, le caducée ne présente plus qu'un seul serpent. Une partie du savoir aurait-elle été perdue en cours de route, notamment depuis la « révolution biologique » que nous vante l'Institut Pasteur ? C'est Hygie qui est tombée du caducée ! Sa sœur Panacée occupe le terrain et prétend, avec sa panoplie vaccinale, remplir non seulement la fonction guérisseuse, mais également la fonction préventive (aspect fondamental de l'hygiène).

Il est patent que la médecine moderne ne conçoit plus l'hygiène et la prévention que par les moyens médicamenteux ou technologiques dont nous sommes devenus dépendants. Radiologies, examens biologiques, dépistages en tout genre nous sont ainsi proposés. Drôle de prévention qui ne prévient la maladie que dans la mesure où elle est déjà déclarée…

Ainsi, par des moyens simples et individuels, nous serions bien incapables de parvenir à conserver la santé ou d'enrayer les maladies. Hors des progrès des techniques médicales, point de salubrité publique ?

On reconnaît l'arbre à ses fruits

Que penser dès lors des 11 millions de Français traités pour hypertension, des 2,4 millions de diabétiques ou des 300 000 patients atteints du cancer chaque année ? Comment qualifier les résultats de notre science médicale moderne face aux 30 % d'allergiques respiratoires dans la population des pays industrialisés (contre 3,8 % en 1968) ? Que penser enfin de la progression du surpoids et de l'obésité, de 36,7 % à 41,6 % entre 1997 et 2003, soit une augmentation de 13 %

sur six ans ? Sur la même période, l'obésité morbide a doublé, et 20 % des enfants sont concernés par le surpoids.

Plus inquiétante encore est la montée en flèche des troubles du comportement chez les jeunes générations. Extrêmement rare il y a un siècle (1 pour 2000), l'autisme est devenu une pathologie mentale fréquente (1 pour 150, selon les chiffres américains de février 2007). Nos gènes seraient-ils encore une fois coupables ? Si oui, comment le génome aurait-il pu se dérégler en si peu de temps (une ou deux générations) ? Cette explosion récente sème le doute dans l'esprit de certains médecins : « Le nombre de cas d'autisme décelés à partir de 18 mois a très fortement augmenté au milieu des années 1980, lors de l'introduction généralisée du vaccin ROR. Coïncidence ? », s'interrogeait le professeur de psychologie expérimentale Bernard Rimland, de l'Institut de recherche américain sur l'autisme (Autism Research Institute)[52].

La médecine moderne proposerait-elle des remèdes pires que les maux qu'elle prétend soigner ? Se pourrait-il que la

52. Témoignage du 6 avril 2000 auprès de la commission du Congrès américain sur les réformes gouvernementales : « Mon ouvrage *Infantile Autism*, publié en 1964, a été le premier à se faire le champion de la génétique comme facteur de l'autisme, et je ne suis certainement pas hostile à cette idée. Toutefois les gènes ne sauraient expliquer la progression explosive de l'autisme, de 250 % à 500 % dans certaines zones géographiques. Les enfants reçoivent aujourd'hui trente-trois vaccins avant même d'entrer à l'école, il s'agit là d'une énorme augmentation. Les vaccins contiennent non seulement des virus actifs mais aussi des quantités non négligeables de substances extrêmement toxiques telles que mercure, aluminium et formol. Cette augmentation pourrait-elle expliquer la progression de troubles tels que l'autisme, les déficits d'attention avec hyperactivité, l'asthme, l'arthrite, la maladie de Crohn, les lupus et autres troubles chroniques ? »

vaccinologie, pilier de la santé depuis l'avènement de l'hygiène pasteurienne, soit inefficace et fasse, par ailleurs, des dommages collatéraux considérables ? Difficile à prouver dans la mesure où les études relatives aux effets toxiques des vaccins ne sont pas entreprises et que le droit d'inventaire sur ce sujet est totalement tabou.

Les médicaments tuent

L'ampleur des maladies iatrogènes (liées aux médicaments) est mal connue : « Le rapport Queneau[53] (doyen honoraire de la Faculté de médecine de Saint-Étienne, membre de l'Académie de médecine), effectué à la demande du ministère, évalue à entre 4 % et 15 % le nombre de malades hospitalisés relevant d'une iatrogénie médicamenteuse et à 20 000 les décès annuels liés à ces pathologies, soit l'équivalent d'un crash d'Airbus A320 chaque semaine… », rappelle le Pr. Bernard Herzog[54].

« Aux USA, on évalue à entre 40 000 et 200 000 ces décès, ce qui laisse de côté de nombreux accidents non

53. Rapport de mission sur la iatrogénie médicamenteuse et sa prévention, par Patrice Queneau, 20 mars 1998.

54. Ce professeur est l'auteur de nombreux ouvrages : *Le Transgénique : les premiers signes d'une catastrophe* (Éditions du Cram, Montréal, Québec), *La Vie malgré la mort : histoires d'ici et de là-bas* (Éditions du Cram, Montréal, Québec), *Tourments de l'âme, maladies du corps. Une nouvelle médecine psychosomatique* (Guy Trédaniel Éditeur), *De nouvelles pistes pour guérir le cancer* (Éditions du Cram, Montréal, Québec), *Les 7 fléaux : le péril écologique* (Éditions du Cram, Montréal, Québec). Docteur en médecine, spécialiste en électroradiologie (diagnostique et thérapeutique), ancien chef de travaux de biophysique, il fut également chef de service du Centre hospitalo-universitaire de Nantes et professeur à la Faculté de médecine de Nantes.

mortels. Théoriquement, on estime que la moitié de ces accidents seraient évitables, ce qui est aussi discutable. »

Les 20 000 décès annuels en France représentent deux fois le nombre de morts par accident de la route, si bien qu'il apparaît deux fois plus dangereux de prendre des médicaments que de prendre sa voiture ! Pourtant, à la différence des campagnes de prévention routière, aucun message de prévention sanitaire ne nous invite à limiter notre consommation de médicaments...

Les chiffres officiels des maladies contractées à la suite de la prise de médicaments seraient-ils par ailleurs sous-estimés ? C'est plus que probable, notamment à cause du déni qui entoure les accidents vaccinaux. Leurs cortèges d'effets secondaires ne sont pas faciles à identifier et encore moins à faire reconnaître (comme le montre l'affaire du vaccin de l'hépatite B[55]). La France, pays de Pasteur, n'aime pas gratter le vernis du père du dogme vaccinal. Sur ce chapitre, la pharmacovigilance française est particulièrement minimaliste : elle minimise et en fait le minimum...

Il n'est pas abusif de parler de *dogme* lorsqu'on voit avec quelle énergie et quel aveuglement nos agences sanitaires ont défendu bec et ongle la vaccination contre la grippe A, au lieu d'envisager la possibilité de prévenir la grippe par des solutions naturelles sans effet iatrogène (homéopathie, vitamines D ou C, alimentation saine, pratique sportive, etc.). Au lieu de cela — et on croit rêver —, un communiqué de l'Afssaps (l'agence du médicament) précisait, le 24 décembre 2009 : « Afin d'éviter tout risque de confusion

---

55. Sylvie SIMON et Dr Marc VERCOUTÈRE, *Vaccin hépatite B. Les coulisses d'un scandale*, Éditions Marco Pietteur, collection Résurgence. Lucienne FOUCRAS, *Le Nouveau dossier noir du vaccin hépatite B*, Éditions Marco Pietteur, collection Résurgence.

entre le médicament homéopathique "influenzinum type A 9CH" des laboratoires Lehning et les vaccins contre le virus de la grippe A (H1N1), l'Afssaps rappelle que seuls les vaccins ayant fait la démonstration d'un effet protecteur vis-à-vis du virus grippal H1N1 disposent d'une autorisation de mise sur le marché délivrée par l'Afssaps pour cette indication. » Circulez, la messe est dite !

Davantage focalisée sur le développement des médicaments et de la recherche génétique, la médecine passe totalement à côté des causes purement hygiéniques des maladies (au sens où l'entendait Hippocrate : alimentation et hygiène de vie). Les nombreuses études rappelant l'impact de l'alimentation sur l'altération de la santé n'y font rien[56]. Les pouvoirs publics restent définitivement sourds aux avertissements d'Hygie.

Non seulement la médecine hygiéniste nous propose des médicaments dont la toxicité se cache en embuscade, mais elle rechigne aussi à reconnaître l'impact délétère d'une mauvaise hygiène de vie. Doublement toxique, la médecine moderne vénère son pape, Pasteur, un personnage respecté, mais bien peu respectable dès lors qu'on se penche de près sur ses travaux scientifiques.

Après avoir exploré l'univers aseptisé de la santé pasteurisée, le lecteur découvrira qu'une autre santé est possible et que de multiples voies d'accès sont, naturellement, à sa portée.

---

56. « Des chercheurs alertent sur les risques présentés par l'association de certains additifs alimentaires » (« Combining food additives may be harmful, say researchers »), *The Guardian*, 21 décembre 2005.

CHAPITRE 1

La Santé *pasteurisée*

« Qui veut faire l'ange, fait la bête. »
Blaise PASCAL

1. Notre héros national serait-il un imposteur ?

« Longtemps j'ai cru ce qu'on racontait. Pourquoi aurais-je douté ? Tout le monde était d'accord sur l'histoire des grandes découvertes de la médecine et sur les savants qui en avaient été les auteurs. On connaissait de nom Claude Bernard[57] sans savoir, le plus souvent, ce qu'il avait fait, et surtout Pasteur[58] dont on n'ignorait pas les innombrables découvertes : les microbes, la vaccination contre la rage, le sauvetage de l'industrie des vers à soie dont l'importance au XIXe siècle était considérable, la "pasteurisation", l'antiseptie et l'aseptie qui permirent l'essor de la chirurgie et bien d'autres encore », écrit Philippe Decourt, membre de l'Académie internationale d'histoire de la médecine, dans

57. 1813-1878.
58. 1822-1895.

son livre *Les Vérités indésirables. Comment on falsifie l'histoire : le cas Pasteur*[59], paru il y a vingt ans.

Depuis l'enfance, nous sommes soumis à un incessant culte de la personnalité qui présente Louis Pasteur non seulement comme un grand savant, mais aussi comme un modèle de désintéressement et d'honnêteté. Dans le sillage de l'Anglais E. Douglas Hume, auteur dès 1948 de *Béchamp ou Pasteur. Un chapitre perdu de l'histoire de la biologie,* Philippe Decourt s'est plongé dans les comptes-rendus de l'Académie des sciences et les carnets de laboratoire de Pasteur : « La réalité était tout à fait différente de la légende, on avait créé un mythe que l'on répétait sans rien vérifier. Nous étions victimes d'une immense duperie », rapporte-t-il.

De nombreux auteurs ont eux aussi mis à jour cette sombre falsification de l'histoire médicale. La liste est même si longue[60] qu'on peut se demander pourquoi le sujet n'a toujours pas été déterré par les médias… À l'exception du

---

59. Dr Philippe Decourt, *Les Vérités indésirables*, Éditions Les Archives internationales Claude Bernard, 1989. Épuisé, cet ouvrage peut néanmoins être commandé auprès d'associations pour la liberté thérapeutique, comme Alis (alis-france.com/librairie.php).

60. Paul Boulier, *La Vérité sur Monsieur Pasteur*, Bibliothèque universelle, Paris, 1887 ; Xavier Raspail, *Trente ans de critique médicale*, Vigot frères, 1916 ; E. Douglas Hume, *Béchamp ou Pasteur, un chapitre perdu de l'histoire de la biologie*, Paris, Librairie Le François, 1948 ; Louise Lambrichs, *La Vérité médicale*, Robert Laffont, 1993, rééd. 2008 ; Gerald L. Geison, *The Private Science of Louis Pasteur*, Princeton University Press, 1995 ; Louis De Brouwer, *Vaccination : erreur médicale du siècle*, Éd. Louise Courteau, 1997 ; Dr Éric Ancelet, *Pour en finir avec Pasteur*, Éd. Marco Pietteur, 1999 ; Pierre Lance, *Savants maudits, chercheurs exclus*, Éditions Pierre de Valmy, 2001 ; Yves Robin, *Lettre ouverte à Monsieur Louis Pasteur*, France Europe Éditions, 2002 ; Pierre-Yves Laurioz, *Louis Pasteur, la réalité après la légende*, Éditions de Paris, 2003 ; Antonio

magazine spécialisé américain *Science*, qui osa un titre choc en février 1993: «L'imposture pasteurienne». Un coup d'épée dans l'eau. Le conditionnement est visiblement trop fort pour faire voler en éclat ces croyances solidement enracinées.

Le vaccin contre la rage

Ceux qui se sont penchés sur ce chapitre de la médecine, et notamment sur les carnets de laboratoire[61] de Pasteur, démontrent sans ambiguïté que le savant a maquillé les résultats d'expériences qui ne lui étaient pas favorables et qu'il s'est approprié (après les avoir vivement combattus) les travaux d'autres chercheurs, comme ceux d'Antoine Béchamp (1816-1908), l'un des plus grands scientifiques du XIXe siècle.

Les livres d'histoire de l'Éducation nationale nous disent que notre bon Pasteur a sauvé le petit Joseph Meister, mordu à la main par un chien enragé. «Première question: le chien était-il enragé?», demande avec bon sens Philippe Decourt dans *Les Vérités indésirables.* «Personne n'en sait rien car aucune inoculation, seul moyen de le montrer, n'a été faite. De plus, le chien de Meister n'a jamais transmis la rage à personne.» C'est pourtant cette expérience qui a

CADEDDU, *Les Vérités de la science. Pratique, récit, histoire: le cas Pasteur*, Éditions Léo S. Olschki, 2005.

61. L'historien des sciences américain, Gerald Geison, de l'Université de Princeton, a étudié pendant vingt ans les notes de laboratoire de Pasteur, jusqu'alors restées secrètes, «sur l'ordre de Pasteur lui-même», précise la journaliste Sylvie Simon. Il a communiqué le résultat de ses recherches au Congrès annuel de l'AAAS (American Assiciation for the Advancement of Science), et le journal anglais *The Observer* l'a publié le 14 février 1993. À son tour, la semaine suivante, le magazine médical *Science* dénonçait «L'imposture pasteurienne».

promu le très narcissique Pasteur dans la société mondaine de son temps.

Les comptes-rendus de l'époque nous indiquent que de nombreux débats ont eu lieu à l'Académie de médecine. Le Pr. Michel Peter a ainsi accusé Pasteur, non seulement d'avoir augmenté l'incidence de la rage, mais d'avoir « provoqué des cas de rage paralytique et même convulsive [...]. Monsieur Pasteur ne guérit pas la rage, il la donne ! »[62] C'est dire la violence des débats, et l'importance du problème...

« L'affaire de la rage est l'exemple même des mensonges de Pasteur qui ont été répétés et introduits par ses admirateurs dans la mémoire collective, au point d'être devenus des vérités pour le commun des mortels », précise Sylvie Simon, dans son ouvrage *Les Dix plus gros mensonges sur les vaccins*[63].

« Contrairement à ce que l'on nous enseigne, le vaccin antirabique ne fut pas créé par Pasteur, mais par Henri Toussaint, professeur à l'École vétérinaire de Toulouse, dont le nom n'a pas marqué l'histoire. Celui-ci avait réussi à bien atténuer la virulence du virus en chauffant la préparation et en y ajoutant un antiseptique. Le vaccin de Pasteur, à base de moelle desséchée, était très dangereux et fut bien vite abandonné, et le jeune Meister a eu beaucoup de chance d'en réchapper ! D'ailleurs, Émile Roux, collaborateur de Pasteur, avait estimé que l'application du vaccin Pasteur était trop hasardeuse et avait refusé de s'associer aux premiers essais dits de "traitement intensif", c'est-à-dire plusieurs injections pendant douze jours. »

62. Sylvie SIMON, *Les Dix plus gros mensonges sur les vaccins*, Dangles, 2005.
63. *Ibid.*

Le décès d'un enfant de 12 ans, après la vaccination pratiquée par Pasteur, fit du bruit à l'époque. Édouard Rouyer fut mordu le 8 octobre 1886 par un chien inconnu. Pasteur lui inocula son vaccin par la méthode intensive (des injections répétées sans attendre l'apparition d'une immunité). Le 26 octobre, l'enfant mourut. « Une enquête judiciaire fut alors ouverte pour déterminer la cause de sa mort et le professeur Brouardel en fut chargé. Ce dernier, personnage couvert de titres, était un ami de Pasteur », précise encore Sylvie Simon.

Les expériences de notre héros national ont donc fait bien des dégâts. « En 1886, tant en France qu'à l'étranger, les morts à mettre officiellement au passif de la méthode Pasteur s'élevaient déjà à soixante-quatorze : quarante étrangers et trente-quatre Français. Certains étaient morts en présentant les symptômes de la rage ordinaire, d'autres avaient succombé à une affection nouvelle qui fut appelée la "rage des laboratoires". »[64]

On mesure l'esprit d'aventure de Pasteur, qui n'hésitait pas à sacrifier sur l'autel de la science des cobayes humains qui n'auraient sans doute jamais attrapé la rage. Cet amateurisme propre aux apprentis sorciers souffle encore aujourd'hui si on regarde la campagne anti-grippe 2009/2010 menée par le gouvernement à l'aide d'un vaccin insuffisamment testé et dont les bénéfices n'ont jamais été prouvés.

La découverte des microbes

Est-ce vraiment à Pasteur que l'on doit la découverte des microbes ? Que nenni ! Comme l'attestent ses propres écrits

64. *Ibid.*

dans le cadre de la controverse scientifique de la maladie des vers à soie, Pasteur combattait l'idée de l'existence de microbes au profit de son hypothèse de départ, la génération spontanée de la maladie. C'est à Antoine Béchamp (1816-1908), adversaire de ses théories, que l'on doit la découverte de parasites capables de pénétrer dans l'organisme des vers à soie pour y engendrer la maladie de la pébrine[65].

Dans ses courriers, Pasteur traitait de « fous » les défenseurs de la théorie parasitaire. Il critiquait les travaux de ses contemporains, affirmant que les petits corps (c'est ainsi qu'on appelait alors les microbes) que Béchamp considérait comme des parasites venant de l'extérieur, étaient seulement des cellules malades du ver lui-même. Pour Pasteur, la pébrine était une maladie constitutionnelle, qui se formait toute seule dans l'intestin, comme les globules du pus ou les cellules cancéreuses.

« En 1868, Pasteur comprit que Béchamp avait raison (depuis, la théorie "parasitaire" est reconnue par tous) et déclara à l'Académie des sciences et au ministre de l'Agriculture qu'il avait été le premier à démontrer l'origine parasitaire de la pébrine, "entièrement ignorée avant mes

65. C'est néanmoins le médecin hongrois Philip Semmelweis qui, le premier, a deviné en 1846 les vrais mécanismes de la contagion à partir d'une observation des taux de mortalité : de son temps, les femmes mouraient moins en accouchant à leur domicile, à la maternité des sages-femmes de Vienne ou même dans la rue qu'à l'hôpital. Il en est arrivé à la conclusion que les fièvres puerpérales étaient véhiculées par les médecins eux-mêmes lorsqu'ils passaient des salles de dissection et d'autopsie aux salles d'accouchement sans se laver les mains ni changer de blouse. De simples mesures d'hygiène et de désinfection lui permirent de faire tomber le taux de mortalité, mais ses résultats ne furent jamais reconnus de son temps. Raillé, critiqué et révoqué des hôpitaux, il sombra dans la folie…

recherches". En fait d'impudence, il est difficile de faire mieux», souligne Sylvie Simon[66].

«Le microbe n'est rien, c'est le terrain qui est tout»

L'histoire des sciences retient généralement Claude Bernard et Antoine Béchamp comme les principaux adversaires de Pasteur. Contrairement à ce qu'écrivent nos encyclopédies, les documents de l'époque démontrent que ces deux savants n'ont jamais combattu la théorie microbienne dans l'origine de certaines maladies. Bien au contraire! En réalité, ils ont été les premiers à la présenter, avant que Pasteur ne s'approprie leurs travaux. Cependant, à la différence de Pasteur, Claude Bernard et Antoine Béchamp accordaient une part prépondérante au «terrain», c'est-à-dire à l'état de santé de l'organisme, indépendamment du microbe. On doit ainsi à Claude Bernard la célèbre phrase: «Le microbe n'est rien, c'est le terrain qui est tout.»

Parallèlement, Claude Bernard a développé la notion de «milieu intérieur» et proposé la notion dynamique d'«homéostasie». L'homéostasie, notion désormais fondamentale et incontournable en médecine, désigne le merveilleux équilibre en mouvement des organismes vivants qui stabilisent eux-mêmes, et à tout moment, leurs diverses constantes physiologiques (comme le pH sanguin, le nombre de globules blancs ou rouges, le taux de sucre en circulation dans le sang, etc.).

Les découvertes d'Antoine Béchamp sont elles aussi majeures. Il a mis en évidence la propriété de certains corpuscules microscopiques, les «microzymas», de se métamorphoser en bactéries, virus ou mycéliums (champignons)

66. *Ibid.*

pathogènes, sous l'influence des perturbations du milieu intérieur. Nous pouvons développer des maladies virales de notre propre fait. Soit parce que nous avons déjà été contaminés une fois par un germe qui vient de l'extérieur et qui resurgit épisodiquement (paludisme, herpès, tuberculose). Soit parce qu'un type de microzyma, qui fait partie de nous et qui vit en symbiose avec nos cellules, s'emballe (candidose, avec le *Candida albicans*[67], infections urinaires avec la bactérie *Escherichia coli*). Le chemin inverse vers un retour à l'état normal est également possible[68].

Ces travaux constituent un point de départ essentiel pour comprendre ces maladies endogènes (que nous générons nous-mêmes). Reste à en trouver les causes profondes : est-ce le hasard, une forte émotion ou une agression environnementale qui nous rend plus vulnérable à nos propres germes ou aux microbes extérieurs ?

Ces considérations sont primordiales pour comprendre un certain nombre de pathologies « résistantes ». On peut être infecté par ses propres germes à cause d'une fragilité particulière de son terrain, surtout après un traitement immunosuppresseur (qui abaisse nos défenses immuni-

---

67. Nous reviendrons sur ce spécimen de la famille des champignons, qui nous cause bien des misères, dans le chapitre sur l'alimentation.

68. Dans son sillage, Enderlein (1872-1968) va aussi défendre l'hypothèse de l'adaptabilité du monde bactérien aux conditions du milieu intérieur (pléomorphisme). Sa théorie énonce que les micro-organismes peuvent passer par plusieurs stades différents dans leur développement, en fonction du milieu. Les composants de la cellule pourraient ainsi former des micro-organismes indépendants, et de nombreuses formes décrites ne sont que l'expression figée de la mutabilité d'une seule espèce. La conception d'Enderlein a su trouver des applications concrètes avec les remèdes isopathiques, très peu connus en France, mais commercialisés en Suisse.

taires) comme les chimiothérapies anticancéreuses ou les antibiothérapies. Certaines maladies nosocomiales peuvent ainsi être endogènes (développées par le patient lui-même) et non résulter de germes attrapés à l'hôpital (même si c'est généralement ce qui se passe). C'est le cas du staphylocoque doré ou du bacille de Koch, responsable de la tuberculose, qui peut resurgir chez un porteur sain en cas de faiblesse de son état de santé général, et non résulter d'une nouvelle contagion.

Rallié tardivement à la théorie microbienne (l'idée de la contagion), Pasteur a toujours réfuté la notion de terrain. Selon lui, la maladie microbienne est uniquement due au contact avec un germe extérieur ou un porteur de germes. Il considère la matière vivante « saine » comme exempte de tout microbe. Nous savons aujourd'hui que c'était un postulat scientifique erroné : notre corps est porteur de dix fois plus de bactéries que de cellules ! Les publicités sur les « bonnes bactéries » des yaourts et autres produits commerciaux à base de « probiotiques » nous rappellent désormais presque tous les jours l'importance de certaines bactéries qui nous colonisent pour notre plus grand bien. L'hypothèse de départ de Pasteur est donc totalement fausse et archaïque.

Malheureusement, les travaux de Pasteur ont largement contaminé la médecine moderne. L'importance du terrain et son unicité (chaque individu possède une carte unique) n'est pas enseignée dans les cours de médecine. Les théories pasteuriennes l'ont emporté sur celles de Claude Bernard et Antoine Béchamp.

Considérés comme des intrus au pays de la santé, virus et bactéries sont vus comme de dangereux terro-

ristes contre lesquels la médecine lutte en permanence, polluée par la peur mythique de l'agresseur extérieur.

Dans son combat, la médecine s'appuie sur un autre fondement pasteurien : la maladie n'a qu'une seule cause, donc un seul remède. Chaque maladie correspond à un agent spécifique contre lequel on peut se prémunir grâce à un vaccin. Là encore, ce principe ne tient pas debout. En effet, comment expliquer que certains attrapent la grippe et ne la transmettent pas forcément aux membres de leur famille habitant sous le même toit ? Les germes ne sont donc pas forcément la seule et unique cause des maladies. Il semble que le terrain fasse, au contraire, toute la différence. C'est d'ailleurs l'un des fondements de l'homéopathie (à travers la notion de constitution individuelle[69]), si injustement décriée comme nous le verrons plus loin.

Que penser dès lors d'une vaccinologie qui découle directement de postulats erronés ? Les vaccins auraient-ils encore vraiment du poids s'ils ne faisaient pas l'objet d'une promotion continue par les disciples de Pasteur ? Force est de constater qu'il s'agit plus de croyances que de science. Générant d'énormes profits, la religion médicale, prêchée devant leurs ouailles par nos bons petits *pasteurs* en blouse blanche, entretient moins la santé que la peur du grand méchant loup (le microbe).

Les symptômes ne sont pas les causes

À l'hypertension correspondent des anti-hypertenseurs, à l'angine des antibiotiques, à la constipation des laxatifs, aux champignons des anti-fongiques. Le paradigme pasteurien nous a conduits à la multiplication de traitements

---

69. Pour un homéopathe, la constitution désigne les facultés physiques et psychiques, ainsi que les prédispositions à la maladie.

symptomatiques aveugles, qui ne font que supprimer les signaux corporels sans rechercher les causes en profondeur qui restent mystérieuses : pourquoi suis-je hypertendu, pourquoi ai-je des angines à répétition, d'où viennent mes infections urinaires chroniques ? La recherche de la cause première, c'est-à-dire *la cause de la cause* (objet de l'étiologie[70]), échappe généralement au diagnostic.

La pratique médicale actuelle constate à merveille les faits (les symptômes) mais les gomme sans ménagement. Cette habitude n'est pas sans danger car cela revient à masquer les divers signaux d'alerte qu'envoie notre corps, sa seule manière de prendre la parole. Auriez-vous l'idée de conduire avec des boules Quiès parce que vos freins vous interpellent par un grincement assourdissant et vous cassent les oreilles ? Et pourtant, c'est bien ce que nous faisons, lorsque nous prenons régulièrement de l'aspirine ou du paracétamol.

Fatigue chronique, digestion difficile, infections à répétition sont les signes de dysfonctionnements que le généraliste considère comme des maux à part et qu'il traite avec des médicaments spécifiques. Lorsqu'il achoppe, il nous envoie chez un « spécialiste » du cerveau, qui nous renvoie chez son collègue des intestins, des genoux ou de l'orteil

70. Face à l'échec de la médecine conventionnelle, on assiste aujourd'hui au succès de l'étiopathie, discipline manuelle proche de l'ostéopathie, mais qui place l'étiologie au cœur de sa pratique : du grec *aïtia*, « cause », et *pathos*, « souffrance », l'étiopathie s'attache à rechercher l'origine de la maladie sans la confondre avec ses effets — inflammation, troubles fonctionnels, présence d'agents infectieux, douleurs, etc. — et ce, en s'appuyant sur les méthodes et modes de raisonnement utilisés dans toute recherche scientifique. C'est la même démarche qui prévaut dans la naturopathie, quoique sans techniques manuelles. Nous aborderons plus loin ce domaine de la prévention naturelle.

gauche. Pollué par la dissociation des savoirs, le parcours de soin classique entraîne certains malades dans un engrenage interminable !

Au lieu d'examiner l'état général de leurs patients (déséquilibre de la flore intestinale, système nerveux défaillant, carences alimentaires), les pasteuriens, prisonniers de leurs postulats toxiques, appliquent à la lettre les recettes du *Vidal* (la bible des médecins), sans chercher à faire de liens entre les différents symptômes. Formatés par sept longues années d'étude, les médecins oublient que la santé n'est pas seulement une question de savoirs mémorisés, mais que cela relève aussi d'un art, l'art médical. La médecine n'est pas une science exacte ; l'écoute du patient et l'observation clinique sont primordiales.

La philosophie médicale moderne, basée sur la lutte contre le microbe et l'emploi de la vaccination, est bel et bien toxique ! Nous verserions moins dans la crédulité si c'était de notre poche, et non de celle de la Sécurité sociale, que se réglaient les consultations… Outil idéal pour la fabrique de notre consentement collectif, la gratuité des soins nous empêche finalement d'entrevoir la vaste duperie du pasteurisme que nous payons doublement : par notre santé et par nos impôts, ce qui fait surtout les affaires du grand supermarché médical (cabinets, pharmacies, industriels du médicament, administrations de la santé).

2. La société infantilisée

La manie de décortiquer le vivant nous empêche de considérer l'être humain dans sa globalité. Prisonnier d'une vision mécaniste de la médecine (une cause = un effet) et de l'observation du vivant par la lorgnette microscopique, la science est devenue myope. C'est ainsi que ce qui saute aux yeux de n'importe quel praticien en médecine naturelle apparaît totalement fumeux pour un spécialiste de médecine conventionnelle. Et pour cause, il est dans le brouillard le plus complet.

Ce dernier peine à entrevoir l'influence de l'environnement ou de l'alimentation dans les maladies de civilisation et se concentre surtout sur l'infiniment petit : la recherche virale ou génétique, alors que ce n'est souvent qu'un des rouages, voire le dernier à entrer en jeu dans la complexe mécanique du vivant. La science médicale devient donc de plus en plus technique et incompréhensible à la fois pour les patients et pour les médecins eux-mêmes !

Outre le pasteurisme, c'est la philosophie matérialiste (ou solidisme[71]) qui domine la recherche médicale moderne. N'est admis comme réel que la matière, ce qui est pondérable, mesurable, visible. Au-delà d'elle rien n'existe. La vie organique est considérée comme une production de la matière et du… hasard (mutations aléatoires). Cette

71. « La médecine avait longtemps attribué les maladies, au défaut d'harmonie ou à la dégénération des parties liquides du corps, ce qui avait fondé l'humorisme avec ses nombreuses variétés ; mais, prenant alors pour point de départ de l'action vitale les parties solides dont dépendaient la circulation du sang et les sécrétions des humeurs, elle plaça en elles seules les causes des maladies, et créa la théorie du solidisme moderne », peut-on lire dans *La Revue des Deux Mondes*, tome 23, 1840.

conception mécaniste du vivant est apparue avec les premières découvertes scientifiques permises par la dissection (circulation sanguine, muscles, anatomie des organes malades, etc.). Depuis, l'activité chimique ou physique de la matière est observée sous toutes les coutures.

Vision mécaniste contre philosophie vitaliste

Il faut bien garder à l'esprit qu'il s'agit d'une évolution très récente. Pendant plusieurs millénaires, la notion de vitalisme a été prépondérante. Elle le reste dans les médecines chinoise et indienne où une force vitale intelligente habite, anime et organise la matière de tout être vivant (principe du vitalisme), notamment à travers les liquides du corps (appelés autrefois « humeurs » : théorie de l'humorisme chez Hippocrate). Seul hic, la force vitale n'est pas visible ! Elle déstabilise les cartésiens par sa dimension quasi-spirituelle. En effet, on ne sait toujours pas d'où vient cette force de vie qui organise l'ensemble du vivant depuis le début de l'évolution.

Pour la médecine moderne, en revanche, c'est d'abord l'organe exprimant le symptôme qui est considéré comme responsable des perturbations. La maladie est bien souvent entrevue comme une défaillance ou une aberration de la nature, une incapacité de l'organisme à s'adapter à une situation qui le dépasse, une anormalité que les ressources de la science doivent permettre de corriger. Les remèdes proposés s'adressent donc à la matière ou à la « machine » qu'est le corps. On pratique des analyses et des biopsies pour percer les secrets du sang ou des tissus, dans l'objectif de stopper toute manifestation symptomatique, et ce dans les plus brefs délais.

À titre d'exemple, le « stress cellulaire », peu connu du grand public, désigne un phénomène global qui intervient après l'agression de nos cellules par des substances toxiques, entraînant soit la mort de la cellule (apoptose), soit des processus régénératifs ou de défense. Nous y sommes par exemple confrontés avec les ondes électromagnétiques, les pesticides, les médicaments de synthèse ou les métaux lourds (vaccinations entre autres). Malheureusement, plutôt que de s'attaquer à ces causes, la médecine se perd dans la recherche génétique et s'échine désespérément à identifier le coupable dans nos chromosomes. Ce qui revient à chercher une aiguille dans une botte de foin...

C'est exclusivement sous l'angle de la thérapie génique que nous sommes ainsi tous les ans invités à donner de l'argent au Téléthon. Purement curative, la recherche génétique pourra sans doute un jour s'avérer utile (espérons-le, avec les millions qu'elle reçoit tous les ans), mais elle ne nous sera d'aucun secours pour trouver les vraies causes de l'augmentation des maladies orphelines et pour les prévenir par des moyens à notre portée.

Cette vision ultra-complexe du vivant nous entretient dans une relation thérapeutique infantile malsaine. D'abord parce que le malade est passif, déresponsabilisé. Ensuite, parce qu'il subit : soumis à l'autorité du thérapeute, victime de la maladie, dépendant du médecin (qui sait), du remède (qui guérit) et du système (qui rembourse), la dépendance est à la fois physique, psychologique et financière ! N'est-ce pas la définition même d'une drogue ?

On mesure ainsi à quel point la vision mécaniste de la santé (ou plutôt de la maladie), qui prévaut tel un dogme, nous dépossède de notre autonomie, de notre libre-arbitre et de notre capacité à choisir (ou tout simplement à entrevoir) d'autres solutions que celles prescrites par l'autorité médicale (les ordonnances). N'est-ce pas là une forme de toxicité psychologique bien plus insidieuse, qui s'ajoute à la toxicité avérée de certains médicaments chimiques qui causent 20 000 décès en France par an[72] ?

D'un côté, nous sommes drogués par les remèdes modernes qui génèrent de nombreux effets secondaires (1 300 000 hospitalisations par an liées à la prise de médicaments[73]), et de l'autre, nous sommes intoxiqués par la pensée limitante, infantilisante et souvent culpabilisante de nos prescripteurs au sens large (des autorités de santé aux praticiens de ville en passant par les pharmaciens[74]) : « Vous n'en avez plus que pour six mois », « Si vous ne vaccinez pas vos enfants, ils courent un grave danger », « Si vous n'arrêtez pas de fumer… », « Si vous ne prenez pas ce médicament… », etc. Il n'y a pas plus pathogène, comme discours !

Aussi toxique que le sont certains parents déséquilibrés, le système médical s'est éloigné de sa vocation

72. Rapport de mission sur la iatrogénie médicamenteuse et sa prévention, par Patrice Queneau, 20 mars 1998.

73. D'après les chiffres que cite le journaliste Marc Menant, auteur de *La Médecine nous tue*, Éditions du Rocher, 2008. « Incontestables, les chiffres, livrés par le très sérieux réseau des centres régionaux de pharmacovigilance, des chiffres a minima — écarquillez bien les yeux — en France chaque année 1 300 000 personnes sont hospitalisées dans le secteur public à cause de l'effet indésirable d'un médicament, et pour 450 000 d'entre eux, l'état est considéré comme grave. Ces 1 300 000 cas représentent 10 % des patients qui séjournent à l'hôpital […]. Le service de santé anglais déclare, lui, que le nombre de patients "tués sur ordonnance" a augmenté de 500 % en dix ans ! »

74. En grec classique, le *pharmakon* signifie le poison et son antidote, le mal et son remède. *Pharmacus*, en latin, désigne un empoisonneur ou un magicien.

d'éducation à la santé et nous maintient sous sa tutelle financière en nous infligeant, en toute impunité, des blessures physiques et morales. Certains enfants ayant des « parents toxiques » savent bien que la gratuité des cadeaux est empoisonnée dans la mesure où elle achète leur attachement au moyen de l'argent. Il en va de même avec notre système médical « gratuit » : nous n'avons pas d'autre solution que de devenir adultes pour lui échapper !

3. Virus! Où es-tu, que fais-tu?

«Viraliste»: ce néologisme traduit l'entêtement de la recherche scientifique dans sa traque au virus dans les pathologies de civilisation. Scandale peu connu, l'affaire Jean-Pierre Maschi montre à quel point le corps médical est prêt à tout pour étouffer, sans même les avoir examinées, les hypothèses alternatives, non virales, et pour les jeter aux oubliettes de la dissidence. Un cas d'excommunication parmi d'autres car on ne compte plus le nombre de scientifiques dénigrés pour leurs idées[75].

Jean-Pierre Maschi, médecin généraliste à Nice, est l'un d'eux puisqu'il a fait l'objet d'une véritable cabale pour son approche audacieuse de la sclérose en plaques (SEP). Aujourd'hui âgé de 82 ans, il fut le créateur, en 1965, du terme «pollution électromagnétique», expression désormais usuelle.

En quarante ans, une nouvelle pollution est apparue. Due à la prolifération, dans les pays industrialisés, des machines, des appareils produisant ou utilisant l'électricité, elle provoque, selon lui, une lente et progressive électrocution des organismes humains et joue un rôle important dans les maladies dites de civilisation: affections rhumatismales, cardiaques, neurologiques. Sa thérapeutique[76] lui aura valu d'être radié par le Conseil de l'Ordre. Ce n'est

75. *Savants maudits, chercheurs exclus*, de Pierre LANCE. Ce recueil de biographies de scientifiques a été publié le 15 avril 2001 par les Presses de Valmy, puis réédité en 2003 par Guy Trédaniel, qui a publié un second tome en janvier 2005 et un troisième en janvier 2006.

76. Principalement des conseils d'hygiène générale pour éviter les agressions électriques et des applications locales de minéraux, identiques à ceux utilisés depuis des siècles dans les stations thermales.

qu'en 2002 que le président Chirac procédera à sa réhabilitation.

L'essor de la téléphonie mobile, dont la pollution électromagnétique s'ajoute à la pollution domestique du 50 hertz (l'électricité), vient relancer la pertinence de ces travaux. Ses deux ouvrages sont toujours d'actualité[77]. « J'ai eu le malheur d'établir une théorie générale sur la pollution électromagnétique mais, également, et là fut le crime de lèse-majesté : une théorie sur une cause *multifactorielle*[78] de la sclérose en plaques, mettant en jeu un facteur génétique et un facteur d'environnement, en l'occurrence la pollution électromagnétique... Théorie catégoriquement rejetée dès 1968 par les professeurs français spécialistes de la sclérose en plaques, défenseurs de la théorie virale de la maladie. Toutes les recherches visant à mettre en évidence un virus depuis cette époque ont échoué, alors que des milliers de sclérosés en plaques ont été améliorés par mon traitement, preuves de l'exactitude de ma théorie sur la maladie », raconte-t-il au *Petit Niçois,* dans un article sur « Le scandale de la sclérose en plaques », paru en septembre 2009[79].

Le cancer, principale victime du viralisme

C'est dans la recherche sur le cancer que l'échec de la chasse au virus est le plus patent. On a beau nous annoncer régulièrement la découverte de virus responsables des

77. *Combat pour une idée. La pollution électromagnétique*, France Europe Éditions, 2005 et *Les Dix plus gros mensonges sur la sclérose en plaques*, Dangles, 2007.

78. Aux multiples causes.

79. Article consultable sur le site jeanpierremaschi.com ; lire également : « L'incroyable procès en "sorcellerie" contre un médecin niçois » (*Nice Matin*, 9 mai 2009), sous la plume d'Éric GALLIANO.

cancers de la prostate, de l'utérus ou d'autres organes, on peine de plus en plus à croire à leur implication !

L'échec de l'explication virale des cancers est manifeste. Les chiffres, en constante augmentation, traduisent l'impuissance de la recherche médicale à enrayer la genèse multifactorielle de la maladie. Entre 1980 et 2005, l'incidence des cancers s'est accrue de 35 % pour les hommes et de 43 % pour les femmes. Si l'Agence française de sécurité sanitaire de l'environnement et du travail (l'Afsset) reconnaît désormais l'origine environnementale de nombreux cancers, elle se borne souvent à incriminer telle ou telle substance (amiante, plomb, pesticides) sans prendre en compte le malade (son hygiène de vie, son alimentation, son terrain, son état de stress mental ou cellulaire, notamment post-chimiothérapie).

De son côté, la recherche pharmaceutique se perd toujours dans les méandres (lucratifs) du développement de nouvelles molécules anticancéreuses (ce qui ne nous donne toujours pas la cause de l'augmentation des cas) ou dans le développement de nouveaux vaccins. C'est pourquoi on propose aux jeunes filles de se faire vacciner, non sans risque, contre le cancer du col de l'utérus (la nouvelle intox de l'industrie pharmaceutique[80]), et à toute la population de recevoir le vaccin contre l'hépatite B (dont le virus peut être responsable d'un cancer du foie, mais dans de très rares cas).

Ce qu'on oublie de nous dire, c'est que la recherche de virus ou de rétrovirus pour expliquer les cancers a été rapidement remise en cause. Dès 1975, dans sa conférence

80. Voir le dossier critique consacré à ce nouveau vaccin activement recommandé par les pouvoirs sanitaires : pharmacritique.20minutes-blogs.fr/gardasil.

sur la leucémie, le Pr. Jean Bernard[81] déclarait : « Si dans la lutte contre le cancer, on n'a pas avancé aussi vite que dans d'autres domaines, c'est probablement parce qu'on s'est trop attaché aux théories de Pasteur. [...] Ces virus sont-ils bien en dehors de nous ? Ne viendraient-ils pas de nos organismes traumatisés ? »

Comme le soulignait, en février 1996, *La Recherche*[82], sous le titre « Le cancer résiste à la science », les progrès des techniques de détection, de chirurgie, de radiothérapie et des médicaments, qui contrastent avec l'absence de révolution thérapeutique, n'ont pas abouti à faire globalement régresser ce fléau : « vingt ans après la date fixée et malgré les quelques 40 milliards de dollars de dotations diverses injectés dans la recherche des deux côtés de l'Atlantique, il faut se rendre à l'évidence : non seulement la bataille n'est pas gagnée, mais d'une manière générale le cancer a plutôt tendance à progresser », écrivait l'auteur de l'article, Laurent Schwartz, cancérologue à l'hôpital Tenon à Paris.

Les plans cancer successifs se sont bornés à augmenter les dépistages, à accorder toujours plus moyens à la recherche de traitements chimiques, à améliorer la coordination de la prise en charge : « Dans le plan cancer 2003, le mot "dioxine" apparaît une seule fois comme "électromagnétisme" ou "plomb". "Pesticide", "nucléaire", "nitrates" sont inconnus au lexique. [...] Nulle part le plan ne s'en prend à la nature du risque et à ses causes premières. La démarche

81. Membre du Comité consultatif de la recherche scientifique (Comité des douze sages, 1958), Jean Bernard (1907-2006) a été professeur de clinique des maladies du sang (1961), puis directeur de l'Institut de recherches sur les leucémies et les maladies du sang (1961), avant de rejoindre le Comité consultatif national d'éthique des sciences de la vie et de la santé en 1983, qu'il a présidé.

82. N° 284, 1996, pp. 54-60.

pour ainsi dire contemplative n'est donc pas différente de celle qui consiste à combattre la pollution des villes en informant, en mesurant et en instaurant des seuils, des niveaux, des pics», écrivent Geneviève Barbier et Armand Farrachi, auteurs de *La Société cancérigène*[83], ouvrage qui dénonce, chiffres à l'appui, les silences des discours officiels et les intérêts de plusieurs lobbies.

C'est odieux mais incontestable: la disparition du «crabe aux pinces d'or» serait préjudiciable à des pans entiers de notre économie… Comment ne pas être interpellé, dès lors, par les campagnes de «publicité» en faveur des malades, «Deux millions de héros ordinaires»[84], érigés par l'Institut national du cancer en combattants courageux dans la guerre contre le cancer? Ces malades ne seraient-ils pas plutôt d'innocents civils sacrifiées sur l'autel de la guerre économique?

Ces campagnes nationales de communication qui mettent en scène les malades sont d'un cynisme choquant lorsqu'on découvre avec effroi la passivité de l'État dans la prévention du cancer. Jouant sur nos émotions et sollicitant notre profonde empathie, notre attention est ainsi braquée sur les victimes. Cela a pour effet de faire passer pour inconvenante toute entreprise citoyenne qui désirerait dénoncer les profiteurs de l'économie du cancer (vus comme des sauveurs) ou s'attaquer à l'incurie des pouvoirs publics.

83. Geneviève BARBIER et Armand FARRACHI, *La Société cancérigène. Lutte-t-on vraiment contre le cancer?*, La Martinière, 2004.

84. À l'initiative de l'Institut national du cancer. Ces deux millions de Français ont été ou sont confrontés personnellement au cancer (e-cancer.fr/herosordinaires).

4. Pour quelques boutons...

Notre intégrité physique est régulièrement soumise à la roulette russe des effets secondaires induits par la toxicité incontrôlable des médicaments, toxicité qui tape parfois là où l'on s'y attend le moins. C'est ainsi que, pour éradiquer quelques boutons, le corps médical peut, malgré lui, mettre en danger la santé mentale des jeunes générations.

Censé diminuer l'expression excessive d'un symptôme cutané mal compris, le traitement par l'isotrétinoïne (la principale molécule anti-acné) est prescrit à environ 100 000 patients par an en France. Son efficacité incontestable a un revers. Dans quelques rares cas, elle peut toucher l'adolescent dans ce qu'il a de plus fragile à cet âge : son équilibre psychologique, avec des effets secondaires graves qui pourraient conduire à la psychose ou au suicide.

Cette controverse n'est pas dénuée de fondements scientifiques, comme l'explique le Dr Nicolas Rouyer[85], dans un courrier adressé le 5 mai 2007 au cabinet du ministre, en appui à la démarche de l'Association française des victimes du Roaccutane et générique (AVRG). « L'isotrétinoïne est un médicament dangereux. Son effet tératogène [provoquant des malformations fœtales, NdA] est majeur, ce qui oblige à une contraception orale stricte au cours du traitement. Il existe à ma connaissance peu de médicaments dont la prescription impose de telles précautions[86].

85. Pathologiste, a fait partie de l'équipe du Pr. Chambon (Strasbourg) qui a mis en évidence en 1988 la famille des récepteurs nucléaires de l'acide rétinoïque. Depuis, c'est l'un des sujets phares de son institut.

86. En 2008, la sénatrice Joëlle Garriaud-Maylam (UMP) s'est également saisie de la question : « Ne devrait-on pas également adopter un principe de précaution et réfléchir à une interdiction

« Au cours du traitement de l'acné, l'isotrétinoïne peut modifier de manière significative l'activité des zones cérébrales dont la perturbation est mise en cause dans la schizophrénie et la dépression. Ceci a été démontré de manière indiscutable par de récentes études d'imagerie cérébrale (J.D. Bremner, *Am. J. Psychiatry*, 2005).

« Aux États-Unis, la FDA [Food and Drug Administration] a autorisé ce traitement en 1992 pour les formes graves d'acné. Les troubles psychiatriques survenus au cours du traitement ont initialement été niés, puis occultés et ce n'est qu'en 1998 que la FDA a obligé le laboratoire Roche à inclure un avertissement sur la notice de son médicament. Aujourd'hui, cette molécule a le privilège de figurer au *top ten* des médicaments comportant un risque suicidaire[87] ! »

Sans médicaments, que faire ?

Cela vaut-il vraiment le coup de risquer l'hôpital psychiatrique et son engrenage médico-chimique, pour quelques boutons ? Mieux informés, il est certain que les parents réfléchiraient à deux fois avant de céder à la solution médicamenteuse dont on connaît le double tranchant étymologique (*medicamentum* : « remède » ou « poison »)... Dans l'acné comme dans de nombreuses maladies, il existe des solutions bien plus douces.

---

de ces produits ? », a-t-elle demandé à Roselyne Bachelot, ministre de la Santé.

87. Le *top ten* : « Les antidépresseurs, les benzodiazépines et apparentés, les interférons, l'isotrétinoïne, la méfloquine, la chloroquine, les antiviraux, le baclofène, le vigabatrin et le divalproate de sodium ont été impliqués dans la survenue de suicides ou de tentatives de suicide », selon le Groupement d'intérêt économique - Système d'information sur les produits de santé (février 2004).

Au chapitre de l'hygiène de vie (celle d'Hippocrate), un rééquilibrage alimentaire s'impose. Peu de familles savent que trop de sucres rapides et de mauvaises graisses (les desserts et autres produits de grignotage) perturbent le métabolisme des « colles » (déchets issus des lipides et des glucides) sur un terrain prédisposé. Ces déchets toxiniques sont normalement éliminés par la voie digestive mais les glandes sébacées peuvent prendre le relais (générant des problèmes de peau). Se faire aider par un praticien formé à la nutrition peut ainsi représenter une bien meilleure porte d'entrée que celle du cabinet de son dermatologue…

Du côté de la pharmacopée traditionnelle, il existe des plantes efficaces pour la sphère cutanée (bardane, pensée sauvage entre autres). Autre remède millénaire, le soufre, pris par voie interne, contribue à soutenir les fonctions de détoxication du corps en soulageant la peau. Indispensable au transport de l'oxygène dans les cellules, le soufre est normalement disponible dans notre alimentation quotidienne. Depuis un demi-siècle, les pesticides et le raffinage des aliments l'ont pratiquement éliminé de notre nourriture. La carence ainsi créée pourrait être à l'origine de bon nombre de pathologies modernes : hypertension, cholestérol, maladies digestives, diabète, parasites, dépression, glaucomes, migraines[88].

---

88. Toute la littérature médicale sur le soufre assimilable (MSM ou DMSO) est sur dmso.org. Pour la petite histoire, en 1999, Patrick McGean, un Américain passionné par le soufre (sans aucun diplôme médical), a lancé une étude sur plus de 1 000 personnes afin de recenser les effets bénéfiques du MSM (produit soufré assimilable) sur la santé : « The Live Blood and Cellular Matrix Study » (« Étude du vivant au niveau du sang et de la matrice cellulaire »). Selon les éléments qu'il a rassemblés, les participants de l'étude, qui étaient sous chimiothérapie et qui ont pris 30 g de soufre organique

Il existe beaucoup d'autres solutions encore. Comment se fait-il que nous n'en soyons jamais informés ? Est-ce parce qu'elles ne génèrent pas autant de royalties que les molécules brevetées ? Évidemment !

Si nous ne choisissons pas en premier lieu la démarche naturelle, c'est souvent par ignorance de son efficacité, ignorance partagée par le corps médical du fait de l'incroyable formatage des études de médecine. L'atavisme médical qui se transmet de promotion en promotion est finalement plus toxique que les médicaments chimiques (utiles en cas d'urgence), car ce cloisonnement mental nous empêche de voir l'étendue des autres solutions à notre portée.

---

par jour, n'en ont pas subi les effets secondaires (chute de cheveux, nausées, diarrhées) mais de plus, les oncologistes ont observé une diminution du nombre des cellules cancéreuses. Lire aussi : « Le soufre en voie de disparition » sur soignez-vous.com.

5. Une maladie, un vaccin! Un vaccin, des maladies…

On ne compte plus le nombre de préparations vaccinales. La peur du microbe est un marché porteur. Celui des effets secondaires aussi dans la mesure où les nombreux maux qui découlent de la surenchère vaccinale génèrent à leur tour une surconsommation de consultations et de médicaments… Un vrai cercle vertueux pour les promoteurs de l'intox pasteurienne.

La recherche stérilisée, rendue non féconde du fait de la *monomanie* vaccinale, peine à entrevoir d'autres voies de prévention. C'est toujours la même rengaine qui nous est servie : une maladie, un vaccin. Finalement on a beau être dans un monde individualiste, c'est toujours l'intérêt collectif (l'éradication des maladies, véritable raison d'État) qui prime sur la liberté personnelle, quitte à sacrifier la santé de quelques citoyens.

Pourtant, de très nombreux ouvrages, très documentés, nous renseignent sur les risques de la vaccination de masse. Sous couvert de lutter contre des maladies parfois bénignes (grippe, oreillons, rougeole notamment), de nombreuses atteintes à notre intégrité physique sont perpétrées. Une seule injection peut générer diverses formes d'impotence dans la population, a priori sans aucun rapport. L'objet de cet ouvrage n'est pas de restituer la totalité du débat sur la vaccination, mais d'attirer l'attention sur un effet bien particulier : le risque d'invalidité neuromusculaire.

Vers l'impotence généralisée

Le dossier judiciaire de l'hépatite B est sans doute l'exemple le plus emblématique des dégâts de la stratégie vaccinale. Il a été ouvert à la fin des années 1990, à la suite de plusieurs plaintes pénales[89] de victimes de sclérose en plaques, une maladie auto-immune handicapante incontestablement multifactorielle.

Mieux que dans le cas de la grippe A, la campagne contre l'hépatite B a abouti à la vaccination de 25 millions de personnes, encouragées par des arguments scientifiques erronés ou fondés sur la peur, entraînant un déficit imprévu dans la branche médicament de la Sécurité sociale. C'est bien la même logique aberrante qui a prévalu en 2009 avec 2 milliards d'euros engagés contre la prétendue pandémie de H1N1, alors que le déficit de la Sécu n'avait jamais été aussi élevé, avec un trou de 20 milliards d'euros. Ces sommes, si elles avaient été utilisées à bon escient, auraient permis d'embaucher des infirmières à l'hôpital, de rémunérer leurs heures supplémentaires, tout en comblant le déficit de l'hôpital public (qui oscille entre 600 et 800 millions d'euros) ! Au lieu de cela, elles ont bénéficié aux laboratoires… Sans compter le surcoût lié aux effets secondaires.

La question du lien entre le vaccin contre l'hépatite B et la sclérose en plaques est cruciale pour les victimes, entraînées dans un parcours judiciaire interminable. Plusieurs études scientifiques assurent que le lien n'est pas établi ; leurs conclusions sont suivies par la majorité du corps médical qui préconise toujours aujourd'hui la vaccination du nourrisson. Alors que la campagne de vaccination contre cette

89. Pour mémoire, les responsables du laboratoire SmithKline Beecham (aujourd'hui GlaxoSmithKline, GSK) et de la société Pasteur Mérieux MSD-Aventis Pasteur (aujourd'hui Sanofi Pasteur MSD), deux laboratoires ayant fabriqué le vaccin, sont poursuivis pour « tromperie sur les contrôles, les risques et les qualités substantielles d'un produit ayant eu pour conséquence de le rendre dangereux pour la santé de l'homme ».

maladie est relancée depuis 2009, le Dr Marc Girard, à l'origine de toutes les expertises versées au dossier de l'hépatite B, tire la sonnette d'alarme : « On a largement atteint le niveau de preuve considéré comme usuellement suffisant pour que l'administration sanitaire puisse prendre une décision. Il n'y a pas que la sclérose en plaques ! Ce vaccin est d'une toxicité redoutable, y compris pour les bébés. »

Reste une donnée troublante à laquelle ne répondent jamais les autorités de santé : la sclérose en plaques touchait 25 000 personnes en 1991. On a dépassé les 80 000 cas aujourd'hui. Y a-t-il un lien avec la campagne ? C'est fort possible, mais difficile à prouver puisque la maladie est multifactorielle. Depuis dix ans, l'État a indemnisé plusieurs victimes (des personnels de santé pour lesquels la vaccination était obligatoire), mais ne reconnaît pas ce lien chez le reste de la population. Comment peut-on le reconnaître dans un cas et pas dans l'autre ? Cela fait partie des nombreuses incohérences des pouvoirs publics sur ce dossier.

La myofasciite à macrophages, maladie émergente

Parmi les maladies citées par les victimes du vaccin contre l'hépatite B, l'une des plus graves est la myofasciite à macrophages, pathologie très handicapante, nouvelle, qui peine à être reconnue malgré plusieurs études scientifiques qui l'ont mise en évidence[90] depuis 1993.

90. La myofasciite à macrophages est une maladie complexe dominée par un épuisement chronique depuis plus de six mois, non améliorée par le repos et évoluant sur plusieurs mois, voire plusieurs années (Gherardi R.K., Authier F.J., « Aluminium inclusion macrophagic myofasciitis: a recently identified condition ». *Immunol. Allergy Clin. N. Am.*, 23, 699-712, 2003).

En 2001, la revue *Brain*[91] a publié les conclusions des Centres de neuropathologie de Créteil et de Bordeaux et de l'Institut de myologie de la Salpetrière, pionniers dans la découverte de cette maladie. La publication a démontré, sans ambiguïté, la présence d'aluminium, son origine vaccinale, la reproduction des lésions chez le rat et les relations avec la clinique. « L'anamnèse a révélé que 50 patients sur 50 avaient reçu des vaccins contre l'hépatite B (86 %), l'hépatite A (19 %) ou le tétanos (58 %), de 3 à 96 mois (avec une moyenne de 36 mois) avant la biopsie. L'apparition de myalgies a été postérieure à la vaccination (en moyenne de 11 mois) pour 94 % des patients », ont conclu les chercheurs.

Il se diagnostiquerait en moyenne et au minimum six myofasciites tous les dix jours en France, selon les chiffres rapportés par les chercheurs spécialistes de la maladie. L'association Entraide aux malades de myofasciite à macrophages rapporte par ailleurs un autre constat inquiétant : « Nous commençons à voir des cas de pathologies familiales (père-fils, mère-fils...) ». Est-ce à dire que certains dysfonctionnements acquis, par l'intermédiaire des vaccins, peuvent devenir héréditaires et affecter définitivement le génome, donc l'espèce ?

Le diabète de type 1, l'invité surprise

Les autres effets secondaires du vaccin contre l'hépatite B sont trop nombreux pour être cités, mais l'un des plus surprenants reste sans doute le déclenchement du diabète

91. « Les Lésions de myofasciite à macrophages témoignent de la persistance dans le muscle d'hydroxyde d'aluminium provenant de vaccins. » GHERARDI R.K., COQUET M., CHÉRIN P., BELEC L., MORETTO P., DREYFUS P.A., PELLISSIER J.F., CHARIOT P., AUTHIER F.J., *Brain*, septembre 2001 : 124 (Pt 9) : 1821-1831.

insulino-dépendant (dit de type 1). C'est ce qu'a révélé le *New Zealand Medical Journal* du 24 mai 1996 avec la publication des travaux d'un médecin américain, le Dr Barthelow Classen. De 1988 à 1991, la Nouvelle-Zélande a procédé à une campagne de vaccination massive anti-hépatite B au cours de laquelle 70 % de jeunes de moins de 16 ans ont reçu ce vaccin. Au cours des trois années suivantes, on a pu constater une augmentation de 60 % des diabètes insulino-dépendants !

En France, une étude de l'Inserm[92] de 1998 a montré que les taux annuels du diabète insulino-dépendant entre 0 et 19 ans étaient de 7,17 pour 100 000 en 1988 puis de 9,28 pour 100 000 en 1995. Soit une augmentation globale de 29 % en huit ans. À l'évidence, les jeunes générations sont davantage malades que celles qui les ont précédées. Elles sont, en outre, de plus en plus dépendantes à vie des médicaments.

La liste des effets indésirables de la surenchère vaccinale est diversifiée. Certains sont difficiles à déceler. D'où peut bien venir cette fatigabilité chronique que nous traînons tel un boulet, dès le matin, et qui fait de nous des épuisés à vie, à des degrés divers, selon la résistance de chaque individu ? Nous sommes de moins en moins en pleine possession de nos moyens, neurologiques et musculaires, de plus en plus inaptes à réagir aux agressions physiques et mentales. Les vaccins nous rendent-ils, de ce fait, plus manipulables d'un point de vue psychique ?

92. « Évolution de l'incidence du diabète insulino-dépendant de l'enfant en France », *Revue d'épidémiologie et de santé publique*, 1998, vol. 46, n° 3, pp. 157-163.

6. L'enfance empoisonnée

La relève de l'espèce humaine est-elle encore assurée ? Non seulement nos enfants héritent d'une immunité de plus en plus perturbée, mais ils sont, avant même leurs premiers pas, soumis à un intense stress cellulaire et immunitaire d'origine médicamenteuse ou chimique (les phtalates et les pesticides notamment perturbent la maturité des fonctions sexuelles masculines, ce qui pose des problèmes pour la reproduction de l'espèce).

On a bien compris que le terrain permet à certains enfants de bien supporter les vaccins (du moins apparemment, si on exclut les effets secondaires sur le long terme). Pour d'autres, en revanche, les solutions vaccinales représentent surtout un problème pour leur système immunitaire à peine formé qui se trouve débordé par des charges toxiques répétées.

Les médias relaient toujours les bienfaits des vaccins, mais ils oublient souvent de détailler la liste de leurs ingrédients… Que penser du cumul des doses de mercure ou d'aluminium et autres composants toxiques auxquels sont soumis les jeunes enfants si on respecte le calendrier vaccinal ? Dix injections de 0 à 9 mois, dix-huit au total jusqu'à 6 ans, soit une injection tous les quatre mois, une vraie cure d'agents toxiques injectés dans les muscles. Ces produits rejoignent la circulation sanguine en court-circuitant les barrières immunitaires naturelles (systèmes respiratoire et digestif).

Virus vivants atténués, adjuvants de l'immunité (squalène, polysorbate 80, aluminium), agents de conservation (phénoxyéthanol, mercure), désinfectants (antibiotiques), stabilisants (gélatine, albumine), émulsifiants (polysorbate 20 et 80), etc.[93], comment ne pas voir que l'introduction d'autant d'éléments dans un système immunitaire en pleine formation peut modifier la fragile homéostasie[94] de ces corps miniatures? Ne pourrait-on pas trouver ici la cause de la multiplication des cas d'asthme et d'allergies?

Mort subite du nourrisson: un nouvel éclairage?

La mort subite et inexpliquée du nourrisson (MSIN) est le décès brutal d'un nourrisson qui survient de façon inattendue et pour lequel des examens complets post-mortem ne peuvent révéler de cause précise à la mort. Le plus souvent, il s'agit d'un nourrisson âgé de 2 à 4 mois, trouvé mort dans son berceau.

Arrêt respiratoire ou cardiaque, œdème cérébral, mort subite… Les vaccins mettent-ils en danger les bébés, dépourvus de tout système immunitaire? Ce dossier noir que la médecine refuse toujours d'ouvrir est néanmoins abordé par quelques médecins qui, particulièrement aux États-Unis, attribuent la MSIN à l'encéphalite causée par certains vaccins. Les organisations de santé, elles, rejettent l'éventualité de ce lien.

L'auteur et journaliste Sylvie Simon rappelle quelques études sur ce sujet sensible[95]: «Philip Incao, Professeur de médecine à Denver, a bien étudié ce syndrome: "Chez

---

93. Je vous renvoie au tableau synthétique de la composition des vaccins que j'ai réalisé pour le magazine *Nexus* (novembre-décembre 2009) et disponible sur priskaducoeurjoly.over-blog.com sous le titre: «Que contiennent les vaccins?».

94. L'équilibre dynamique de tout être vivant visant à maintenir la vie.

95. Dans un article du magazine *Nexus*, publié dans le numéro de janvier-février 2010 (n° 66).

ces enfants de moins d'un mois qui sont morts, la plupart des décès ont été classifiés comme MSIN (mort subite et inexpliquée du nourrisson). Cependant, dans le passé, ce syndrome n'a jamais frappé d'enfants aussi jeunes et la MSIN est officiellement observée seulement après un mois d'âge". Il estime que le vaccin contre l'hépatite B est le principal responsable.

« De son côté, le Docteur Jane Orient, spécialiste de médecine interne à Tucson, Arizona et directrice de l'Association de Médecins et Chirurgiens américains, a déclaré : "La présence de découvertes comme l'œdème cérébral chez les enfants en bas âge sains qui meurent très peu de temps après la réception du vaccin contre l'hépatite B est inquiétante".

« Mais le vaccin anti-hépatite B n'est pas le seul vaccin incriminé. [...] En France, on se souvient de l'émoi provoqué, en 1986, par le décès le même jour de cinq bébés, peu après la première injection de Tétracoq®. »

L'explosion de l'autisme

L'autisme devient la nouvelle épidémie du siècle. Comment le nombre de porteurs de cette maladie génétique a-t-il pu être multiplié par 12 en dix ans dans les pays développés, soit désormais un cas sur 150 naissances, contre 1 pour 2000 auparavant ? C'est encore une fois la piste génétique qui est mise en avant par les pouvoirs publics, tandis que d'autres voix nous assurent que les progrès du dépistage ont augmenté artificiellement les taux. Un argument qui ne tient pas debout car, dans ce cas, où sont les données sur les autistes de plus de 20 ans ? Si les statistiques ne les répertorient pas, c'est parce que ces autistes n'existent pas.

L'autisme touche sans doute ceux qui ont des prédispositions génétiques, mais pour se développer, les vaccins peuvent jouer le rôle de détonateur fatal avec, notamment, la présence de métaux lourds neurotoxiques ou de virus de laboratoire mal évacués (comme celui de la rougeole). Cette idée fait l'objet d'une véritable controverse[96].

Environ 50 % des parents d'autistes signalent que le comportement de leur enfant a changé tout de suite après la vaccination. Sylvie Simon a mené une enquête auprès de très nombreux médecins, virologistes et immunologistes internationaux, qui sont certains que de nombreux cas relèvent essentiellement de la vaccination intensive des enfants et que « cela va empirer lorsque les centaines de milliers d'enfants deviendront adultes », rappelle-t-elle dans son livre *Austisme et vaccination*, paru chez Guy Trédaniel en 2007. Le vaccin ROR, relativement récent, est particulièrement incriminé par plusieurs chercheurs.

En 1998, un pavé a été jeté dans la mare avec la publication d'une étude sur douze enfants autistes[97]. Neuf d'entre eux souffraient d'autisme régressif, et tous, de troubles inflammatoires de l'intestin, ce dernier présentant la trace du virus vaccinal de la rougeole. Cette étude a été menée par une douzaine de chercheurs britanniques sous la direction du Dr Andrew Wakefield, un chirurgien gastroentérologue[98].

---

96. Pour aller plus loin : « Autisme et vaccination : histoire d'une controverse », sur passeport.net (historique, références scientifiques, points de vue contradictoires).

97. WAKEFIELD A.J., MURCH S.H. *et al.*, « Ileal-lymphoid-nodular hyperplasia, non-specific colitis, and pervasive developmental disorder in children », *The Lancet*, fév. 1998, 28 ; 351 (9103) : 637-41.

98. Début février 2010, *The Lancet* l'a supprimé de ses archives...

Trois ans avant lui, une équipe du Royal Free Hospital de Londres avait conclu que le vaccin contre la rougeole, et surtout la persistance du virus vaccinal dans les intestins, induisait un risque de maladie de Crohn, maladie digestive grave d'origine auto-immune[99]. L'augmentation de sa fréquence coïncide également avec la généralisation de la vaccination contre la rougeole. Depuis, d'autres études[100] à plus large échelle sont venues donner raison à Wakefield. Mais le débat est loin d'être clos.

La montée de l'autisme et des troubles de l'attention est inquiétante pour le renouvellement des générations. Ces données devraient davantage interpeller les pouvoirs publics, les médias et les scientifiques. Au lieu de traduire dans les actes le principe de précaution brandi à tort et à travers, la société savante se gargarise des progrès des thérapies géniques. Cela s'appelle la politique de l'autruche…

---

99. THOMPSON N.P., MONTGOMERY S.M. *et al.*, « Is measles vaccination a risk factor for inflammatory bowel disease ? », *The Lancet*, 1995, Apr., 29 ; 345 (8957) : 1071-4.

100. « Persistent ileal measles virus in a large cohort of regressive autistic children with ileocolitis and lymphonodular hyperplasia : revisitation of an earlier study » (« Persistance du virus de la rougeole au sein d'une vaste cohorte d'enfants présentant un autisme régressif associé à une iléocolite et une hyperplasie lymphonodulaire : confirmation d'une précédente étude »), S. WALKER, K. HEPNER, J. SEGAL et A. KRIGSMAN, International Meeting for Autism Research (IMFAR), 1er juin 2006, Montréal, Canada. « Gastrointestinal comorbidity, autistic regression and measles-containing vaccines : positive re-challenge and biological gradient » (« Comorbidité gastro-intestinale, régression autistique et vaccins contenant le virus de la rougeole : "rechallenge" positif et incidence sur le plan biologique »), ANDREW J., WAKEFIELD A., Carol STOTT et Kirsten LIMB, *Medical Veritas*, vol. 3, 2006, 796-802.

7. Peut-on vivre sans vaccin ?

Contrairement aux idées reçues, les enfants non vaccinés sont en pleine forme ! « Je sais qu'ils se portent bien. Je me base sur l'expérience de ma clientèle de pédiatre homéopathe ainsi que sur des études de la littérature médicale », explique Françoise Berthoud, pédiatre homéopathe, auteur de *Hyperactivité et déficit d'attention de l'enfant. Comprendre plutôt que droguer*[101]. « Michel Odent a publié deux études de groupes d'enfants non vaccinés contre la coqueluche. Il y trouve quatre fois moins d'asthmatiques que dans la population vaccinée », rappelle-t-elle. « En Suède, une étude faite sur 14 893 enfants des écoles Steiner de cinq pays donne les mêmes résultats quant au vaccin contre la rougeole. »

Du côté des États-Unis, dans son ouvrage sur l'autisme, Sylvie Simon nous informe que « Chez les Amish [qui ne vaccinent pas, NdA], le journaliste Dan Olmsted a trouvé dans son enquête quatre enfants autistes alors que, dans une population standard aux États-Unis, de même importance numérique, on en aurait trouvé 140. L'un de ces quatre enfants avait été exposé à un environnement chargé de métaux lourds, et les trois autres avaient été vaccinés avant d'être adoptés dans la communauté »...

Souvent accusés de mettre en danger les populations vulnérables, considérés comme des « foyers à virus », les non vaccinés semblent bien mieux portants que les vaccinés. Au lieu de reconnaître ces faits, le ministère de la Santé s'échine à nous faire peur. Hépatite B, papillomavirus, ROR, grippe A, les ficelles sont généralement les mêmes :

---

101. Dr Françoise BERTHOUD, Éditions Marco Pietteur, 2008.

les « anti » sont souvent qualifiés de sectaires[102] ou d'irresponsables, voire accusés de mettre en danger les populations fragiles.

Les ministres de la Santé successifs savent nous glacer le sang : « Le problème de cette grippe, c'est que c'est une loterie sinistre », déclarait ainsi Roselyne Bachelot, sur un ton poignant, lors de l'émission *Mots croisés*, animée par Yves Calvi, diffusée le 23 novembre 2009. « Vous avez des personnes qui sont absolument sans facteur de risque et qui sont touchées, qui meurent, dont le parenchyme pulmonaire est complètement détruit de façon irrécupérable. Je vais vous montrer les radios de ces enfants dont les poumons sont irrécupérables. Vous risquez en ne vous vaccinant pas de les contaminer. »

Ces discours culpabilisants ne doivent pas nous empêcher de regarder avec lucidité certaines vérités scientifiques. L'immunité de dame Nature, acquise au fur et à mesure de la vie, paraît plus solide que celle donnée par la science vaccinale, artificielle et de courte durée (d'où les nombreux rappels qui nous exposent, en outre, à une accumulation d'agents toxiques).

Malheureusement pour le spectateur, les affirmations de Roselyne Bachelot ressemblent davantage à des allégations non vérifiées qu'à des faits scientifiques comme je l'ai démontré dans un article paru dans le magazine *Nexus* de janvier-février 2010[103]. Non, la meilleure protection n'est pas la vaccination : la collaboration scientifique Cochrane a

---

102. « Ceux qui attribuent des effets secondaires au vaccin hépatite B tiennent des propos d'origine sectaire. » Bernard Kouchner, ex-secrétaire d'État à la Santé, le 21 janvier 1998.

103. « Les Contrevérités de Mme Bachelot », article disponible sur priskaducoeurjoly.over-blog.com.

largement déboulonné ce mythe en examinant quarante ans d'études sur la vaccination anti-grippale [104] ! Non, les vaccins ne sont pas sûrs. Non, les adjuvants ne sont pas inoffensifs. Non, l'État ne prendra pas ses responsabilités en cas d'effets secondaires graves (comme nous le montrent déjà tous les procès de santé publique impliquant l'État).

Les discours du ministère ressemblent donc davantage à de la propagande stricto sensu, à savoir à de « l'action systématique exercée sur l'opinion pour lui faire accepter certaines idées ». Avec la grippe A, l'histoire se répète. Ce scandale sera-t-il une nouvelle fois étouffé ?

Il est grand temps de sortir de notre système de croyance sanitaire et de se libérer de l'emprise de notre bon Pasteur, sur lequel nous avons fait un véritable transfert, au sens psychanalytique du terme ! Ce héros de la Patrie a été un père toxique pour la grande famille de la médecine. Il devient impératif de nous dégager de son autorité pour accéder aux voies libératrices de l'autonomie ! Il y va de notre propre survie.

---

104. La Cochrane collaboration, organisation internationale à but non lucratif créée en 1993, a pour objectif de « préparer, tenir à jour, et diffuser les revues systématiques sur l'efficacité des thérapeutiques et des stratégies thérapeutiques ». Sous l'impulsion de Th. Jefferson, un épidémiologiste italo-britannique, la Cochrane collaboration a récemment publié une série assez systématique d'évaluations concernant les vaccins antigrippaux, sur la base d'études menées durant quarante ans (la revue incluant les investigations entreprises de 1966 à 2006). Par leur exhaustivité, la transparence de leur méthodologie, la convergence de leurs résultats, ces revues tranchent avec l'inconsistance des avis des administrations sanitaires ou des « experts » quant au bénéfice — voire à l'ardente nécessité — d'une vaccination antigrippale. La conclusion est sans appel : la vaccination anti-grippale est inefficace et son innocuité n'est pas prouvée ! (Source : « Les Contrevérités de Mme Bachelot », *op. cit.*).

CHAPITRE 2

La Santé *désintoxiquée*

« Je l'ai pansé, Dieu l'a guéri. »
Ambroise PARÉ

1. Médecines douces ou dérives sectaires ?

Avant d'aborder une nouvelle approche de la santé, désintoxiquée du dogme pasteurien, il est important de prendre conscience de la malveillance des pouvoirs publics à l'égard des thérapies alternatives, hâtivement qualifiée de sectaires[105]. Paradoxalement, le discours officiel apparaît tout

105. Qu'est-ce qu'une secte ? Je reprends à mon compte la définition de Wikipédia : « Le mot secte a d'abord désigné soit un ensemble d'hommes et de femmes partageant une même doctrine philosophique, religieuse, etc., soit un groupe plus ou moins important de fidèles qui se sont détachés de l'enseignement officiel d'une Église et qui ont créé leur propre doctrine. En ce sens, ce mot n'a rien de péjoratif. Cependant ce terme a pris une dimension polémique, et désigne de nos jours un groupe ou une organisation, le plus souvent à connotation religieuse, dont les croyances ou le comportement sont jugés obscurs ou malveillants par le reste de la société. Cette connotation négative de "secte" est récusée par la plupart des groupes visés, ainsi que par certains juristes et sociologues. Pour dénoncer des activités éventuellement néfastes de certains groupes, l'expression "dérive sectaire" est devenue récemment la formule of-

aussi sectaire à leur égard, ce qui a pour effet de brouiller notre esprit critique. Ne sommes-nous pas là encore victimes d'une énorme manipulation mentale?

Comme nous l'avons vu par ailleurs, l'héritage de Pasteur nous mène à l'impasse médicale. C'est pourquoi de plus en plus de personnes se tournent vers les médecines douces. Ces dernières explosent, en dehors de tout cadre officiel, avec les risques de dérives que cela comporte (et ils sont bien réels).

Pour voir clair dans le domaine de la santé alternative, nous devons d'abord nous libérer du prêt-à-penser sanitaire qui tient systématiquement à nous présenter ces techniques comme dangereuses. Sortons du manichéisme médical actuel, qui tend à rejeter en bloc la partie adverse — ce qui ne permet pas de juger des aspects positifs ou négatifs de chaque pratique (conventionnelle ou alternative).

Pourquoi cet acharnement contre la médecine douce?

Deux raisons principales président au rejet des pratiques « non conventionnelles » par l'État. Premièrement, les médecines douces intègrent souvent la dimension de la spiritualité dans l'être humain et dans leur pratique. Cette notion est particulièrement gênante dans notre société où la laïcité, principe louable, est souvent confondue avec l'athéisme au sens large. Même s'ils les dénigrent en privé, les athées respectent les religions officielles; ils se montrent cependant beaucoup moins tolérants vis-à-vis des démar-

ficielle de certaines structures gouvernementales comme la Mission interministérielle de vigilance et de lutte contre les dérives sectaires (Miviludes). Enfin, le mot "sectaire " est passé dans le langage courant et désigne une personne fermée à toute discussion, prompte à rejeter autrui, à le mépriser et à le catégoriser. »

ches spirituelles « hors cadre » et se sentent libres de les critiquer ouvertement. Le partage d'un ensemble de croyances spirituelles qui ne relèvent pas des grandes religions leur paraît encore plus suspect que de croire en Jésus, le Bouddha ou Mahomet. C'est ainsi que les praticiens en magnétisme ou en kinésiologie[106] sont qualifiés de sectaires, tout simplement parce que cela échappe à la sacro-sainte raison cartésienne, même si ces thérapeutes n'exercent aucune pression financière ni un quelconque pouvoir mental sur leurs clients, ni le moindre prosélytisme.

Qu'y a-t-il en effet de sectaire dans le fait de croire en Dieu ou en une forme de spiritualité, quelle qu'elle soit ? D'envisager une dimension métaphysique dans l'homme ? Ou de penser que le corps humain est organisé selon une force vitale que certains décrivent comme des « énergies » centralisées par des chakras (comme dans l'hindouisme) ou des circuits invisibles (les méridiens de la médecine chinoise) ?

Au-delà du « péché de croyance », le fait que certains individus prennent en main leur santé et s'émancipent à travers des méthodes « psycho-spirituelles » est particulièrement mal vu, car c'est une manière d'échapper à l'uniformisation de la pensée matérialiste dominante ou, plus largement, au contrôle de l'esprit. D'où la défiance commune de l'État et de l'Église, subitement main dans la main dès lors qu'il s'agit d'encadrer les masses…

106. Le Dr Goodheart, un chiropracteur américain, a utilisé le premier le test musculaire dans les années 1960, pour déterminer les blocages vertébraux de ses clients. Le principe de base de la kinésiologie est que le tonus musculaire s'affaiblit dès que quelque chose nous perturbe, que ce soit sur le plan structurel, biochimique ou psychologique. Le praticien évalue la réponse énergétique du muscle et non sa force.

La deuxième raison de la défiance de l'État vis-à-vis des méthodes alternatives est qu'elles représentent une menace pour la médecine moderne. Cette dernière, finalement peu sûre d'elle, craint que tout écart du protocole officiel des soins (notamment dans la thérapie du cancer) ne porte un coup fatal à son hégémonie déjà mise à mal par ses mauvais résultats et l'absence de prise en compte de l'individu dans sa globalité. Ce n'est donc pas tant notre santé que l'on veut préserver, mais plutôt la permanence d'un système dogmatique.

Il n'y a pas de hasard : l'État souhaite désormais contenir, surveiller et limiter les pratiques de santé alternative. De nombreux journaux spécialisés ont déjà fait l'objet de ses foudres et se sont vus radiés de la Commission paritaire (organisme qui accorde des avantages fiscaux non négligeables aux supports de presse). Ce fut le cas des revues *Pratiques de santé* et *Votre santé*, et du magazine *Nexus*. Ce dernier, après un dossier sur la vaccination, a été jugé « coupable de remettre en cause les acquis de la science et d'inquiéter les esprits les plus fragiles ». Il ne manque plus qu'un autodafé, comme à la belle époque de l'Inquisition ! Vous avez dit « liberté d'expression » ?

La nouvelle chasse aux sorcières

C'est maintenant au tour des praticiens eux-mêmes de faire l'objet d'une surveillance étroite : le 3 février 2009, un arrêté du ministère de la Santé a créé un « groupe d'appui technique sur les pratiques non conventionnelles à visée thérapeutique » (les médecines douces).

Ce groupe a pour mission « d'exercer auprès du Directeur général de la Santé une fonction consultative d'aide à la conception, à la mise en œuvre et au suivi de la politique de lutte contre les pratiques non conventionnelles à visée thérapeutique dangereuses, et de repérage des pratiques prometteuses [on appréciera l'ordre des priorités du ministère, NdA], de participer à l'élaboration des critères permettant d'apprécier et de hiérarchiser la dangerosité éventuelle d'une pratique non conventionnelle, ou son caractère prometteur, de participer à la conception et au suivi d'actions d'information et de prévention en direction du public».

Fait caractéristique d'une méthode sectaire: les représentants des pratiques non conventionnelles ont été exclus! La liste des membres nommés sous la houlette de la Direction de la santé en dit long sur les intentions de l'État à l'égard des thérapies alternatives: un représentant du ministère de la Justice (Direction des affaires criminelles et des grâces), un représentant de l'Office central de lutte contre les atteintes à l'environnement et à la santé publique (OCLAESP, sous la direction de la gendarmerie) et un représentant de la Mission interministérielle de vigilance et de lutte contre les dérives sectaires (Miviludes).

Viennent ensuite, entre autres, l'Afssaps, le Conseil de l'Ordre des médecins, l'Académie de médecine, un praticien cancérologue, un rhumatologue et un psychiatre. Autant d'esprits consanguins qui auront du mal à apprécier la portée de pratiques non conventionnelles, étant donné qu'ils y sont par nature opposés… Nul doute que si un praticien non conventionnel venait à être nommé, il se sentirait bien isolé dans ce landernau pasteurien… Il ne faut se faire aucune illusion: la chasse aux sorcières contre les médecines alternatives se durcit, et les travaux de ce groupe serviront à la légitimer…

Une secte peut en cacher une autre

C'est un principe bien connu en psychologie : ce qui nous énerve chez autrui n'est généralement que le reflet de nos propres défauts. Jésus avait pourtant déjà prévenu, à son époque[107] : « Comment peux-tu dire à ton frère : "Frère, laisse-moi ôter la paille qui est dans ton œil", toi qui ne vois pas la poutre qui est dans ton œil ? Hypocrite, ôte d'abord la poutre de ton œil ; et alors tu verras clair pour ôter la paille qui est dans l'œil de ton frère. » Nos donneurs de leçons seraient-ils, eux aussi, des mal-voyants ?

Au regard de ces considérations sur la nature humaine, on appréciera le dernier rapport de la Miviludes qui présente sa définition d'une dérive sectaire, à propos de certains mouvements thérapeutiques émergeants[108]. Vu l'emprise mentale incontestable de la médecine conventionnelle sur les patients, on se demande en quoi les critères de la Miviludes ne pourraient pas s'appliquer également au système médical conventionnel :

— Position de toute-puissance et de tout pouvoir du thérapeute : dans une démarche inquisitrice grâce à la suggestion et à sa force de persuasion, le thérapeute

107. Saint Luc, VI, 39-42.

108. Les différentes méthodes thérapeutiques classées dans la catégorie des sectes par la Miviludes « sont résolument **excluantes de la médecine traditionnelle**. Ce parti non négociable et non contestable soumet à l'emprise mentale, celui qui y adhère et le met en danger dès lors qu'il est atteint d'une pathologie grave ou qu'il développe des dysfonctionnements mentaux induits par son thérapeute ». La description de la Miviludes comporte une grave imprécision de langage (en gras). La science « conventionnelle » (héritée de Pasteur) est l'inverse de la médecine « traditionnelle » (vitaliste). Joli lapsus ! La médecine moderne avoue elle-même son comportement sectaire, qui exclut toute pratique traditionnelle...

recherche la vérité pour guérir. Il adopte une position interventionniste de justicier et propose des solutions.

— Embrigadement théorique : la théorie n'est pas à considérer comme un ensemble d'hypothèses à interroger, mais sacralisée ; elle explique tout et marche à tous les coups.

— Atteinte à l'intégrité psychique des patients : dans l'urgence, avec insistance, sans précaution ni délicatesse, les interventions font intrusion dans la psyché.

— Instauration d'une relation d'emprise : dans une sorte de fusion, sans dégagement possible, le thérapeute entraîne l'autre dans un processus destructeur de singularité. Le patient est transformé en objet et se retrouve dans une dépendance aliénante.

— Injonction de rupture avec la famille comme dévoiement de la notion d'autonomie.

Mis à part le dernier critère, on voit mal en quoi ces réalités seraient propres à certaines dérives des thérapies alternatives. Elles reflètent mot pour mot le fonctionnement de notre système de santé qui jamais ne nous enseigne les moyens de conserver par nous-mêmes la santé, et nous rend totalement dépendants du médecin et de la chimie. Rappelons-nous le nombre de décès par cancer tous les ans (150 000) et du nombre de gens sous perfusion anxiolytique (20 % de la population y a recours une fois par an[109]) avant de dire amen aux excommunications de la Miviludes

109. Chiffre cité dans l'étude « Facteurs associés aux variations cantonales des remboursements d'anxiolytiques et d'hypnotiques en Provence-Alpes-Côte d'Azur en 2005 », A. Bocquier, S. Nauleau et P. Verger.

à l'encontre de certaines thérapies qu'elle prend en grippe, comme celle du Dr Hamer.

Les idées de Hamer sont-elles vraiment sectaires ?

Ancien spécialiste de médecine interne en CHU, ayant exercé la médecine conventionnelle pendant vingt ans, l'Allemand Ryke Geerd Hamer a découvert, à la suite d'un drame personnel, que le cancer pouvait être lié à un choc émotionnel, vécu dans l'isolement, d'une intensité telle qu'il peut déclencher une réponse organique. Une considération de bon sens que partagent d'ailleurs de nombreux patients.

Ses travaux scientifiques[110], rarement cités, établissent pour la première fois un lien entre le cerveau et les organes, donc entre la pensée et le corps, images de scanner à l'appui. Il défend l'idée qu'une émotion particulière correspond à une zone du cerveau, chaque zone étant reliée à certains organes, selon la règle des feuillets embryonnaires[111]. Un choc émotionnel violent peut, selon ses observations sur scanner, être marqué par une tache au cerveau (baptisée « foyer de Hamer ») qui est en lien avec une partie précise du corps. Il établit ainsi un pont entre les différentes émotions et les différents cancers des organes, selon la zone du cerveau touchée.

---

110. *Legs. Fondement d'une médecine nouvelle*, Dr. Ryke Geerd HAMER, 2003, 715 pages (à compte d'auteur). Voir www.medecine-nouvelle.com.

111. Lors de la formation de l'embryon, les cellules s'organisent en feuillets de cellules, qui se distinguent les uns des autres en trois couches. L'ectoderme produit l'épiderme et le système nerveux. L'endoderme produit le tube digestif et ses glandes annexes (pancréas). Le mésoderme produit les muscles, le squelette, les vaisseaux sanguins.

Pour Hamer, la maladie est un programme biologique porteur de sens qu'il faut chercher à décoder. Il est le pionnier du « décodage biologique », notion fustigée par la Miviludes. Peur, culpabilité, sentiment de solitude ou de dépossession, vécus brutalement et intensément, ne sont pas anodins pour Hamer : « Évitez à tout prix que vos patients paniquent, ils pourraient en mourir », écrit-il dans *Legs. Fondement d'une médecine nouvelle.*

L'exemple le plus ancien du pouvoir de la pensée est rapporté en 1886 par MacKenzie[112] qui rend visite à l'une de ses clientes une rose à la main. Allergique aux roses, elle entre rapidement en crise, alors que lui, connaissant le problème, avait pris soin de choisir des roses en plastique !

« Depuis, plusieurs études ont montré l'influence des états psychiques générateurs de stress dans la survenue des infections. L'une d'elles s'est intéressée aux étudiants en médecine au moment de leurs examens. Ils avaient plus d'infections, et un abaissement de cellules NK dans le sang[113]. Cette piste évoque clairement une influence globale du psychisme sur l'immunité. Elle conduit notamment à s'interroger sur l'influence du choc provoqué par l'annonce de la séropositivité HIV, et la profonde angoisse qui s'ensuit, sur la déficience immunitaire du SIDA », rappelle le biologiste Jacques-Benjamin Boislève[114].

« Peut-être sommes-nous en droit d'espérer en une nouvelle génération de médecins doués, ayant une bonne

---

112. MACKENZIE J., « The production of the so-called rose cold by means of an artificial rose ». *Am. J. Med .Sci.* 1886, 91 : 45-47.

113. KIECOLT-GLASER J.K., GLASER R. *et al.* : « Modulation of cellular immunity in médical students », *Journal of Behavior Medecine*, n° 9, 1986.

114. Dans le magazine *Nexus*, mars-avril 2010 (n° 67).

connaissance des hommes, de médecins intuitifs, à la sensibilité affinée, qui prendront la relève des médecins-ingénieurs de la médecine dite moderne », écrit Hamer.

D'ici là, l'alarmisme de certains pronostics (« Il vous reste trois mois à vivre ») continue d'imprimer dans le cerveau de patients fragilisés un choc ou des croyances qui ne sont que celles du médecin (et en aucun cas *la* vérité). Le malade se retrouve livré à ses angoisses et s'intoxique de surcroît avec des pensées morbides (« C'est sûr, je vais mourir »). De quoi s'interroger aussi sur certains messages dits « de prévention » qui peuvent se transformer en véritables programmations psychiques : « Fumer tue », nous promet tous les jours notre paquet de cigarettes. On aurait préféré une suggestion moins toxique, comme « Arrêter de fumer rend heureux »...

La recherche de Hamer, mais surtout sa pratique (qui déconseille la chimiothérapie en général), lui ont valu d'être lourdement condamné, emprisonné puis exilé. Sa personnalité vindicative contre le système médical n'y est certainement pas étrangère, mais elle ne fait pas de lui pour autant un gourou. Il est par ailleurs loin d'être le seul chercheur à s'être attiré les foudres de l'intelligentsia médicale pour ses positions décalées. Sa radiation n'est donc pas un critère pour apprécier la qualité de sa méthode... Hamer n'a tué personne (contrairement aux accusations) mais il a commis un crime : celui de prendre en compte l'individu comme un tout, et d'avoir donné un fondement scientifique à la médecine psychosomatique.

Redescendons sur terre ! Demander à un patient si, dans l'année qui a précédé son cancer, il n'a pas vécu un intense stress émotionnel, cela ne relève pas de la dérive sectaire ! Cela peut s'avérer au contraire plutôt aidant.

Refuser de prendre en compte les émotions chez un grand malade relève autant de l'ignorance que de la faute médicale. Mais interdire à un patient « condamné » par la médecine officielle d'aller trouver de l'aide ailleurs relève incontestablement d'un comportement sectaire.

Comment reconnaître une véritable secte ?

La manipulation mentale n'est pas l'apanage des sectes, mais il est incontestable que les sectes existent. La Scientologie est l'une d'entre elles, très puissante. Il convient de s'en méfier car elle réunit six aspects propres aux sectes :

— On y engouffre toutes ses économies.

— On paye un mieux-être partiel par une auto-exclusion de la société.

— On développe une autre forme de pensée unique (reformatage et non libération !).

— On devient militant et l'on cherche à convaincre.

— On est contrôlé par les autres membres.

— Il est très difficile d'en sortir…

Plus généralement, au chapitre des dérives sectaires, il convient de se méfier de tous les thérapeutes qui exercent une emprise sur le patient et le désespèrent. Plusieurs critères permettent d'identifier ces relations thérapeutiques toxiques. Le praticien est généralement écrasant par son savoir, il a tendance à juger ou à faire peur au patient avec ses suppositions sur l'avenir (« Je vois un grave problème au cœur… »), il laisse son client repartir avec un sentiment d'angoisse ou de malaise profond. Un seul conseil : fuyez !

Ce genre de praticien existe bien sûr dans les médecines douces, mais aussi dans la médecine conventionnelle ! Quoi qu'il en soit, ce thérapeute fait beaucoup de tort aux malades et à ses confrères qui ont fait le travail nécessaire sur eux-mêmes pour ne pas renvoyer à la tête du patient leurs propres angoisses, leur désir de pouvoir ou leur besoin de contrôle…

En revanche, si un thérapeute nous laisse penser par nous-mêmes, parle à notre raison autant qu'à notre intuition et à nos émotions, ne nous prend pas toutes nos économies et nous donne le sentiment d'avoir trouvé des solutions qui semblent accessibles et applicables, alors il y a très peu de chance que vous vous trouviez dans le cadre d'une dérive sectaire.

Ceci étant précisé, on peut aborder le chapitre des médecines douces avec un peu plus de sérénité ! Jusqu'à preuve du contraire, elles n'ont jamais tué personne. On ne peut pas en dire autant de la médecine conventionnelle.

Et puis n'oublions pas : la vie est une maladie mortelle (transmissible sexuellement…) contre laquelle aucune thérapeutique, qu'elle soit conventionnelle ou traditionnelle, ne pourra jamais nous prémunir à 100 % ! Si votre médecin n'est pas libre de vous accompagner sur une voie de guérison qui prenne en compte votre état émotionnel (il peut encourir les foudres de l'Ordre), vous, en revanche, vous pouvez vous y aventurer. Quel mal y aurait-il à choisir librement la manière de se soigner ? Aucun : cela s'appelle la liberté thérapeutique.

2. À la découverte de la naturopathie

L'allopathie désigne la médecine officielle, légale, majoritaire en Occident. *Allos* vient du grec et veut dire « contraire », « anti », *pathos* désignant la maladie ou le ressenti. Présentée comme la seule et unique manière de soigner, l'allopathie est en réalité une médecine incomplète qui se définit par l'*anti* et non le *pour*. Elle ne saurait nous guider vers une santé globale.

Vieille de quelques milliers d'années, la médecine traditionnelle chinoise (MTC) s'est développée non pas en disséquant des morts, mais en observant des vivants. Par conséquent, elle considère les phénomènes non pas en soi, mais à partir des relations entre eux (leurs interactions). Les médecines orientales sont des systèmes complets, car ils incluent aussi bien des remèdes et des techniques qu'une hygiène diététique. Dans notre culture médicale, il manque cet élément fondamental : l'hygiène vitale, secteur de la prévention par excellence. Mieux que guérir, prévenir : c'est l'un des fondements la naturopathie, discipline héritée de l'Antiquité (avant qu'Hygie ne tombe du caducée…).

Le naturopathe, généraliste de la santé naturelle, exerce l'art de maintenir la santé dans la plus pure tradition d'Hippocrate, le père de la médecine. Vieille comme le monde, elle n'est donc pas une invention sectaire.

Mais qui connaît aujourd'hui la naturopathie[115] ? Si les mots « phytothérapie » (les plantes) ou « aromathérapie » (les huiles essentielles) résonnent comme des termes relativement familiers, l'art médical qui les englobe, la natu-

115. La racine anglaise *path* du mot veut dire « chemin ». La naturopathie suit les lois de la nature.

ropathie, reste énigmatique. Les médias et les médecins la boudent, sans réel fondement scientifique d'ailleurs, car elle ne remet pas fondamentalement en cause l'allopathie, elle la complète plutôt utilement ! Pour le naturopathe, l'allopathie est avant tout une médecine de l'urgence, indispensable par sa chirurgie ou lorsque le pronostic vital est en jeu. On ne peut donc pas s'en passer. La naturopathie considère néanmoins l'allopathie comme inefficace en terme de prévention.

Natura medicatrix: la Nature seule guérit, *Primum non nocere*: d'abord ne pas nuire; ces deux principes légués par Hippocrate sous-tendent l'action du naturopathe. La priorité est de remonter à la cause profonde de la maladie, en suivant la piste des symptômes, autant d'indices laissés par le corps dans ses tentatives multiples d'évacuation du problème.

« Le microbe n'est rien, c'est le terrain qui est tout », assurait Claude Bernard (1813-1878), à l'origine de la notion de « milieu intérieur ». De même que chacun a pu constater, dans son jardin, que la mousse pousse en terrain humide et ombragé ou qu'un lichen affectionne telle essence d'arbre ou telle pierre, de même notre corps n'abrite certains virus, bactéries ou champignons que si les conditions sont réunies. C'est pourquoi, en dehors de certaines pathologies purement environnementales (la maladie de l'amiante par exemple), certains attrapent des maladies contagieuses alors que d'autres traversent les épidémies sans faiblir. On n'est finalement contagieux que pour les gens qui présentent le même « terrain ».

Une maladie peut être générée par plusieurs causes qui ne sont pas nécessairement les mêmes en fonction des individus dont la « carte vitale » est unique, autour de trois notions-clé : terrain[116], tempérament[117], constitution[118]. La naturopathie ne la combat pas de manière frontale (elle n'est pas une discipline *anti*) mais va chercher à rétablir le terrain, à redonner au corps ses moyens d'action naturels, en favorisant l'élimination de la toxémie, cette accumulation de déchets qui gênent le fonctionnement de l'organisme.

La toxémie peut résulter de la sédentarité (le manque d'exercice et d'oxygénation freine les fonctions d'élimination de l'organisme), de fragilités héréditaires (foie sensible ou paresseux, déséquilibres hormonaux...) ou encore d'une intoxication environnementale (eau, air, alimentation, cigarette).

116. Relevant du domaine de l'acquis (et non de l'inné), le terrain désigne l'état de l'organisme du patient à travers ses humeurs (les liquides de l'organisme). Le terrain dépend souvent de l'alimentation et du mode de vie (activité sportive, gestion du stress). Le terrain est intimement lié à l'équilibre acido-basique du patient (c'est-à-dire au pH du sang et des liquides de l'organisme) : une alimentation trop riche en protéines animales, le tabagisme, le stress perturbent cet équilibre acido-basique en acidifiant le terrain.

117. Ce terme désigne schématiquement la dominante émotionnelle de tout individu, ses goûts et sa manière de réagir dans la vie.

118. Au sens large du terme : ensemble des caractéristiques physiques d'une personne, son hérédité (génétique). Certaines disciplines entendent différemment cette notion. Pour un homéopathe, par exemple, la constitution désigne les facultés physiques et psychiques ainsi que les prédispositions à la maladie. En iridologie, les constitutions iriennes s'établissent à partir de la couleur des yeux. En résumant à l'extrême, les yeux noirs sont davantage exposés à des maladies liées au sang (cholestérol, troubles cardio-vasculaires, retour veineux) tandis que les yeux bleus ont une dominante lymphatique (immunité, allergie, déminéralisation, arthrite, problèmes de peau, etc.). Ces constitutions se déclinent en différentes dominantes (hépatique, pancréatique, mixte, etc.).

Les praticiens de santé naturelle s'intéressent aussi à la toxémie d'origine psychologique : croyances erronées et pensées-poisons influent sur l'immunité ou induisent des comportements déviants, contraires aux lois de la vie. Une dépréciation de soi-même peut aller jusqu'à la dépression, qui elle-même peut entraîner des troubles alimentaires (boulimie, anorexie, fringales incontrôlables), qui eux-mêmes aggravent la toxémie.

La cause de certaines intoxications peut donc bel et bien résulter de déséquilibres émotionnels (croyances limitantes, sentiment d'impasse, besoin excessif de sécurité, etc.). La guérison, acquise lorsque les vraies causes de la maladie ont été supprimées (et non pas à la disparition d'un symptôme), peut donc aussi s'obtenir par un soutien psychologique.

Qui sont les naturopathes ?

Ils ne sont pas très nombreux. On en trouve généralement plusieurs par département ou dans les villes principales. Il est préférable de choisir un praticien de santé naturopathe qui a suivi le cursus de l'une des écoles affiliées à la Fenahman[119] (Cenatho, Euronature, Rousseau, d'autres devraient intégrer la fédération). Ces écoles dispensent des formations complètes, avec contrôle des connaissances, qui intègrent toute l'anatomie et la physiologie du corps humain ainsi que des bases importantes en nutrition et en

119. Crée en 1985, la Fenahman est aujourd'hui la seule structure fédérale nationale représentative de la naturopathie auprès de la population, des médias et des pouvoirs publics nationaux et européens. Elle vise à la reconnaissance de la discipline, parce que la France est à contre-courant de ses partenaires européens : dix nations sur quinze reconnaissent légalement ou admettent les praticiens de santé non-médecins. Tél. : 05.59.41.81.09 (à Bidart, dans les Pyrénées-Atlantiques).

hygiène de vie. La durée de la formation est de 1 200 heures (deux années universitaires), ce qui est un minimum. Mais ce diplôme n'a aucune valeur pour l'État. En Allemagne, en revanche, le *Heilpratiker*, reconnu officiellement, dispose d'un cursus deux fois plus long.

Actuellement, en France, personne ne semble remarquer que le rôle d'« éducateur de santé » n'est assuré par aucune profession, excepté par les naturopathes.

Une fois le naturopathe choisi, le client est évidemment libre de revenir. Il est important que le contact passe bien, de se sentir en confiance, de trouver les conseils adaptés à son mode de vie. Les premiers effets peuvent être rapides, mais il faut souvent plus de six mois pour rétablir un terrain en profondeur, notamment l'équilibre acido-basique[120], en cause dans l'apparition des calculs rénaux ou biliaires et dans la déminéralisation osseuse.

Plusieurs séances seront de toute manière nécessaires pour acquérir durablement de nouvelles habitudes de vie, pour les comprendre, les expérimenter et les intégrer. Les naturopathes considèrent qu'il faut un an au moins pour changer d'alimentation chez les personnes fortement attachées aux habitudes acquises depuis l'enfance.

---

120. Notion-clé en naturopathie. Acidose tissulaire ou alcalose sanguine (générées par les toxines) témoignent des dysfonctionnements de l'équilibre acido-basique, régulé par différents mécanismes « tampons » de l'acidité mis en route par l'organisme (déstockage des minéraux, production d'ions bicarbonate, entre autres). La bioélectronique de Louis-Claude Vincent, chercheur français, en a fait un outil d'analyse important pour déterminer l'état du terrain d'un patient (bevincent.com). Cette technique d'analyse scientifique, à partir du pH du sang, de l'urine et de la salive, montre que certaines pathologies ne peuvent se déclarer que sur un terrain acide et que d'autres n'apparaissent que sur un terrain oxydé (appauvri en ions négatifs).

Les quatre tempéraments d'Hippocrate

Le naturopathe ne conçoit pas de règles diététiques uniques pour tous. Par exemple, le praticien déconseillera la prise trop importante de crudités en hiver à une personne frileuse et de corpulence fine. En revanche, elles seront recommandées en toute saison pour un sanguin — l'un des quatre tempéraments d'Hippocrate avec le nerveux, le bilieux et le lymphatique — c'est-à-dire une personne ayant tendance à l'embonpoint, au teint rose, ayant « toujours chaud ».

Une cure de jus de citron (qui nettoie le foie) sera également inadaptée chez le nerveux (risque d'acidification), alors qu'elle agira comme un détoxifiant puissant chez le sanguin. Chaque personne a un potentiel digestif différent ; chaque patient arrive avec des habitudes alimentaires anciennes qui ont aggravé ou non sa toxémie et qu'il convient de changer, en douceur.

La compréhension des tempéraments est fondamentale pour formuler des conseils qui seront suivis le mieux possible. Si le nerveux respectera à la lettre sa feuille de conseils et mangera à heure fixe, il est préférable de ne pas surcharger les bilieux de règles compliquées et de proposer aux sanguins et aux lymphatiques des recettes gourmandes. Sinon, ces derniers risquent rapidement de décrocher. Le naturopathe adapte ses théories à la réalité du terrain, contrairement à de nombreux diététiciens qui se contentent de donner le même régime à des patients radicalement différents (il est facile de photocopier à l'infini une feuille de conseils, mais cette démarche est impossible en naturopathie).

La prise en charge d'un patient s'intègre dans trois cures qui se succèdent par alternance : désintoxication, revitalisation et stabilisation. La première phase permet de nettoyer l'organisme des toxines (grâce à des plantes drainantes, des diètes, et mieux avec de l'exercice physique), la seconde reminéralise le patient pour lui rendre son capital d'oligo-éléments et de vitamines. La dernière phase établit des règles d'hygiène au quotidien.

Ces différentes cures se succèdent naturellement lors de cycles. En effet, et c'est humain, la période de stabilisation ne dure jamais indéfiniment… Les excès de table ont souvent le charme de la convivialité, et que serait l'été sans les bonnes résolutions de la rentrée ?

Force vitale et crises curatives

De nombreux médicaments (notamment l'abus d'antibiotiques) étouffent l'expression de la force vitale du patient : en supprimant des symptômes bénins, ils empêchent aussi l'expulsion des toxines, préparant ainsi le terrain à d'autres maladies plus pénibles. La notion de « transfert morbide » désigne le déplacement de l'expression d'une maladie, qui a été maintes fois réprimée, dans le sens de l'aggravation. La toxémie, que l'on n'évacue pas, peut alors s'enfouir plus en profondeur dans les tissus (arthrite, goutte, rhumatismes). La guérison n'en sera que plus lente et douloureuse.

À travers l'exemple des antibiotiques, on voit bien à quel point l'obsession de la lutte contre la maladie, dont on oublie souvent la fonction curative, peut être toxique. Elle aboutit jusqu'à l'oubli même de ce qui fait la vie.

Lorsqu'on applique de nouvelles règles d'hygiène de vie, les toxines sont mieux éliminées et l'on retrouve son énergie. C'est la force vitale qui se remet en route. Peuvent alors apparaître certaines manifestations d'expulsion, nommées « crises curatives ».

Considérées par la médecine conventionnelle comme des maladies, elles sont en réalité des manifestations de la force vitale : écoulements (rhumes), toux (crachats), diarrhée (nettoyage des intestins), éruptions cutanées ou sudation nocturne (porte de sortie du « milieu intérieur » via la peau). C'est pourquoi celui qui arrête le tabac hérite souvent dans le mois qui suit d'une bronchite… Plutôt que de la réprimer, il convient de soutenir les poumons dans leur travail de régénération.

C'est là toute la différence avec l'allopathie. Dans la médecine conventionnelle, tout symptôme évoque une maladie ou une réaction pathologique, et l'intensité des symptômes est proportionnelle à la gravité de la maladie à combattre. En médecine vitaliste, au contraire, bien des symptômes (mais pas tous) révèlent l'autodéfense favorable de l'organisme, et leur intensité est proportionnelle à la force vitale et aux surcharges.

La médecine dite « douce » (sans effet secondaire lié à la dégradation des médicaments dans l'organisme) nécessite tout de même un savoir, une maîtrise et de l'expérience. Il importe en premier lieu de bien évaluer la force vitale du patient : plus une personne est tonique, plus elle a de chance de s'auto-nettoyer énergiquement. Il faut donc des doses progressives et mesurées. Plus la surcharge toxinique est forte, plus les réactions d'élimination risquent d'être importantes.

Inversement, une énergie vitale plutôt faible nécessitera de passer d'abord par une cure de revitalisation avant la phase de désintoxication, afin que la personne puisse avoir les moyens de relancer le processus de guérison sans risquer d'y laisser des plumes. Chez des patients au faible potentiel de vitalité, la prise d'antibiotiques ou les chimiothérapies peuvent s'avérer particulièrement problématiques, car elles affaiblissent encore davantage l'organisme, d'où l'importance de soutenir ces patients avant et après un traitement allopathique (les produits chimiques alourdissant par ailleurs la toxémie). C'est évident, mais cela ne saute pas aux yeux des spécialistes.

Il n'y a pas de potion magique

Autre différence avec le médecin (généraliste du secteur médecine et maladie), le naturopathe (généraliste du secteur qualité de vie et santé) est plus exigeant avec le patient. Il lui demande d'intégrer le fait que la solution vient aussi et surtout de lui-même! Il faut alors progressivement adapter son alimentation, arrêter ou diminuer la cigarette et l'alcool — qui affaiblissent considérablement le terrain —, comprendre les raisons de ses échecs, écouter son corps, son cœur et son esprit, et ne pas attendre de solution miracle.

C'est là toute la difficulté: on ne peut que se réjouir de la prise en charge financière du système de soins actuel, mais elle a introduit l'idée que la santé est un dû, et que la solution (comme la maladie) vient de l'extérieur. La santé ne s'obtient pas avec des solutions de facilité: c'est avant tout une question de responsabilité. Si on est malade, ce n'est pas nécessairement la faute de l'environnement, du voisin tuberculeux, ou d'un mauvais médecin. Il faut arrêter de se considérer comme des victimes en permanence!

De la persévérance dans le temps est exigée de la part du prétendant à la santé, car le naturopathe ne propose pas de pilule magique aux effets instantanés, il remonte progressivement de cause en cause. Chercher à

comprendre, éliminer les fausses pistes peut prendre du temps. Mais quelle satisfaction ensuite, dans la pratique d'un mode de vie optimum pour une santé durable !

3. L'homéopathie : de l'alchimie à la science

Avec l'allopathie et la naturopathie, l'homéopathie fait partie du triangle médical occidental. Tantôt remboursée, tantôt déremboursée, l'*establishment* scientifique n'a jamais vraiment réussi à adopter une position claire vis-à-vis d'elle ; l'action de l'homéopathie, dont les remèdes sont principalement constitués d'alcool (ou de sucre pour les granules), échappe à notre raison cartésienne. C'est surtout l'argument de l'effet placebo qui est manié par ses détracteurs — sans que ces derniers ne questionnent jamais, du reste, l'effet placebo de leurs propres remèdes.

Étymologiquement, l'homéopathie est diamétralement opposée à l'allopathie (*homeo* veut dire « semblable », tandis qu'*allos* signifie « contraire »). L'homéopathie, c'est guérir selon le principe de similitude, déjà énoncé par Hippocrate et Paracelse (1493-1541). « Avant de savoir ce qu'un remède peut produire dans un organisme malade, observons d'abord ce qui peut se produire dans un organisme sain » : tel est le fondement des travaux de Samuel Hahnemann[121] (1755-1843). Quelques décennies à peine avant

121. Admirateur inconditionnel d'Hippocrate, Hahnemann, médecin allemand, insiste sur l'hygiène vitale comme principe de base à tout traitement : alimentation saine et mesurée, conseils psychologiques et exercices en plein air. Il exercera la médecine mais arrêtera rapidement en constatant les dégâts de l'art médical. Cela l'amènera à traduire des ouvrages scientifiques médicaux étrangers et à faire sa première expérimentation homéopathique sur le quinquina. Beaucoup d'autres suivront. En 1810, à 55 ans, il publie *L'Organon de l'art de guérir* qui contient les principes théoriques et pratiques de l'homéopathie. Vers la fin de sa vie, il développe la notion de « Dynamis », le corps humain étant pour lui le reflet matérialisé du principe vital, de la Dynamis, qui l'anime.

Pasteur, il découvre que « Le remède utilisé donne, à forte dose et chez un homme sain, les mêmes symptômes que la maladie qu'il traite. »

Inversement, toute substance médicamenteuse capable, à une certaine dose, de provoquer chez un sujet sain une série de symptômes peut, à une autre dose, guérir des symptômes analogues chez un sujet malade. Par exemple, la quinine à dose pondérale (c'est-à-dire que l'on peut peser et mesurer) provoque de la fièvre, alors qu'à dose infinitésimale, elle soigne la fièvre du paludisme.

Quelle différence avec le principe vaccinal qui soigne aussi « le mal par le mal » ? La notion d'« infinitésimalité » ! C'est le deuxième principe de l'homéopathie. Dans un vaccin, les particules virales sont présentes à faible dose mais à dose pondérale tout de même. Dans une préparation homéopathique, la dilution est telle qu'il ne subsiste quasiment plus, ou plus du tout, de substance active. La contraction CH (centième hahnemanienne), sigle visible sur les flacons homéopathiques, traduit le nombre de dilutions successives du produit (dans de l'eau, de l'alcool ou du lactose). Plus le nombre de CH est élevé, plus le produit a été dilué.

À partir de 9 CH (neuf dilutions successives), on estime que la substance de départ a complètement disparu. Comment, dès lors, le produit peut-il encore marcher ? C'est le troisième principe de Hahnemann qui l'explique : la dynamisation. À chaque dilution, la préparation est agitée un grand nombre de fois (succussion). Il aura fallu trente ans de tâtonnements à Samuel Hahnemann pour commencer à entrevoir la puissance de cette technique, au-delà de la simple dilution. Dans son article « Informations pour le chercheur de vérité » (1825), il énonce que

« Par trituration (secousse), la puissance médicinale latente est merveilleusement libérée et vitalisée, comme si, une fois libérée des entraves de la matière, elle pouvait agir sur l'organisme humain plus pleinement et intensément. »

Ces considérations, plus alchimiques[122] que scientifiques (Hahnemann était franc-maçon), ont trouvé une confirmation inattendue, dans la deuxième moitié du XXe siècle, avec les travaux Jacques Benveniste, médecin et immunologiste français décédé en 2004. Ce chercheur de l'Inserm a découvert par hasard une étonnante propriété de l'eau : sa mémoire[123].

Dans son livre posthume, *Ma vérité sur la « mémoire de l'eau »* (Albin Michel, 2005), il raconte d'abord sa surprise et son incrédulité devant l'incohérence de certains résultats d'expériences de laboratoire (considérés comme des erreurs de manipulation). Après de nombreuses vérifications, le chercheur affirme, en 1988, dans la revue *Nature*, être parvenu à provoquer une réaction immunitaire (en l'occurrence « la dégranulation de basophiles ») avec des hautes dilutions d'anticorps IgE[124]. Une première.

Benveniste et son équipe interprètent cette réponse biologique comme une démonstration de la mémoire de l'eau, qui peut conserver les propriétés d'une substance

122. Les trois grands minéraux alchimiques, le soufre, le sel et le mercure, sont également trois des plus grands remèdes homéopathiques (*sulfur*, *natrum muriaticum* et *mercurius solubilis*).

123. Lire à ce sujet l'ouvrage encyclopédique de Yann Olivaux, *La Nature de l'eau*, Éditions Marco Pietteur, collection Résurgence, 2007.

124. « Human basophil degranulation triggered by very dilute antiserum against IgE », E. Davenas, F. Beauvais, J. Amara, M. Oberbaum, B. Robinzon, A. Miadonnai, A. Tedeschi, B. Pomeranz, P. Fortner, P. Belon, J. Sainte-Laudy, B. Poitevin et J. Benveniste, *Nature* n° 333, 30 juin 1988, pp. 816-818.

avec laquelle elle a été en présence. Ce résultat, validant en partie le modèle de la dilution homéopathique, a provoqué l'« affaire Benveniste », ce qui mena à son éviction de l'Inserm en 1995[125].

Quinze ans plus tard, la suite des travaux de Jacques Benveniste est sur le point de révolutionner l'art médical. Bienvenue dans l'ère de la biologie numérique !

---

125. Benveniste a continué ses recherches dans le cadre de la société Digibio, créée en 1997.

4. La biologie numérique sort la tête de l'eau

Plus de vingt ans après les premières découvertes de Benveniste, les médias évitent toujours soigneusement ce débat houleux, mais aucun d'entre eux ne peut plus ignorer que l'un des plus grands noms de la recherche médicale travaille sur la très prometteuse mémoire de l'eau. Ce chercheur n'est autre que le prix Nobel 2008 de médecine, Luc Montagnier ! Il effectue, depuis 2005, des expériences dans le sillage de Jacques Benveniste.

Les quelques paragraphes suivants paraîtront sans doute les plus ardus de cet ouvrage. Mais les découvertes capitales dont il est question méritent bien que le lecteur s'accroche un peu ! Car un changement de paradigme est en cours qui achève de déboulonner de son piédestal la science réductionniste (qui tente d'expliquer le vivant par sa décomposition en éléments séparés et non par leurs interactions). Une nouvelle ère s'ouvre, celle d'une biologie numérique, basée sur la caractérisation des signatures électromagnétiques complexes de tout être vivant.

La communication électromagnétique

Les recherches sur la mémoire de l'eau ont poussé Benveniste à se pencher sur la façon dont les molécules, les protéines par exemple, communiquent avec une cellule vivante. Selon la théorie qui prévaut, deux molécules appariées échangent structurellement de l'information spécifique (chimique) après qu'elles se soient rencontrées par hasard. Or, ces rencontres sont quasi-miraculeuses : chaque cellule contenant en moyenne une protéine sur dix mille molécules d'eau, il y a statistiquement peu d'espoir qu'elles aient lieu.

« Le principal problème de la théorie actuelle, c'est qu'elle dépend trop du hasard et exige beaucoup de temps. Elle ne peut non plus expliquer la vitesse des processus biologiques liés à la colère, la joie, la tristesse, la peur ou l'anxiété. Par contre, si chaque cellule est dotée de sa propre fréquence, son récepteur, la molécule qui possède un spectre correspondant, se syntonisera sur sa fréquence, au même titre que votre radio se syntonise sur une station précise, même à une grande distance, ou qu'un diapason qui vibre amène un autre à vibrer à la même fréquence », explique la journaliste d'investigation américaine Lynne McTaggart dans son livre sur la physique quantique, *L'Univers informé*[126]. « Quand ces deux molécules vibrent à la même longueur d'onde, elles entrent en résonance avec d'autres molécules de la réaction biochimique, ce qui crée, d'après le Pr. Benveniste, une "cascade" d'impulsions électromagnétiques se déplaçant à la vitesse de la lumière. »

Les expériences de Benveniste ont démontré que les cellules se fient aux signaux électromagnétiques de faible fréquence (moins de 20 kHz)[127]. Ces fréquences correspon-

126. *L'Univers informé*, Lynne McTaggart, Ariane Éditions, 2005 (traduit de l'anglais *The Field*, 2002).

127. Les ondes électromagnétiques transportent de l'énergie sous la forme d'un courant électrique E associé à un champ magnétique H qui se propage dans l'environnement. E représente la différence de répartition des charges électriques dans l'environnement : on parle de différence de potentiel électrique. E se mesure à l'aide de mesureurs de champs et les valeurs détectées sont données en volts par mètre. H est responsable des forces exercées par les charges électriques qui se déplacent dans l'environnement (il se mesure en microTesla, milliGauss ou en ampères par mètre). La fréquence électromagnétique représente le nombre de vibrations ou d'ondula-

dent aux ondes acoustiques[128]. Même si elles sont inaudibles, Benveniste montra que l'on pouvait les enregistrer simplement en se servant d'un amplificateur et de bobines électromagnétiques. Encodées sur un ordinateur, ces fréquences peuvent être transmises par mail !

D'autres avant Benveniste, plus précisément Robert O. Becker[129] et Cyril Smith[130], ont mené des recherches sur les fréquences électromagnétiques des organismes vivants. Mais l'innovation de Benveniste est d'avoir montré que les molécules et les atomes possèdent des fréquences propres et uniques, une carte d'identité en quelque sorte.

« C'est de la science... Pas de la magie »

L'engagement du prix Nobel 2008 en faveur des travaux de Benveniste restera dans les annales de la science, même si les médias rechignent encore à se saisir d'un sujet qui discrédite leurs précédents articles à l'encontre de Benveniste...

« Les travaux de mon collègue Jacques Benveniste, que j'ai bien connu [...] sont apparus très révolutionnaires à l'époque pour beaucoup de scientifiques. On l'a accusé d'avoir triché, ce qui est absolument faux. Je pense qu'il n'a jamais triché mais qu'il s'est aventuré dans un terrain très

---

tions qui passent en une seconde dans l'environnement. Les valeurs détectées sont données en ondulations par seconde ou Hertz.

128. Sur terre, les sons des cours d'eau, des oiseaux, des coups de tonnerre sont compris entre 20 Hz et 20 kHz.

129. *The Electric Body*, 1985.

130. *Electromagnetic Man: Health and Hazard in the Electrical Environment*, Cyril W. Smith et Simon Best, 1989. Traduit en 2003 chez Marco Pietteur dans la collection Résurgence : *L'Homme électromagnétique. Effets pervers et usages bénéfiques des phénomènes électromagnétiques naturels et artificiels sur le vivant.*

difficile. C'est un terrain qui fait le pont entre la biologie et la physique et qui est basé sur le fait que les molécules et les atomes ont des vibrations. Elles ne sont pas que de la matière mais aussi des ondes. Je pense qu'on reconnaîtra, finalement, que Benveniste avait raison », déclarait Luc Montagnier, le 27 octobre 2007, devant une caméra italienne, en marge de la conférence de Lugano (Suisse), où il a rendu hommage à Benveniste[131].

Et d'ajouter : « Le problème principal des expériences de Benveniste était leur reproductibilité. C'est encore le cas actuellement, parce qu'il y a beaucoup de facteurs qui interviennent [...]. Mais ce doute sera levé un jour, parce que c'est de la science. Ce n'est pas de la magie [...]. Il y a un écueil en science, qui est de dire "ce que je ne comprends pas n'existe pas". C'est la réaction de beaucoup de scientifiques vis-à-vis de l'homéopathie [...]. Ils disent que ce n'est pas possible qu'il y ait un effet biologique ou pharmacologique sans molécule. Or, ce n'est pas vrai. Ceci se passe dans l'eau, qui est faite de molécules. Et certains physiciens nous disent que l'eau a une structure extrêmement compliquée. Ce n'est pas du tout quelque chose d'homogène [...]. Je ne dis pas que je soutiens l'homéopathie, mais je dis que l'on peut expliquer certains effets de l'homéopathie par l'effet sur les molécules d'eau [...]. L'idée de Benveniste, que nous poursuivons, c'est que les atomes peuvent s'échanger des signaux. Un peu comme nous on le fait avec les téléphones portables [dits cellulaires... NdA]. La nature l'a fait avant nous. » La très conservatrice Académie de médecine appréciera !

131. Source : deux vidéos où Luc Montagnier s'exprime sur J. Benveniste ; voir le site colombre.it/montagnier.

Deux siècles après Hahnemann, il est désormais possible de caractériser toute substance vivante (virus ou bactérie) par un ensemble de fréquences qui lui est propre. On peut retrouver et identifier cette signature dans une solution hautement diluée (donc sans la présence de ce microorganisme). « Les dilutions successives sont agitées fortement avec un vortex, pendant 15 secondes, entre chaque dilution », écrit ainsi en juin 2006 Luc Montagnier dans un brevet consacré à ces découvertes.

L'incroyable pouvoir des hautes dilutions

Mais il y a encore plus surprenant : « Le simple voisinage d'un tube fermé contenant un échantillon d'un filtrat bactérien ou viral faiblement dilué et donc négatif en ce qui concerne l'émission de signaux électriques ou électromagnétiques inhibe les signaux produits par un échantillon plus fortement dilué du même filtrat initialement positif », explique Luc Montagnier dans un autre brevet[132] publié fin 2007.

En d'autres termes : un tube à essai d'une solution d'*Escherichia coli* hautement diluée, émettant une fréquence (donc active), peut être inactivé par le contact rapproché du plasma d'un patient, à condition que ce dernier souffre d'une infection due à ce même germe. Cet effet inhibiteur pourrait ainsi permettre de diagnostiquer le type d'infection dont est porteur un patient sans même avoir à recourir à une analyse biologique. C'est tout simplement révolutionnaire.

---

132. « Procédé de détection de microorganisme au sein d'un échantillon », 27 décembre 2007 (date de publication internationale), n° WO/2007/147982, déposé par Luc Montagnier et Aïssa Jamal.

Fait remarquable noté par Luc Montagnier dans ses expériences : « Un contact de cinq minutes d'une solution positive dans la main du patient, ou bien dix minutes jusqu'à une distance de 50 cm sont suffisants pour observer l'effet inhibiteur. » Il suffirait donc de tenir un tube à essai dans la main pour connaître les germes qui seraient à l'origine de la pathologie du malade ! Ce constat donne du crédit à l'homéopathie mais aussi à la très alternative « méthode Naet », qui fonctionne déjà sur ce principe pour résoudre les problèmes d'allergies[133].

La dose ne fait pas forcément le poison

L'expérience des homéopathes montre que l'organisme a la capacité de lire les hautes dilutions ou les doses infinitésimales. De même, les agriculteurs en biodynamie estiment que le sol réagit davantage aux micro-doses, plus efficaces que des kilos d'engrais. Dès lors, une question fondamentale surgit : une solution hautement diluée, porteuse du signal d'un virus ou d'une bactérie, peut-elle être plus pathogène qu'une solution non diluée (contenant l'agent microbien) ?

Une récente étude sur le Roundup®, le désherbant de Monsanto, l'assure. On connaissait l'efficacité du glyphosate, la substance active, sur les mauvaises herbes, mais

---

133. Le praticien place dans la main du patient une fiole contenant de l'eau puissamment informée par le laboratoire Naet Europe, eau contenant la signature énergétique d'une substance détectée par le test kinésiologique, en vue de la « reprogrammation » (par réinformation) de l'organisme. Ce n'est pas, dans ce cas, le patient qui éteint le signal contenu dans un tube, mais une fiole contenant l'équivalent d'une dose pondérale qui éteint la réaction allergique chronique de l'organisme face à une substance (protéine de lait, gluten, pollen, etc.).

on se doutait moins qu'en haute dilution il tuait aussi les cellules humaines... Comme l'expliquent Nora Bénachour et Gilles-Éric Séralini, de l'Université de Caen, auteurs d'une étude publiée dans *Chemical Research in Toxicology*[134] : « Nous avons travaillé sur des cellules de nouveau-nés avec des doses de produits 100 000 fois inférieures à celles avec lesquelles le jardinier lambda est en contact. Les solutions diluées de Roundup® programment la mort des cellules en quelques heures. »

Ce constat amène aussi à se poser de sérieuses questions sur les effets potentiellement délétères des eaux de boisson qui contiennent un grand nombre de molécules de synthèse en haute dilution (médicaments et pesticides). Benveniste avait d'ailleurs déjà soulevé ce problème à l'époque, comme il le rappelle dans *Ma vérité sur la « mémoire de l'eau »*.

Les virus ou bactéries ne seraient donc pas nécessairement toujours la cause directe de nos pathologies. Les maladies pourraient aussi provenir d'un signal électromagnétique présent dans l'eau (dont notre corps est composé à 70 % !). Le « terrain » propre à chaque individu s'avérerait déterminant avec les fréquences actives dont il est porteur ou qu'il accepte comme la marque du soi ou du non soi. De quoi alimenter les futures recherches en immunologie.

Où se cache le virus du sida ?

Ces découvertes relancent le débat scientifique à propos de l'origine du sida. Depuis sa mise en évidence, il semble que le virus joue à cache-cache avec la communauté scientifique qui peine à l'isoler sur des patients : les photos de

134. « Glyphosate Formulations Induce Apoptosis and Necrosis in Human Umbilical, Embryonic, and Placental Cells », *Chem. Res. Toxicol.*, 2009, 22 (1), pp. 97-105.

virus publiées dans les magazines ne sont issues que d'expériences de laboratoire et le test de dépistage ne révèle que la présence d'anticorps et non la présence du virus lui-même. Sa fiabilité est par ailleurs sujette à débat.

Là encore, il semble que « redresser le terrain » d'un patient soit plus prometteur qu'un hypothétique vaccin. Ce point de vue est non seulement défendu par les scientifiques « dissidents », comme le Pr. Peter Duesberg[135] qui conteste l'implication du VIH dans le syndrome, mais aussi par le Pr. Montagnier. Ce dernier a déclaré en 2009 dans une interview accordée à un réalisateur américain[136] : «On peut être exposé au VIH de nombreuses fois sans être chroniquement infecté. Une personne avec un bon système immunitaire éliminera le virus en quelques semaines. » Surprenant, non ? C'est en tout cas plutôt rassurant.

Contrairement à ce que nous laisse croire l'apparent consensus médiatique, la controverse est loin d'être close sur l'origine du sida ou sur la meilleure manière de vivre avec une séropositivité[137] ! Il importe de rester vigilant face à l'intox autour de ce sujet. Une chose est sûre, les immunodéficients doivent avant tout s'« immuniser » contre les

135. Célèbre rétrovirologiste américain de l'Université de Berkeley (Californie). Il est le chef de file des scientifiques qui ne partagent pas la thèse officielle VIH = sida.

136. « SIDA, la vérité - Professeur Luc Montagnier », vidéo disponible sur YouTube.

137. Voir à ce sujet le film *Sida, le doute*, réalisé par Djamel Tahi, et diffusé sur Arte en 1996 (un autre film de l'auteur est attendu en 2010, sur le thème de la fiabilité des tests de dépistage de la séropositivité) : leweb2zero.tv/search/sida_le_doute ; lire aussi : *Le Sida en Afrique, quelles priorités pour l'aide sanitaire*, Actes du colloque au Parlement européen (8 décembre 2003), Éditions Marco Pietteur, collection Résurgence.

peurs distillées par les médias ou par certaines associations pas toujours indépendantes financièrement…

N'en déplaise aux détracteurs de la médecine homéopathique, non seulement la mémoire de l'eau refait surface, mais elle pourrait bien constituer la pierre angulaire de la médecine de demain. Au cimetière du Père Lachaise à Paris, la tombe du professeur Samuel Hahnemann (1755-1843) mérite bien qu'on y dépose quelques fleurs ! Que le patient ne se laisse pas impressionner par l'air hautain de certains généralistes : non, il n'a pas à avoir honte de pratiquer l'homéopathie familiale ! Bien au contraire, c'est être en avance sur son temps…

5. Magnésium, le magnifique

Qu'est-ce qui se présente sous la forme d'une poudre blanche et possède d'étonnantes propriétés thérapeutiques ? Non, ce n'est pas la cocaïne, mais le chlorure de magnésium ! Ce dernier se dilue dans l'eau et ne coûte presque rien… Lutte contre la fatigue, manque de tonus, constipation, irritabilité, angines blanches ou rouges, grippe, états fébriles, la liste de ses vertus est longue ! Et pour cause, le chlorure de magnésium est un véritable remède de terrain qui agit sur le système nerveux.

« Je considère ce produit comme la base même de ma pharmacie familiale, je le conseille depuis plus de trente ans et ne saurais trop vous inciter à en faire autant », déclare Marie-France Muller, docteur en psychologie et naturopathie, auteur de *Le Chlorure de magnésium. Un remède-miracle méconnu*[138]. Il est effectivement urgent de lui redonner une place de choix dans nos armoires, comme nous y invitent les travaux de plusieurs chercheurs.

Contre la polio, la grippe, le cancer, etc.

On doit au Pr. Pierre Delbet (1861-1957) les premières études approfondies sur les bénéfices du chlorure de magnésium. Médecin, chef de clinique, chirurgien des hôpitaux et membre de l'Académie de médecine, il fut obsédé, durant son internat, par la nocivité des antiseptiques utilisés à son époque pour nettoyer les plaies. La guerre de 1914-18, au cours de laquelle il est mobilisé comme chirurgien, lui permet de constater que la solution de chlorure de magnésium ($MgCl_2$) donne des résultats extraordinaires. Pour les

138. Éditions Jouvence, 2005.

blessés, il va aussi faire l'expérience de l'efficacité du $MgCl_2$ par voie interne comme dynamisant cellulaire.

Plus tard, il fera la relation entre la rapide augmentation des cancers et la carence généralisée en magnésium. Il écrira à ce sujet deux livres : *Politique préventive du cancer*[139], dans lequel il démontre l'incidence de la carence en magnésium dans le développement de cette maladie, et *L'Agriculture et la santé*, en collaboration avec d'autres spécialistes, où il montre que les modes de culture intensifs et le raffinage carencent les aliments en magnésium.

« Ainsi, le pain blanc est-il, pour Delbet, Breteau et nombre d'auteurs, "une des plus redoutables erreurs des temps modernes" », rappelle le Dr Jean Valnet dans un livre incontournable, *Se Soigner par les légumes, les fruits et les céréales*[140]. Cent grammes de pain blanc contiennent 0,5 mg de magnésium, contre 133 mg dans le grain entier, et 342 mg pour le blé germé. C'est dire la différence entre les aliments selon leur niveau de transformation.

« Convaincre qu'un élément chimique banal joue un rôle important est une entreprise difficile », écrit Delbet.

C'est sans doute la raison pour laquelle ses deux livres n'ont guère suscité d'intérêt, pas plus que les travaux de son successeur, le Dr Neveu, sur le traitement de la diphtérie (dès 1932), du tétanos et de la poliomyélite avec le chlorure de magnésium. Le Dr Neveu a exposé dans *Le Traitement cytophylactique de la poliomyélite par le chlorure de magnésium*, quinze cas victorieux de maladie. Il affirme avoir obtenu des résultats probants non seulement en appliquant immédiatement le traitement au début de la maladie, mais aussi des améliorations sur des patients traités par des

139. Denoël, 1944.
140. Poche (première édition, 1967).

médicaments allopathiques et étant déjà atteints de paralysies étendues et parfois totales. Malheureusement, ces travaux n'ont pas fait le poids face à une vaccinologie en plein essor. À cette époque, les premiers vaccins commencent à sortir de l'Institut Pasteur et la médecine de terrain n'est plus prioritaire.

On doit aussi au Dr Neveu ce constat durant l'épidémie de grippe sévère de l'hiver 1934-35 : « Les vieillards furent à peu près tous contaminés et tous s'en tirèrent par la solution de chlorure de magnésium. Ce médicament leur coupe la fièvre. » Bon à savoir par ces temps d'alertes pandémiques… Mieux vaut donc faire des provisions de sachets de chlorure de magnésium que de Tamiflu® ! Vendu environ 2 euros en pharmacie[141], ce produit concurrence directement les vaccins grippaux et le DTP… Est-ce pour cela qu'on en n'entend pas parler ?

Aliment pour la cellule nerveuse

Pour les récalcitrants au goût amer du chlorure de magnésium, et même pour les autres, il est profitable d'opter pour le chlorumagène (hydroxyde de magnésium) dans tous les usages internes. Ce médicament prescrit pour la constipation[142] se transforme en chlorure de magné-

141. Sachet de 20 g, à dissoudre dans 1,5 l d'eau, à boire tout au long de la journée, par petites gorgées. Une bouteille peut faire deux ou trois jours. Pour plus de précisions, voir le livre de Marie-France Muller. Son équivalent naturel, le nigari, s'achète en boutique bio. Précautions nécessaires pour les insuffisants rénaux.

142. C'est l'autorisation de mise sur le marché qui impose une telle restriction. Toute allégation thérapeutique supplémentaire nécessite de nombreuses et coûteuses études que le laboratoire commercialisant le chlorumagène n'a pas souhaité entreprendre. Il n'en demeure pas moins que les vertus de ce remède ne se limitent pas à ce seul usage.

sium à l'état naissant dans l'estomac sous l'effet de l'acide chloridrique. Dans *La Défense par le système nerveux*[143], le Dr Martin du Theil, son découvreur, écrivait, après quinze ans d'utilisation du produit: « Il constitue un véritable aliment d'épargne pour la cellule nerveuse dont il compense immédiatement les dépenses. Le grand sympathique [système nerveux autonome,[144] NdA], grâce à l'énergie ainsi conservée intacte, maintient l'organisme à l'abri de la maladie en rendant vaine toute attaque microbienne. Il n'est pas de meilleur agent prophylactique [de prévention, NdA] contre toutes les maladies de nature infectieuse et c'est à ce titre que je conseille d'en faire un usage quotidien ou du moins assez fréquent. »[145] De plus, « Il convient à tous les âges, il n'irrite pas la muqueuse intestinale. »

Et la grippe ? Justement, le Dr Martin du Theil l'évoque dans son ouvrage. « J'ai commencé à appliquer le traitement au chlorumagène dès le mois de septembre 1918. Démobilisé à cette date, je suis revenu à Neuilly au moment où la fameuse grippe de 1918 faisait son apparition. […] Le succès fut aussi complet qu'il pouvait l'être, puisque j'eus la satisfaction de n'avoir pas un seul décès à constater. »

---

143. Librairie scientifique et médicale Amédée Legrand, 1933. Réédité plusieurs fois, on peut se le procurer, d'occasion, sur Internet.

144. Appelé également orthosympathique, le système nerveux sympathique correspond à la mise en état d'alerte de l'organisme et à la préparation à l'activité physique et intellectuelle. Il est compensé par le système nerveux parasympathique, qui préside à la digestion et à la récupération. Ces deux voies (sympathique et parasympathique) forment le système nerveux autonome, également appelé système nerveux végétatif.

145. Également vendu en pharmacie. Une pointe de couteau dans un verre d'eau, une fois par jour environ (effet préventif). Pas d'action nocive sur le rein, d'après le Dr Martin du Theil.

Mieux encore : « Cette méthode m'a donné des résultats dans deux maladies considérées comme des plus redoutables, c'est-à-dire la tuberculose et le cancer. Depuis dix ans, je soumets systématiquement tous mes malades opérés de cancer, à un traitement comportant l'usage, quotidien au début, de chlorumagène, qu'il s'agisse de cas anciens ou récents — l'un d'eux date de fin 1918 — depuis dix ans, dis-je, je n'ai eu à constater qu'une seule récidive », écrit le médecin en mars 1929. Nuançons toutefois le propos dans la mesure où notre environnement est beaucoup plus pollué aujourd'hui par de nombreuses substances cancérigènes qui n'existaient pas à l'époque. Notre alimentation s'est aussi considérablement appauvrie, comme nous le verrons dans la partie consacrée à l'intox agroalimentaire.

Inutile de préciser que ce remède convient aussi aux déprimés dans la mesure où la dépression réside dans un dysfonctionnement de la sphère nerveuse (la dystonie neurovégétative), responsable de troubles de l'humeur et du sommeil, mais aussi d'une baisse des défenses immunitaires dans bien des cas.

« Ce n'est pas sans raison, en effet, qu'une personne, précédemment en bonne santé et d'une bonne humeur constante, devient triste, irritable, susceptible, portée à l'exagération, aux "idées noires" et souffre parfois d'insomnie qui la laisse brisée de fatigue à son réveil. Il faut donc sans délai, dès l'apparition des troubles, et sans attendre qu'ils soient au complet, apporter au grand sympathique le soutien qui lui est nécessaire, et le lui continuer jusqu'à la récupération totale de son énergie, c'est-à-dire jusqu'au retour à l'état normal. »

Se procurer du chlorure de magnésium est un premier pas vers plus d'autonomie, de prévention et

de liberté dans la conduite de sa santé, notamment en étant à l'écoute des premiers signaux d'alerte de notre système nerveux. Placer le chlorure de magnésium ou le chlorumagène dans l'armoire à pharmacie familiale permettra d'échapper à de nombreuses ordonnances potentiellement toxiques, grâce à son action antibiotique naturelle qui prévient tout ce qui peut nous taper sur les nerfs…

6. L'argent colloïdal, des vertus en or

Pourquoi les médias ne nous parlent que des nouvelles molécules miracle ? Sans la chimie, point de salut ? Rien n'est moins vrai en réalité. Outre le chlorure de magnésium, un autre remède de terrain (capable de résoudre plusieurs maux) mériterait enfin reconnaissance : l'argent colloïdal.

Vers 400 avant J.-C., Hippocrate enseignait que la fleur d'argent (la poudre extra-fine) cicatrisait les blessures ulcérées[146]. Connu depuis l'Antiquité, l'argent a retrouvé une seconde jeunesse dans la première moitié du XXe siècle, où il fut l'un des remèdes les plus utilisés, et avec succès, du temps où les antibiotiques n'existaient pas (la pénicilline n'arrivera dans les officines qu'en 1945).

On doit au Dr Benno C. Crede l'introduction, en 1897, de l'argent sous sa forme colloïdale. Ce produit se compose d'eau et de particules très fines d'argent en suspension, avec des propriétés germicides similaires aux sels d'argent sans en avoir la toxicité. De nombreuses études publiées au début du siècle ont ensuite rapidement démontré ses multiples actions. Elles croupissent depuis dans les rayons poussiéreux des bibliothèques des facultés de médecine… Heureusement, Frank Goldman les a déterrées pour nous dans *Une Arme secrète contre la maladie. L'argent colloïdal*[147], le seul livre disponible en France sur ce sujet, malheureusement épuisé :

— « Le magazine *H.E.L.P.ful News* (vol. 9, n° 12, janvier 1993) a publié une liste des diverses maladies trai-

146. L'argent est toujours utilisé dans la médecine ayurvédique indienne, pour traiter notamment les fièvres chroniques, les inflammations intestinales ou l'hyperactivité de la vésicule biliaire.

147. Éditions Le Lotus d'Or, 2004.

tées avec succès par l'argent colloïdal et rapportées dans la littérature médicale : amygdalite, angine, appendicite, blennorragie, blépharite, catarrhe nasale, colite, coqueluche, cystite, diarrhée, diphtérie, dysenterie, eczéma (diverses formes), furonculose, grippe, hémorroïdes, impétigo, troubles intestinaux, leucorrhée, syndrome de Ménière, méningite cérébro-spinale, ophtalmie purulente du nouveau-né, affections de l'oreille, phlegmons, hypertrophie de la prostate, prurit anal, pyorrhée alvéolaire, rhinite, rhumatisme inflammatoire, scarlatine, septicémie, teigne, typhoïde, ulcères septiques (des jambes), verrues, irritation de la vessie. » Largement de quoi interpeller les experts-comptables de la Sécurité sociale confrontés au remboursement de nombreux médicaments pour toutes ces pathologies différentes !

— « Le Dr W.J. Simpson a expérimenté in vitro les propriétés germicides du *collosol argentum* sur le bacille de la typhoïde. Toutes les cultures furent tuées en quinze minutes avec une solution à 2 000 ppm[148], en trente minutes avec 500 ppm et en deux heures avec 10 ppm. » *The Lancet*, 12 décembre 1914[149].

— « Une vigoureuse culture de bacilles tuberculeux fut tuée par l'argent colloïdal en quatre minutes. Les staphylocoques pyogènes, divers streptocoques et d'autres organismes pathogènes furent tués en trois ou quatre minutes. On ne connaît aucun microbe qui ne soit tué en six minutes par ce colloïde lors d'expérience

148. « ppm » : parties par million. Indique la concentration en particules d'argent.

149. Simpson, « Experiments on the germicidal action of colloïdal silver » (« Expériences sur l'action germicide de l'argent colloïdal »), p. 1359.

de laboratoire. » *The British Medical Journal*, 16 janvier 1915[150].

— « Le Dr Duhamel, de la Faculté de Médecine de Paris, note que les effets les plus remarquables sont obtenus à la suite d'injections intraveineuses et vante la supériorité des produits obtenus par la méthode électrique sur ceux obtenus par la voie chimique. Cet argent colloïdal (appelé électrargol à l'époque) a donné des résultats remarquables dans le traitement des poumons et de la plèvre. Dans certains cas, précise le Dr Duhamel, les malades ont été sauvés d'une mort apparemment inévitable. Il assure que ce produit ne provoque aucune douleur, irritation ou réaction toxique. » *The Lancet*, 13 janvier 1912[151].

La nouveauté, à l'heure actuelle, réside dans les techniques de fabrication par électrolyse qui confère à l'argent colloïdal une pureté et une efficacité inégalées ! Ainsi, de nombreuses recherches confirment les bienfaits de ce remède dans des pathologies graves : maladie de Lyme[152], cancers, sida.

— En 1995, le Dr William Burgdorfer, du Rocky Mountains Laboratory (organisme rattaché au minis-

---

150. Marshall C.R. et Killoh G.B., « The bactericidal action of collosols of silver and mercury » (« L'action bactéricide des collosols d'argent et de mercure »).

151. Duhamel B.G., « Electric metallic colloids ans their therapeutical applications » (« Les colloïdes métalliques et leurs applications thérapeutiques »).

152. Maladie bactérienne grave dont la cause est attribuée à la contagion par des tiques. Souvent difficile à diagnostiquer, elle se signale par une éruption cutanée, de la fièvre et des maux de tête. Elle évolue vers des troubles du système nerveux et de l'arthrite.

tère de la Santé américain), a testé in vitro du protéinate d'argent à 1 500 ppm sur des bactéries responsables de la maladie de Lyme (spirochètes *Borrelia burgdorferi*). Ces bactéries ont disparu en moins de cinq minutes.

— Toujours en 1995, le Pr. Earl Henderson, du département de microbiologie et d'immunologie de l'École de médecine de Temple University (Philadelphie), et avant lui l'unité de biochimie des laboratoires Upjohn (1991), ainsi que le Centre médical universitaire de Genève (1992), ont découvert que l'argent colloïdal était l'inhibiteur le plus efficace de la rénine et de la protéase du virus HIV. Il est cité par Frank Goldman : « Mon laboratoire a étudié les effets d'une formulation spéciale de protéinate d'argent biotique sur la survie des virus HIV-1. Les résultats de l'expérience montrent que le HIV-1 est complètement éliminé après exposition à une formulation spéciale de protéinate d'argent à 1 000 ppm pendant une heure à 37 °C. »

— Le Dr Becker[153] (Upstate Medical Center, Université de Syracuse, New York) a fourni d'importants travaux sur l'argent colloïdal dans le traitement des blessures et lésions orthopédiques (par la stimulation de la cicatrisation de la peau et d'autres tissus mous), mais pas seulement. L'action de l'argent sur les cellules cancéreuses fut aussi confirmée en 1979 : en étudiant les cellules des fibrosarcomes malins (fibroblastes cancéreux), il constata que la mitose (division cellulaire) galopante pouvait être stoppée par les ions argents injectés électri-

153. Connu pour son livre *The Body electric*, paru en 1985, dans lequel il a montré que le corps fonctionne électriquement et qu'un courant électrique maîtrisé peut avoir une influence extrêmement positive sur le traitement des blessures.

quement. « Ces découvertes prometteuses ne furent pas exploitées plus avant », regrette Frank Goldman. « En effet, en 1980, essentiellement pour des raisons politiques, le Dr Becker fut privé de ses crédits de recherche et contraint à fermer son laboratoire. » Encore un…

Le grand absent des pharmacies

On ne peut plus se procurer l'argent colloïdal en pharmacie : il a été progressivement abandonné. « À l'heure actuelle, la médecine orthodoxe ignore à peu près tout de son existence ; les laboratoires ne s'y intéressent pas (vu qu'il ne peut être breveté) et le perçoivent même comme un dangereux concurrent susceptible de menacer directement leurs intérêts financiers », assure l'auteur d'*Une Arme secrète contre la maladie.* On peut néanmoins le fabriquer soi-même ou le commander sur Internet[154]. En attendant, on peut aussi opter pour le remède cuivre-or-argent, utilisé dans les états de convalescence, et qui contient du gluconate d'argent. C'est un produit incontournable aux multiples vertus.

---

154. À terme, le mieux reste sans doute de le fabriquer soi-même, après un investissement d'environ 200 euros pour un générateur. De nombreux sites expliquent la méthode de production domestique et proposent des machines fiables. Voici la réponse d'un thérapeute genevois sur sa pratique personnelle : « Pour fabriquer de l'argent colloïdal, j'utilise de l'eau bidistillée, autrement cela ne marche pas. Je dois dire que je suis étonné des résultats qui sont toujours probants. On peut l'appliquer directement sur les yeux (en instillation) ou avec un coton en cas d'infection. Le résultat arrive en quelques heures. Pour un abcès dentaire, un bain de bouche quotidien en deux semaines en aura raison. En prévention ou en traitement anti-infectieux, une à deux cuillères à soupe par jour s'avèrent nécessaires. » Il est facile de fabriquer son argent colloïdal mais cela demande d'abord de bien prospecter sur Internet.

L'argent colloïdal reste donc l'apanage des médecines non conventionnelles qui l'utilisent en traitement curatif ou préventif, mais aussi comme soutien de l'organisme dans une démarche « détox ». Certains scientifiques ont néanmoins bien compris l'extrême importance de ce remède : « Avec la montée des bactéries résistantes aux antibiotiques, l'argent va se retrouver dans la position d'un médicament moderne, parce qu'aucun organisme pathogène n'a réussi à acquérir une immunité contre lui. »[155]

Face à la montée des maladies nosocomiales qui tuent des milliers de personnes chaque année, il est incroyable que l'argent colloïdal n'ait pas encore retrouvé le chemin de l'hôpital. Aucun scientifique digne de ce nom n'est en droit d'ignorer la puissance de cette solution, testée et *retestée* depuis un siècle, dont l'innocuité est assurée. Et pourtant, nous en sommes toujours privés ! Plus grave encore que l'expression « La médecine nous tue » lancée par l'auteur Marc Menant, on peut aussi légitimement se demander si « La médecine veut notre peau »...

155. Zhao G., Stevens E.E., « Multiple parameters for the compréhensive evaluation of the susceptibility of Escherichia Coli to the Sylver Ion » (« Paramètres multiples pour une évaluation complète de l'hypersensibilité de la bactérie *Escherichia coli* à l'argent colloïdal »), *BioMetals* (11), 28, 1998. Département de microbiologie de l'Université de Memphis (États-Unis).

Conclusion

Contre les émotions toxiques : les Fleurs du Dr Bach

Le chemin de la santé naturelle est un apprentissage qui ne peut s'intégrer du jour au lendemain. Notre esprit est tellement conditionné par nos croyances en matière de santé, pollué par les dogmes et le matraquage médiatique, que ce retour à une vision assainie de la santé ne peut se faire que par étapes successives. Comme une pelure d'oignon, il nous faut enlever une à une et patiemment les couches de nos certitudes toxiques qui sont à la racine d'actions thérapeutiques malheureuses et par extension de nos maladies.

Les méthodes alternatives sont légion, toutes plus dignes d'intérêt les unes que les autres, mais elles manquent de crédibilité (du verbe *credo*, croire, donc relatif à nos croyances) auprès des scientifiques et du grand public (via les médias). Dans la thérapie du cancer, beaucoup gagneraient à être intégrées dans la pratique médicale actuelle, comme la méthode Beljanski, du nom de ce chercheur français de l'Institut Pasteur puis du CNRS, devenu « hérétique » après d'importantes découvertes, puis injustement pourchassé (ses produits ont obtenu une autorisation de mise sur le marché aux États-Unis).

La liste des solutions alternatives aux maladies graves étant longue — et c'est tant mieux — il est impossible de les détailler ici. À chacun d'entreprendre ses propres recherches, à partir de sa problématique individuelle. Autant le rappeler tout de suite : il n'y a pas de remède miracle universel. L'aide de la médecine vitaliste sera précieuse pour vous aider à trouver celui qui vous convient.

Comme l'argent colloïdal, le chlorure de magnésium, le soufre, beaucoup de produits non conventionnels gagneraient à retrouver le chemin des pharmacies. Mais s'il y a un remède naturel qui a fait une entrée inattendue et salutaire dans nos officines, ce sont bien les Fleurs du Dr Bach !

Non remboursés, cela va de soi, ces élixirs floraux connaissent un engouement à la hauteur de l'aspiration collective à se soigner autrement. On les trouve depuis longtemps en magasin bio, mais l'assurance de pouvoir se les procurer en pharmacie a contribué à leur essor, malgré une philosophie aux antipodes des conceptions médicales actuelles !

Fonctionnent-elles vraiment et si oui, comment ?

Seule la pratique personnelle des Fleurs permet d'apprécier leur efficacité. On la ressent subtilement comme un changement inattendu en soi face à certaines émotions qui s'évanouissent avec grâce, laissant place à une ouverture du cœur et de l'esprit sur une préoccupation du moment. Ces Fleurs semblent forcer notre intuition à se manifester et nous ré-accordent avec nous-mêmes. Rares sont les échecs lorsque la Fleur, choisie avec le plus d'objectivité possible, correspond bien à l'état émotionnel d'un patient. Et c'est là toute la difficulté : plusieurs états peuvent se superposer et brouiller l'analyse : entre les émotions passagères (Fleurs du moment), celles qui sont plus tenaces (Fleurs de fond), et celles qu'on ne veut pas voir, il faut parfois passer par plusieurs stades avant de voir affleurer les vrais nœuds émotionnels.

Jacques Benveniste a démontré que l'eau joue un rôle essentiel dans la transmission de certaines informations d'ordre électromagnétique. Ce principe à la source même de l'homéopathie préside également à l'action des Fleurs du Dr Edward Bach, un scientifique anglais qui, après s'être penché sur les découvertes d'Hahnemann, développa une méthode très personnelle pour « capter » l'information de certaines plantes et l'imprimer dans des solutions. Alors que l'homéopathie s'adresse le plus souvent au plan physique, les Fleurs de Bach sont, elles, exclusivement destinées à la sphère émotionnelle.

Les intuitions d'Edward Bach

Né en 1886 dans le Gloucestershire, Bach, diplômé de médecine en 1912, débute sa carrière de chercheur en tant que bactériologiste. Il découvre sept bacilles intestinaux et produit des publications scientifiques. Après une spécialisation en immunologie, il exerce comme pathologiste et bactériologiste à l'hôpital homéopathique de Londres de 1919 à 1922. Sa renommée grandit et il est à l'origine de plusieurs traitements encore d'actualité aujourd'hui, les sept nosodes de Bach (vaccins homéopathiques).

Grâce à son approche homéopathique, ce médecin anglais cherche un moyen simple de soigner les patients dans leur globalité. Extrêmement sensibilisé à l'aspect émotionnel de ses malades, ses conclusions lui permettent d'établir un lien entre le tempérament d'une personne et les troubles qu'elle présente. Il se plonge dans les traités de botanique de tradition celtique et a l'idée d'exposer au soleil, pendant plusieurs heures et dans un bain d'eau de source, les fleurs fraîchement coupées, afin d'en extraire l'information énergétique subtile. En 1928, il crée ses premières quintessences florales.

Dans les années 1930, il ferme son cabinet et se consacre entièrement à ses recherches. À sa mort, en 1936, il livre un système complet de 38 extraits de plantes, divisées en sept grandes familles d'émotion[156], ainsi qu'un complexe d'urgence constitué de cinq extraits, le fameux Rescue. Mis aujourd'hui à toutes les sauces (pommades, spray, comprimés, granules), c'est encore dans sa forme originale qu'il est le plus efficace, le reste étant bien souvent du marketing…

Ses deux traités *Guéris-toi toi-même* et *Les Douze guérisseurs* exposent sa philosophie («libère-toi toi-même») et caractérise la propriété des fleurs. «Tant que notre âme et notre personnalité sont en harmonie, tout est joie et paix, bonheur et santé. Le conflit surgit quand notre personnalité s'écarte de la voie tracée par l'âme, soit par l'entraînement de nos propres passions, soit par la persuasion des autres. Ce conflit est la cause profonde de la maladie et de l'insatisfaction.»

Les Fleurs de Bach agissent d'abord sur le système énergétique de la personne à travers ses réseaux de fréquences vibratoires, permettant ainsi de ré-informer le corps et de ré-harmoniser l'âme. Fondée sur un système de pensée

---

156. Peur et angoisses, incertitudes et doutes, inattention et manque d'intérêt, solitude et ennui, hypersensibilité et attachement, abattement et désespoir, préoccupation et souci d'autrui.

transcendantale, c'est-à-dire qui dépasse les limites de l'individu, sa méthode repose sur plusieurs principes d'action, comme le rappelle Nicole Clémence Cloutier dans *Fleurs de Bach. Je suis alchimie*[157] : « Les élixirs contribuent à rétablir un contact avec le niveau du Moi supérieur et ainsi, par résonance avec ce potentiel de prise de conscience, aident à déloger les barrages mentaux, à régler ses conflits intérieurs, à rétablir ses champs d'énergie […] ; l'effet d'auto-guérison se produit en douceur amenant une autorégulation naturelle sans produire d'effets secondaires, et est compatible avec les autres formes de thérapie ».

Contre nos mauvais scénarii intérieurs sur lesquels nous interpelle Thierry Salmeron (ces films que nous nous faisons en permanence, évoqués dans la première partie), les Fleurs de Bach sont parfaitement appropriées. Cela offre, en soi, des perspectives généreuses pour l'évolution humaine, via une prise en charge responsable de nos défauts.

Les Fleurs de Bach, disponibles partout et que l'on peut même fabriquer soi-même si on vit à la campagne, sont un remède éducatif et ludique qui nous transforme en Sherlock Holmes au pays de Psyché. Pourquoi ai-je réagi ainsi, quelle émotion est derrière cet acte ? Est-ce vraiment l'autre qui est lent ou agressif, ou bien est-ce moi qui vais trop vite (*Impatiens*, impatience) ou qui me sens victime (*willow*, le saule) ? Mes enfants sont-ils vraiment en danger, ou bien est-ce moi qui me fais du souci pour un rien (*red chesnut*, le marronnier rouge) ?

157. Éditions Atma internationales (Canada), 2004.

Des fleurs pour mieux vivre en société

Si l'on pouvait traiter collectivement les citoyens avec une Fleur de Bach, il semble que nous aurions tous besoin de Centaury. Classée dans la famille de « l'excès de sensibilité aux influences et aux idées », Centaury ne sait pas dire « non », elle se fait marcher dessus et se sent totalement écrasée par les autres. Passive, obéissante, dévouée à l'excès, la « société Centaury » fait docilement tout ce qu'on lui demande… Après avoir pris l'élixir correspondant, elle retrouverait sa capacité à poser des limites, à dire « non » quand cela est nécessaire. C'est bien ce qui manque à notre démocratie, proche de la « servitude volontaire » que décrivait La Boétie…

Si l'on pouvait, au contraire, choisir une Fleur appropriée pour résister, individuellement, à la société toxique, c'est Holly qui s'imposerait pour chaque citoyen : classée dans la même famille de « l'excès de sensibilité aux influences », Holly, à l'inverse de Centaury, manifeste une colère et un désir de vengeance. En prenant cet élixir, nous saurions mieux exprimer notre désaccord citoyen sans nous perdre dans les revendications stériles de la lutte des classes (grèves à répétition, pneus brûlés, etc.). Nous pourrions nous réconcilier avec nous-mêmes et avec les autres, faire preuve de générosité et de sérénité plutôt que focaliser sur les injustices sociales. Holly, c'est l'élixir d'amour qui attendrit les écorchés vifs. Nous en avons effectivement bien besoin pour ne pas sombrer dans la tentation de la Colère, alors que nous mettons à jour les multiples manipulations de la société toxique…

Avec sa méthode, Bach nous invite à considérer l'autre comme un miroir et à envisager nos réactions, face à autrui ou face aux circonstances de la vie, comme un état très personnel, en rien objectif. Nous ne ferons pas l'économie d'une remise en question personnelle. Les Fleurs nous invitent à nous pencher sur nous-mêmes, à voir la poutre qui est dans notre œil, à identifier nos émotions. Si la démarche n'est pas toujours facile, elle a le mérite de nous reconnaître comme des individus responsables, aptes à résoudre nous-mêmes nos petites idées noires du quotidien.

Les Fleurs de Bach sont un bon antidote aux vibrations toxiques qui émanent de nos déséquilibres émotionnels. Cependant, depuis Bach, la civilisation nous a apporté un cortège de toxiques extérieurs qui peuvent perturber notre organisme, voire dérégler nos émotions, sans que nous y soyons pour quelque chose. Il est donc insuffisant et illusoire, aujourd'hui, de baser uniquement sa santé sur la seule recherche des causes émotionnelles. Il importe de protéger notre corps des nombreuses pollutions contemporaines. D'où l'utilité, toujours, de la démarche « détox ». C'est ainsi que nous garderons, le plus longtemps possible, un esprit sain dans un corps sain (le véhicule de notre âme). Et cela commence, bien sûr, par l'alimentation.

TROISIÈME PARTIE

L'intox agroalimentaire

« Une alimentation optimale
est la médecine de demain. »

Linus PAULING,
Prix Nobel de chimie (1954)
et de la paix (1962)

Introduction

Dis-moi ce que tu manges…

« Que ton aliment soit ton médicament », disait Hippocrate. Ce principe est loin d'être une évidence pour de nombreux médecins. La preuve la plus manifeste que l'alimentation n'est pas considérée comme la pierre angulaire de notre santé est la manière dont on nourrit les malades dans les hôpitaux. Les plateaux repas que l'on sert dans les chambres rivalisent d'insipidité et de toxicité.

Quoique préparés selon des normes d'hygiène drastiques (dont on a vu les limites dans le chapitre précédent), et élaborés par des diététiciens, donc équilibrés en protéines, lipides et glucides, ils n'apportent pas les minéraux, oligoéléments et vitamines nécessaires à la santé. Ce qui leur manque, c'est tout simplement la *densité nutritionnelle*, notion trop souvent oubliée par ceux qui prétendent nous apprendre à manger. Nous y reviendrons plus loin.

On estime que 25 à 45 % des personnes hospitalisées sont dénutries[158]. La cause réelle de cette malnutrition réside dans la pauvreté des aliments issus de l'agriculture intensive, leur manque de fraîcheur et leur mode de prépa-

158. Site i-dietetique.com (article sur la « Première journée nationale d'alimentation à l'hôpital le 16 juin 2009 »).

ration industriel, qui tue les vitamines et rend les protéines moins assimilables. À tout cela s'ajoute le manque de saveur qui n'invite pas à finir son assiette…

La grande majorité des établissements publics font grand cas de l'hygiène[159], mais est-il, à un seul moment, question d'alimentation saine, vivante et nutritive? Les CHU (centres hospitaliers universitaires) attachent bien peu d'importance à la densité nutritionnelle de l'alimentation: «Après cuisson, les aliments sont refroidis et conditionnés. Ils se conservent alors plusieurs jours et sont acheminés jusqu'aux services de soins en respectant le principe de la chaîne du froid. Les plats peuvent ainsi être consommés sans aucun risque jusqu'au soir de la date limite de consommation (DLC) indiquée sur le film. Dans le service, les plats sont remis en température par micro-ondes juste avant de vous être servis. L'utilisation du four à micro-ondes permet d'effectuer la remise en température au plus près de la consommation, et donc, pour vous, de manger bien chaud», peut-on lire sur le site de l'hôpital de Caen.

En réalité, l'emploi du four à micro-ondes, qui est contestable en soi[160], évite surtout d'avoir à préparer les

159. Comme pour la santé, on retrouve dans l'alimentation le diktat de l'hygiène, notamment avec la méthode HACCP qui impose des règles d'hygiène alimentaire aussi drastiques que celles mises en place par la NASA pour ses astronautes dans les années 1960… La Commission du Codex Alimentarius (le code alimentaire international) prend pour référence la méthode HACCP, comme l'Europe et la France, à travers leurs diverses réglementations.

160. Cuit deux fois, le repas perd plus de nutriments et ses protéines sont encore moins assimilables. La dénaturation des protéines commence à partir de 65 °C, quel que soit le moyen avec lequel elles sont chauffées. La température du four à micro-ondes est particulièrement agressive. Cuits et recuits, les légumes et les compo-

repas juste avant les services du midi et du soir, avec des aliments achetés au jour le jour, comme c'était autrefois la règle, avant l'ère de la restauration collective industrielle. Cette solution de facilité n'a rien à voir avec le prix des repas. De nombreuses collectivités ont déjà démontré qu'introduire des aliments bio progressivement ne coûte pas plus cher.

Ces quelques remarques sur la qualité nutritionnelle des aliments sont surtout destinées aux cancéreux qui séjournent plusieurs semaines voire plusieurs mois à l'hôpital, et auxquels on sert chaque matin du pain blanc, de la confiture, un yaourt et un café. Quel départ désastreux dans leur journée ! Totalement dépourvu de nutriments essentiels (comme le précieux magnésium), le pain blanc est un sucre rapide qui n'a aucune place dans l'alimentation de ces patients. Les sucres rapides nourrissent les cellules cancéreuses qui ont besoin de ce carburant pour progresser, comme le souligne très justement le Dr David Servan-Schreiber dans son livre *Anticancer*[161]. Un livre accueilli plutôt froidement par l'*establishment* médical à cause du lien qu'établit ce professeur de psychiatrie entre l'alimentation raffinée et les maladies.

Lui-même atteint deux fois par un cancer du cerveau, David Servan-Schreiber s'est tiré d'affaire grâce à une modification totale de ses habitudes alimentaires (notamment grâce à l'aide d'un naturopathe américain). « Mes connaissances de nutrition étaient très inférieures à celles

tes ne constituent plus que des calories « vides ». À cela s'ajoute la dangerosité de cet appareil domestique dont la porte, souvent peu étanche, entraîne des fuites électromagnétiques nocives sur plusieurs mètres.

161. Robert Laffont, 2007.

d'un lecteur moyen de *Elle*, reconnaît le médecin. Notre culture médicale nous pousse à négliger cette approche et à préférer une intervention pharmaceutique, plus noble. » Un terrible aveu, à la hauteur des impuissances de notre médecine moderne.

Aux carences alimentaires qui affectent les malades pris en charge sur une longue durée s'ajoutent celles générées par les traitements. Outre leurs effets secondaires reconnus, les médicaments chimiques ont pour effet de pomper sur les réserves en minéraux et vitamines de l'organisme (c'est ainsi que le corps lutte contre leur toxicité) sans que le malade puisse, à aucun moment, s'approvisionner en aliments frais et gorgés de vitalité (jus de légumes pressés, graines germées, crudités fraîchement râpées, compléments alimentaires).

Les conséquences sont dramatiques pour ces malades : doublement affaiblis, on leur demande de tirer encore plus sur la corde fragile de leur énergie vitale. Jusqu'à ce qu'un jour, leur résistance soit épuisée et que la corde finisse par lâcher. La mort survient alors, attribuée au malade ou à la fatalité. Souvent, c'est « la faute à pas de chance »...

Si Hippocrate était parmi nous, il serait, comme beaucoup de praticiens vitalistes aujourd'hui, tout simplement atterré ! « Que ton alimentation soit ta médecine », posait-il comme préalable. Deux millénaires plus tard, les choses fonctionnent à l'envers de ce principe, jugé archaïque. Seuls 6 % des médecins reçoivent un enseignement en nutrition. Il est donc logique que le corps médical se préoccupe peu du régime alimentaire de ses patients.

Votre généraliste vous a-t-il d'ailleurs déjà demandé de détailler vos repas ? Vous a-t-il une seule fois proposé un bilan nutritionnel ou des compléments alimentaires

pour pallier vos carences? De la désaffection du corps médical pour l'alimentation résulte un désengagement total de la société et des Français sur ces questions.

Combien de patients en rémission, épuisés par des chimiothérapies successives, sont lâchés dans la nature à leur sortie de l'hôpital sans le moindre conseil alimentaire adapté ou sans cure de revitalisation? Combien d'adultes touchés par la sclérose en plaques, dans l'impossibilité de préparer eux-mêmes leurs repas, doivent ingurgiter des plats cuisinés industriels, totalement dépourvus de nutriments essentiels, vite réchauffés aux micro-ondes par leur aide à domicile? Cette alimentation n'aggrave-t-elle pas leur maladie? Si, évidemment, mais affirmer cela, c'est s'attirer les foudres des « spécialistes ».

De très nombreuses études, de très nombreux livres témoignent de l'importance de l'alimentation, le premier pilier de notre vitalité. « On est ce qu'on mange », rappellent les réalisateurs du film du même nom, James Colquhoun et Laurentine ten Bosch[162]. « Une alimentation optimale est la médecine de demain », affirmait Linus Pauling, Prix Nobel de chimie (1954) et de la paix (1962), pionnier de la médecine orthomoléculaire (fondée sur l'emploi des oligo-éléments, minéraux et vitamines)[163]. Ses découvertes sur la

162. Documentaire australien (2008), disponible en version française et en intégralité sur DailyMotion (*Foodmatters*, en anglais : foodmatters.tv).

163. Précisions de Wikipédia : « À la fin des années 1950, Pauling travaille sur l'action des enzymes sur les fonctions cérébrales. Il pense que les maladies mentales pourraient être en partie causées par des dysfonctionnements enzymatiques. Après avoir lu la publication d'Abram Hoffer de 1965, "Utilisation de la vitamine B3 en psychiatrie", il se rend compte que les vitamines pourraient avoir des effets biochimiques importants en plus de ceux liés à la prévention des maladies liées à leurs carences. En 1968, il publie

vitamine C (contre le rhume et contre le… cancer) sont fondamentales mais inexploitées par le corps médical dont la formation dépend à 90 % de l'industrie pharmaceutique[164]. Cette dernière est peu intéressée par ces traitements naturels, non brevetables (pas de royalties).

L'intérêt des compléments alimentaires ne doit pas nous faire oublier cependant que les vitamines de synthèse peuvent s'avérer toxiques, comparées aux vitamines d'origine naturelle, plus assimilables, et que les gélules ne remplaceront jamais une bonne alimentation…

L'éternel renouvellement cellulaire

Comment construire un édifice qui devra tenir cent ans avec des matériaux de mauvaise qualité ? Cette interrogation est d'autant plus pertinente que notre corps se reconstitue en totalité au fil des mois ! Aussi incroyable que cela puisse paraître, quelque 200 millions de cellules meurent chaque jour ; épurées par la rate et le foie, elles doivent être remplacées. Ainsi, l'intestin est entièrement renouvelé en deux à quatre jours, les globules rouges (composants du

---

dans *Science* sa publication la plus importante dans ce domaine : "Psychiatrie orthomoléculaire […]", dans laquelle il invente le mot orthomoléculaire pour décrire le concept de contrôle de la concentration des composés présent dans le corps humain pour prévenir et guérir les maladies. » En 1971, il entame une longue collaboration avec le cancérologue britannique Ewan Cameron au sujet de l'utilisation de la vitamine C en injection intraveineuse ou par voie orale pour le soin de malades du cancer en phase terminale. Cameron et Pauling sont auteurs de nombreuses publications — dont un livre de vulgarisation, *Vitamine C et Cancer* — qui décrivent leurs observations.

164. *Que choisir*, n° 452, dossier « Sécurité sociale : comment les laboratoires creusent le trou » : « la formation des médecins est assurée à 90 % par les laboratoires ».

sang) en quatre mois, le foie et le pancréas en quinze mois. Quand aux muscles, ils font peau neuve en sept ans, et les os en quatre ans.

Ces phénomènes se chevauchant, on estime que nous devenons « un autre homme » en quatre à sept ans ! Cette mue intérieure ne saurait produire un être en pleine santé s'il manque les éléments essentiels à sa recomposition ou si ces éléments sont dénaturés par des processus industriels en amont.

La vie cellulaire est limitée. Les briques que lui fournit l'alimentation tout au long de sa vie sont donc essentielles : de leur qualité dépend la qualité du fonctionnement de nos organes. Un seul exemple : la carence en oméga 3, composant essentiel pour la souplesse des membranes cellulaires, favorise, entre autres, les pathologies cardiovasculaires. Or, les oméga 3 sont indispensables car le corps humain ne peut les synthétiser. « La nutrition est donc sans doute le facteur le plus important dans la prévention de la mort subite par accident cardiovasculaire », assure le Dr Jean-Michel Lecerf, de l'Institut Pasteur de Lille[165].

Ces évidences, de nombreux scientifiques respectables les rappellent dans leurs ouvrages, mais il semble qu'ils crient dans le désert… Deux exemples qui font référence :

— *Le Rapport Campbell*, la plus vaste étude internationale à ce jour sur la nutrition[166], écrit par les Anglais Collin et Thomas Campbell[167] : « La science le dit clai-

165. « Acides gras oméga 3 et réduction du risque de mort subite », Dr Jean-Michel LECERF, Institut Pasteur de Lille (service de nutrition) et CHRU de Lille (juillet 2004).

166. *Ariane publications et distribution*, 2008.

167. Collin Campbell est professeur émérite du département de biochimie nutritionnelle à l'Université Cornell (G.-B.).

rement. Modifier votre alimentation, c'est réduire de façon impressionnante vos risques de cancer, de maladies cardiaques, de diabète et d'obésité. **Près de la moitié de la population souffre d'un problème de santé nécessitant la prise hebdomadaire de médicaments sous ordonnance**, et plus de 25 % souffrent de cas de cholestérol trop élevé. Tous ces problèmes se résument à trois choses : petit-déjeuner, déjeuner et dîner. »

— *Changez d'alimentation*[168], du Pr. Henri Joyeux, professeur de cancérologie et de chirurgie digestive à la Faculté de médecine de Montpellier : « Les informations mises à la disposition du grand public sont souvent contradictoires et ont empêché d'y voir clair. D'un côté, elles ont souvent découragé de nombreuses personnes de changer vraiment d'habitudes alimentaires, de l'autre, elles les ont parfois laissées s'orienter vers des régimes aussi farfelus qu'inefficaces ou même dangereux. De plus, certains, en particulier ceux qui n'ont aucune formation en nutrition et qui souhaitent que vous ne changiez pas (pour que la médecine s'occupe de vous) vous diront : "Il faut une vie pour changer les habitudes". Ce n'est pas vrai, quelques mois de "manger mieux et meilleur" suffisent pour orienter votre santé dans le bon sens et, de plus, ressentir un véritable mieux-être. »

Malgré les certitudes et les évidences scientifiques, rien n'est fait pour stimuler notre santé par l'alimentation. Que se passerait-il si nous étions correctement informés et si nous options tous pour des aliments sains, biologiques et frais ? Très certainement une épidémie

168. Éditions F.-X. de Guibert, collection Écologie humaine, 2008.

de bonne santé qui ferait trembler la Bourse… Voilà probablement la raison de cet immobilisme : la bonne santé ne fait pas tourner l'économie telle qu'elle est, ce n'est pas une affaire rentable pour ceux qui prétendent nous soigner.

Les pages de cette troisième et dernière partie montreront à quel point manger est devenu un acte périlleux aujourd'hui. Mais que le lecteur se rassure, ce noir tableau sera tempéré en conclusion. Manger sainement, c'est heureusement encore possible, et à la portée de toutes les bourses.

1. Le caddie toxique

Toxic est le titre d'un livre paru en 2007[169], sous la plume de William Reymond, journaliste d'investigation d'origine français. Installé aux États-Unis[170], l'auteur est aux premières loges de la malbouffe. Passé relativement inaperçu dans les médias (comme de nombreux livres « stimulants »), *Toxic* dresse un tableau réaliste (et accablant !) de la situation sanitaire mondiale. Si les Américains sont particulièrement touchés par l'obésité et s'intoxiquent via leur caddie, « la jeunesse française suit exactement le même chemin que la jeunesse américaine »[171]. William Reymond nous presse : **« Nous avons eu le tort de confier notre alimentation à l'industrie. Il faut se souvenir de ce que nous donnaient à manger nos grand-mères et retourner à cette éducation alimentaire-là. »**

Son livre épingle la réalité toxique dans laquelle nous a plongés l'agroalimentaire[172] : « Dans un peu plus de dix ans, avec son triste cortège de cancers, insuffisances rénales,

169. Aux éditions Flammarion.

170. L'auteur en a remis une couche fin 2009 avec *Toxic Food : enquête sur les secrets de la nouvelle malbouffe*, Flammarion (octobre 2009).

171. Voir le site williamreymond.com/video_toxic.

172. Le secteur agroalimentaire est un secteur d'activité correspondant à l'ensemble des entreprises des secteurs primaire et secondaire qui participent à la production de produits alimentaires finis. Il regroupe deux ensembles : l'industrie agroalimentaire, qui transforme des produits vivants élevés, des plantes ou des fruits cultivés en produits alimentaires finis ; l'agriculture, qui élève les animaux et cultive les plantes et qui fournit les matières premières à l'industrie agroalimentaire. Ce secteur d'activité a sa propre économie, qui regroupe les activités de conception, de production et de commercialisation de produits alimentaires issus de l'agriculture, tels que les produits laitiers. (Source : Wikipédia).

diabètes et crises cardiaques, la France sera à l'image des États-Unis : obèse. Le nombre de décès liés au surpoids dépassera ceux dus à l'alcool et au tabac. Et notre pays devra, à son tour, gérer le terrible paradoxe américain : malgré les progrès de la médecine, l'espérance de vie de la prochaine génération sera inférieure à la nôtre. » Quand l'espérance de vie sera touchée, les experts incrédules seront alors bien ennuyés pour continuer à justifier l'intox agroalimentaire…

Les aliments raffinés non seulement n'apportent plus aucun nutriment essentiel, mais ils sont aussi *assaisonnés* de nombreuses substances toxiques, les fameux additifs alimentaires. « Le vrai mensonge a été de nous faire croire : "c'est votre responsabilité si vous prenez du poids. Il faut manger moins et bouger plus". C'est en partie vrai, mais le fond du problème, c'est surtout ce que l'on nous donne à manger ! », dénonce très justement l'auteur.

C'est effectivement cette logique culpabilisante qui prévaut aux campagnes du Plan National Nutrition Santé (PNNS) à qui l'on doit les petits messages de prévention qui apparaissent sous les publicités alimentaires : « Manger cinq fruits et légumes par jour », « Pour votre santé, pratiquez une activité physique régulière », etc. ! Mais que font les pouvoirs publics, à part jouer les redresseurs de torts, pour stopper l'intrusion des produits toxiques dans nos caddies ou pour nous alerter sur leur présence ? Absolument rien. Et pourtant, de nombreux produits mériteraient bien quelques messages d'alerte, comme ceux des paquets de cigarettes : « La malbouffe tue », « Absorber des additifs peut provoquer des maladies cérébrales », etc.

Conservateurs, colorants, acidifiants, antioxydants de synthèse, émulsifiants, épaississants, édulcorants… Nous sommes cernés. Le Pr. Erik Millstone, directeur d'études en sciences et technologie à l'Université de Sussex, a chiffré, tenez-vous bien, à six ou sept kilos le poids de ces additifs alimentaires que nous consommons chaque année lorsque nous faisons nos courses dans les supermarchés[173] ! Cette information donne à réfléchir, surtout lorsqu'on regarde de plus près la toxicité de ces fameux additifs.

Déchiffrez les étiquettes

C'est ce qu'a fait Corinne Gouget, auteur d'un petit guide pratique à glisser dans son sac à main avant de glisser son jeton dans la fente du caddie. *Additifs alimentaires, danger*[174] nous invite à prendre une loupe pour déchiffrer les étiquettes et les inscriptions énigmatiques de la composition des produits. Malheureusement, faire ses courses avec ce guide revient à passer à la caisse avec un chariot… vide. Ou contenant seulement quatre ou cinq produits bio glanés d'un rayon à l'autre. La quasi-totalité de ce qui se présente sous emballage s'avère potentiellement toxique !

Parmi les substances classées dangereuses comme l'acide benzoïque (E210), le dicarbonate de dyméthyle (E242), les nitrites (E249, 250, 251, 252), l'EDTA (E385), les esters de propane (E477), le polyéthylène de glycol (E496), le sulfate d'ammonium (E510), et autres phosphates (E541, 542, 544, 545), deux additifs retiennent plus particulièrement l'attention de Corinne Gouget. Parce que leurs effets

---

173. Dans le *Daily Mail* du 22 mars 2005.

174. *Additifs alimentaires, danger*, Corinne Gouget, Éditions Chariot d'Or, 2006. Voir à ce sujet les importants travaux du toxicologue français de renom, Maurice Rabache, dont *Toxiques alimentaires*, Marie Langre, Dr Maurice Rabache, Poche, J'ai Lu, 2004.

négatifs ont été largement documentés. Il s'agit de l'aspartame (E951) et du glutamate (E621).

Agissant comme un « cheval de Troie », pas toujours décelable donc, ces deux produits sont capables de faire de graves dégâts dans l'organisme s'ils sont consommés quotidiennement sur plusieurs années, même à petite dose. Ils se cachent dans un grand nombre de produits : soupes, préparations déshydratées, bouillons cubes, chewing-gum, boissons gazeuses, produits allégés, etc.

L'aspartame, faux sucre mais vrai poison

Présent avant tout dans les produits allégés et « zéro sucre », l'aspartame est consommé régulièrement par une majorité de Français. En 2002, l'Agence française de sécurité sanitaire et des aliments (Afssa) a conclu, à propos de cet édulcorant : « La consommation d'aspartame chez l'homme, même dans des populations particulièrement exposées comme les enfants diabétiques, ne dépasse pas la dose journalière acceptable (DJA, 40 mg/kilo de poids corporel), notamment en France. » Pour dépasser cette norme maximale, il faudrait par exemple consommer dix-huit canettes de boisson gazeuse « sans sucre » par jour. Mais peut-on vraiment faire confiance à notre chère agence publique à propos de la dose journalière acceptable ?

Certainement pas, d'après Corinne Gouget qui soutient que l'aspartame est nocif, même à très faible dose. De nombreuses références[175] invitent à la méfiance. Elle

175. *Aspartame disease, an ignored epidemic* (« Le mal de l'aspartame, une épidémie ignorée »), du Dr H.-J. Roberts, 2001. *Excitotoxins, the taste that kills* (« Excito-toxines, le goût qui tue »), Health Press, 1997, du Dr Blaylock, autre auteur référent sur le sujet de l'aspartame et du glutamate.

explique dans son livre : « Le docteur Roberts, spécialiste de la question et auteur d'un ouvrage de 1 020 pages sur le sujet, déclare "l'aspartame est un édulcorant de synthèse, un additif et c'est un produit chimique, c'est en fait un véritable poison". Appartenant à la famille des "excito-toxines", l'aspartame a la capacité d'exciter les neurones du cerveau jusqu'à les faire exploser petit à petit, détruisant ainsi le système nerveux et pouvant atteindre de nombreux organes. Des millions de victimes de l'aspartame vont se faire soigner pour des maladies plus ou moins graves pendant parfois des années sans savoir que leur consommation de produits à l'aspartame est la source de leurs problèmes de santé. »[176]

L'aspartame, découvert en 1965, devait à l'origine soigner les ulcères. Son goût sucré lui traça une toute autre voie. Bien que, dès 1973, des études aient montré des effets neurotoxiques, une première autorisation de mise sur le marché fut accordée aux États-Unis en juillet 1974, vite suspendue quelques mois plus tard à cause de la polémique immédiate sur les dangers de cette substance. Six ans après, sous la pression des intérêts de l'industrie, l'aspartame fut de nouveau autorisé aux États-Unis. D'abord détenu par G. D. Searle & Company (sous la marque Nutra Sweet), puis par Monsanto, le brevet de l'aspartame est tombé dans le domaine public en 1992. En France, il a trouvé le chemin des rayons de supermarchés en 1988. Son introduction,

176. La liste des effets nocifs attribués à cet édulcorant est longue : troubles de la vue, sautes d'humeur, dépression, crises de panique, paranoïa, obsessions, retards mentaux, baisse du nombre de plaquettes sanguines, fatigue chronique, prise de poids, crampes, saignements de nez, aggravation du diabète, de Parkinson, d'Alzheimer ou de la sclérose en plaques, etc.

relativement récente, coïncide aussi avec l'explosion des troubles du comportement chez l'enfant.

La controverse est bien peu relayée dans les médias qui ne souhaitent pas affoler « inutilement » la population. Sans sombrer dans la paranoïa, certaines informations devraient néanmoins nous interpeller : selon le *British Medical Journal* du 2 octobre 2004, 2 000 tonnes d'aspartame seraient consommées chaque année par 375 millions d'Européens… Des rapports européens se basant sur les données de consommation alimentaire réelle et sur les niveaux d'édulcorants réels dans les aliments ont estimé que pour la population en général, les niveaux de consommation élevés varient entre 2,8 et 7,5 mg/kg de poids corporel par jour. À propos de l'absorption de l'aspartame à petite dose et sur le long terme, les débats d'experts font rage… Pour certains, ce n'est pas énorme, pour d'autres c'est déjà trop. Le consommateur s'y perd.

Devant la passivité des pouvoirs publics, le mieux est donc d'appliquer le principe de précaution. Les inquiétudes d'une partie de la communauté scientifique (qui, a priori, n'a rien à gagner dans l'affaire) ne doivent pas nous laisser complètement indifférents.

Le glutamate, un goût finalement amer

« Cet exhausteur de goût est aussi dangereux que l'aspartame, mais il peut se cacher sous différents noms », explique Corinne Gouget. Selon elle, les dénominations suivantes masquent toujours l'emploi du glutamate (GMS) : acide glutamique, levure ajoutée, extrait de levure, etc. Difficile à repérer, donc.

Utilisé pour redonner de la saveur à des aliments dénaturés au terme des processus industriels successifs, le glutamate monosodique est, comme l'aspartame, neurotoxique. Il appartient lui aussi à la famille fort peu sympathique des excito-toxines. Il est utilisé dans des milliers de produits alimentaires comme les soupes en sachet, les chips, les plats préparés, les sauces chinoises ou autres. On le suspecte d'aggraver les états cancéreux comme de détruire les neurones[177].

Tous ces exhausteurs de goût perturbent notre palais et notre odorat ; ils nous entraînent aussi dans un cercle vicieux, semblable à celui de la cigarette. À force de consommer des aliments aux saveurs artificielles, nous perdons la capacité à reconnaître le vrai goût des aliments et leur degré de fraîcheur. Pire, nous nous orientons inconsciemment vers des produits qui excitent de manière factice nos papilles. Toute saveur naturelle nous paraît dès lors encore plus insipide.

On peut néanmoins rééduquer son palais. Après quelques semaines, ceux qui se sont convertis à une alimentation naturelle et biologique sont agréablement surpris par ce phénomène de restauration du goût et de l'odorat. Ils peuvent alors facilement déceler, à la première bouchée, si un aliment est naturel ou pas. Ils reconnaissent d'instinct cette odeur et ce goût si caractéristique des additifs : synthétique, uniformisant et désespérément couvrant.

---

177. Lucas D.R., Newhouse J.P., « The toxic effect of sodium L-glutamate on the inner layers of the retina » (« Les effets toxiques du glutamate sur les couches internes de la rétine »), *AMA Arch. Ophthalmol.,* août 1957, 58 (2) : 193-201. Olney J.W., « Brain lesions, obesity, and other disturbances in mice treated with monosodium glutamate » (« Lésions cérébrales, obésité, et autres troubles, chez des souris traitées au glutamate monosodique »), *Science,* mai 1969, 9 ; 164 (880) : 719-21.

Effets croisés

Le Pr. Vyvyan Howard, toxico-pathologiste, et son équipe de l'Université d'anatomie et de biologie cellulaire de Liverpool (Lauren *et al.*, Grande-Bretagne)[178], ont publié en décembre 2005, les résultats d'une étude qui s'est étalée sur trois ans. Ils ont étudié les effets croisés de quatre additifs alimentaires et exploré, ainsi, l'inquiétante question des interactions entre additifs. Une problématique qui échappe par ailleurs totalement à l'Afssa lorsqu'elle fixe les DJA…

Pour résumer succinctement : aspartame (E951) + jaune de quinoléine (E104) = sept fois plus toxique. Glutamate (E621) + bleu brillant FCF (E133) = quatre fois plus dangereux.

L'équipe du Pr. Howard a étudié cinq produits de grignotage et boissons britanniques courants, et calculé l'exposition potentielle d'un enfant de 10 kg en partant de la quantité d'additifs et de colorants contenus dans ces produits et de l'absorption intestinale présumée de l'enfant. Les chercheurs ont estimé que la simple consommation de l'un de ces produits associé à une boisson était théoriquement de nature à perturber la croissance des cellules nerveuses.

C'est pourquoi, en Angleterre, Sally Bunday se bat pour faire reconnaître la toxicité des additifs et a créé une asso-

178. « Combining food additives may be harmful, say researchers » (« Des chercheurs alertent sur les risques présentés par l'association de certains additifs alimentaires »), *The Guardian*, 21 décembre 2005. Karen LAU, W. Graham MCLEAN, Dominic P. WILLIAMS et C. Vyvyan HOWARD, « Synergetic interactions between commonly used food additives in a developmental neurotoxicity test » (« Étude de la neurotoxicité sur le développement induite par les interactions synergiques de différents additifs alimentaires répandus »), *Toxicological Sciences*, 13 décembre 2005.

ciation (The Hyperactive Children's Support Group) pour aider les enfants hyperactifs. En changeant leur régime alimentaire, plus de 80 % d'entre eux retrouveraient un comportement normal[179]. Même démarche en Suisse, avec la diététicienne spécialisée « détox », Elke Arod, fondatrice du site hyperactif.net et de l'association Stelior.

Dans quel état de santé nos bébés des années 2000 arriveront-ils à l'âge adulte ? Pris dès leur enfance dans l'étau des toxiques, ils sont aussi les premières générations à avoir baigné dans la matrice empoisonnée de mamans elles-mêmes consommatrices d'additifs. Comment réagiront ces hommes de demain aux agressions et aux maladies ? Quel genre de citoyens seront-ils ? À force, notre espèce pourrait bien prendre du plomb dans l'aile…

Le Dr Russel Blaylock, auteur de *Excitotoxines, le goût qui tue*, grand spécialiste de la question, pointe un autre effet pervers de l'alimentation toxique : « À cause de ces additifs toxiques dont les effets sur le cerveau sont connus, on observe, dans la société actuelle, non seulement une augmentation de personnes à faible QI, mais aussi une diminution des personnes à fort QI. Nous assistons à un véritable abrutissement chimique de la société. D'un côté, on a ces personnes qui sont totalement dépendantes, et de l'autre une masse qui fait tout ce qu'on lui dit de faire parce qu'elle est dans l'incapacité de penser correctement. »[180]

En quelques décennies, l'industrie agroalimentaire nous a déconnectés de l'alimentation de nos grand-mères pour nous faire avaler n'importe quoi et nous rendre dépendants de ses produits. Elle nous a

179. Site hacsg.org.uk.

180. Traduction extraite de la vidéo YouTube « Aspartame, MSG, Dumbing Down Society ».

enchaînés avec son marketing et ses produits qui ont le goût de l'addiction. Comme le poisson que l'on appâte au bout de l'hameçon, nous succombons à la tentation sans nous apercevoir qu'il ne s'agit pas de nourriture, mais de purs artifices culinaires qui nous engourdissent à petit feu dans la marmite de la consommation (la « sommation des c... »).

2. Info et intox sur les pesticides

L'industrie agroalimentaire tire sa matière première d'une agriculture soumise à des rendements intensifs. Même si ce modèle agricole est aujourd'hui largement remis en question, les discours politiques sont peu suivis d'effets. Dans la réalité, notre agriculture reste bel et bien toxique : fongicides, herbicides, pesticides (et autres termes en *-ide*, le suffixe *qui tue*) exterminent les micro-organismes du sol, les bonnes bactéries et autres vermisseaux qui travaillent sans relâche en souterrain pour donner à la terre son aspect nourricier, la richesse de son humus et sa vitalité.

Tel le corps humain, dont la qualité du « terrain » détermine le niveau de santé de l'individu, de même le sol doit être fortifié, nourri et entretenu, sinon, il est envahi par des germes pathogènes ou ne donne que des plantes malingres peu résistantes aux maladies.

Sous nos pieds, la Terre se meurt en silence

La Terre fonctionne selon les lois de la vie. Elle n'est pas la somme de composés minéraux inertes, contrairement à l'hypothèse mécaniste qui pollue notre vision du vivant. Intoxiqué par la peur du microbe, on finit par considérer que la terre « c'est sale », par voir le sol comme un substrat potentiellement pathogène et accepter qu'il soit (mal) traité avec des anti-*biotiques* (contraires à la *vie*)…

Édouard Goldsmith (1928-2009), grand penseur de l'écologie, décrit la Terre (la *Gaïa* du scientifique James Lovelock), comme une entité autonome qui, à l'image du corps humain, cherche à conserver son homéostasie, c'est-à-dire son équilibre en mouvement. « Pour l'homme tribal, il allait de soi que les processus du vivant étaient dynamiques. […] Cette vision est à l'évidence aux antipodes de celle de la science moderne, pour laquelle les êtres vivants sont fondamentalement statiques et passifs, conception conforme au paradigme scientifique, mais non à ce que nous savons de la réalité », écrit-il dans son ouvrage majeur *Le Défi du XXIe siècle*[181].

En 2006, 75 000 tonnes de pesticides ont été déversées dans les cultures françaises. Une marée chimique équivalant à la cargaison de fioul du *Prestige* ou au poids du *Titanic*. Sur ces 75 000 tonnes, 10 000 concernent les jardiniers amateurs qui forcent sur les doses. « Si cela continue, d'ici quelques décennies, la Terre deviendra incapable de maintenir des formes de vie complexes », prévient Teddy Goldsmith. La terre souffre en silence, et nous ne le voyons pas. **Qu'avons-nous fait de notre sensibilité humaine pour cautionner un tel système qui brutalise Gaïa ?**

Cet abus de produits phytosanitaires n'est pas sans impact sur notre assiette et sur notre santé. En 2006, sur 60 000 échantillons analysés, le nombre de produits présentant des résidus est passé de 37 à 44 % en dix ans ; 13 % des fruits et légumes dépassent la limite maximale admise[182].

« Certes, la dose limite est finalement rarement dépassée pour chaque molécule analysée, mais, quand on additionne les résultats des molécules d'une même famille ou

181. Réédité sous le titre *L'Écologie du Tao, une vision écologique du monde*, Le Rocher (1994 et 2002). En savoir plus : teddygoldsmith.org. Lire aussi *La Terre est un être vivant. L'hypothèse Gaïa*, de J.E. Lovelock, Flammarion, 1999.

182. Rapport annuel de la Commission européenne sur les résidus de pesticides dans les aliments produits dans les États de l'Union européenne.

ayant des effets dits "équivalent toxique", le seuil est largement explosé », analyse François Veillerette, le président du Mouvement pour les droits et le respect des générations futures (MDRGF) et auteur du livre *Pesticides : révélations sur un scandale français*[183].

Face aux limites imposées pour certaines substances (voire l'interdiction), l'industrie phytosanitaire a trouvé la parade : elle multiplie les molécules innovantes pour ne pas dépasser les doses admises pour chacune d'entre elles. Du coup, on observe une baisse de la consommation de produits chimiques (de 100 000 tonnes en 1998 à 75 000 aujourd'hui). Cependant, les courbes de la présence des pesticides dans les aliments témoignent toujours d'une hausse accrue depuis 2000. « Les nouvelles formules sont microdosées et plus efficaces, mais aussi plus persistantes dans l'environnement », explique François Veillerette.

Aucun suivi sur la toxicité à long terme

Comme dans l'exemple des additifs, il existe des doses journalières admissibles (DJA) pour chaque pesticide, établies sur la base d'expérimentations animales affinées par des données épidémiologiques. Toutefois, l'Afssa reconnaît, là encore, que la toxicité à long terme d'une contamination faible et continue, qui intégrerait les effets croisés de plusieurs pesticides, reste « une question »[184]...

Alors que le contrôle des résidus de pesticides dans les aliments est banal, la question de l'imprégnation chez l'homme demeure inexplorée. Soyons logiques : quel crédit accorder aux seuils résiduels dans les aliments si on ne

183. François Veillerette et Fabrice Nicolino, Fayard, 2007.
184. « Aucune étude publique sur la contamination à long terme chez l'homme », P. Ducœurjoly, *Sud Ouest*, 31 octobre 2008.

connaît pas la dose journalière cumulée au-delà de laquelle l'homme court vraiment un risque pour sa santé ?

Début octobre 2008, l'Inserm et l'Afsset, dans un rapport intitulé « Cancers et environnement », pointent cette lacune : « Les pesticides peuvent conduire à une exposition de la population générale par les aliments, l'eau de boisson, l'air intérieur et extérieur et les poussières de la maison. Les données sur les risques sanitaires liés à ces contaminations demeurent trop parcellaires pour pouvoir être prises en compte dans la définition des seuils (d'exposition maximum, NdA) dans les différents milieux. » Un vrai constat d'impuissance sanitaire !

« Pour bon nombre de pesticides, nous ne sommes pas, à l'heure actuelle, en mesure d'apprécier le risque toxique à long terme des modifications biologiques induites ("biomarqueurs d'effets") ou par les concentrations dans les liquides facilement accessibles que sont le sang et l'urine ("biomarqueurs de doses reçues") », retient Gérard Lachâtre, responsable du service de pharmacologie et toxicologie du CHU de Limoges.

Ce laboratoire fait partie des quelques rares structures en France qui, depuis plusieurs années, développent des méthodes d'identification et de dosage de pesticides dans les liquides biologiques humains. « Si une partie de ces pesticides et de leurs métabolites (produits de leur dégradation par le corps, NdA), qui ne sont pas forcément moins toxiques, est éliminée, une autre partie peut rester stockée dans notre organisme. Qu'en est-il alors de la toxicité de ces résidus ? Leur affinité pour les graisses n'est pas une garantie d'innocuité puisque l'on sait qu'ils en seront tôt ou tard libérés pour revenir dans des organes plus sensibles à leurs effets délétères. Peut-on même affirmer que les pesticides accumulés dans le tissu adipeux d'une maman qui allaite n'auront aucun impact chez l'enfant ? »

Ce que déplore en filigrane ce spécialiste de toxico-pharmacovigilance, c'est la grande misère de sa discipline en France. En bref, tout ce que l'on sait, c'est que l'on ne sait rien… C'est déjà honnête intellectuellement de le reconnaître, plutôt que de jouer les experts « je sais tout »…

Peut-on se passer de pesticides ?

L'industrie phytosanitaire (étymologiquement, « pour l'hygiène des plantes »…) a introduit l'idée que l'on ne pouvait pas se passer des produits chimiques, et que sans eux il ne serait pas possible de cultiver sans protéger les champs des innombrables maladies. « Si le développement de l'agriculture biologique correspond à une demande sociétale, elle ne peut répondre aux besoins de la population mondiale », affirme, sûre d'elle, l'Union des Industries pour la Protection des Plantes, l'UIPP. Ne nous laissons pas abuser : la « *protection* des plantes », c'est avant tout un lobby, celui de la chimie phytosanitaire. Son point de vue est donc nécessairement orienté.

Le professeur de biologie végétale Jean-Marie Pelt, fondateur de l'Institut européen de l'écologie, à Metz, en 1972, est catégorique : « Un récent rapport de la FAO a clairement expliqué qu'on pouvait nourrir la planète en bio à condition d'utiliser de bonnes techniques : éviter la généralisation des monocultures et développer la polyculture sur des parcelles plus petites, faire des rotations, etc. Il y a beaucoup de potentiel scientifique dans l'agriculture biologique, qui démontre, contrairement aux idées reçues, de bons rendements. Le problème, c'est qu'on a complètement délaissé la recherche sur ce secteur, en l'absence d'une volonté politique pour une bio efficace. »

Un autre modèle est possible, à condition de le soutenir financièrement, ce qui n'est visiblement pas l'objectif du moment, même après le passage du Grenelle de l'environnement. À nous de forcer le changement, par une « consomm'action », c'est-à-dire par une consommation consciente.

Sur le chapitre des pesticides, la recherche toxicologique a encore beaucoup à explorer avant de mesurer leur nocivité réelle sur notre santé. L'explosion des cancers chez les agriculteurs n'est pas de bon augure. Raison de plus pour opter dès maintenant pour une agriculture biologique, aussi respectueuse des sols que de nos organismes, la seule capable de nous fournir une alimentation saine et vitale. Ce n'est pas qu'une question de précaution, c'est aussi un problème éthique. Pouvons-nous vraiment nous résigner à maltraiter ainsi le sol, les plantes et les animaux ? Au final, c'est nous que nous maltraitons.

3. Chimères alimentaires

On a beaucoup médiatisé les OGM, les organismes génétiquement modifiés, nos « chimères » alimentaires modernes. Cette expression, qui désignait des créatures de la mythologie possédant les attributs de plusieurs animaux, s'applique aussi, désormais, aux végétaux.

Au sens figuré, la chimère désigne aussi les rêves ou fantasmes impossibles. Elle convient donc assez bien à la recherche agronomique sur les OGM : en assemblant de force plusieurs règnes du vivant (végétal et animal), alors que l'évolution s'est efforcée de les distinguer au fil des millénaires, notre science est bel et bien devenue une mythologie (une utopie). Sa chimère : recréer le vivant de toutes pièces par la baguette magique du laboratoire. Magie blanche ou magie noire ? Sous couvert d'œuvrer pour le bien de l'humanité, la science ne joue-t-elle pas plutôt à l'apprenti sorcier ?

Une nouvelle étude française, publiée dans la revue *International Journal of Biological Sciences*[185] a confirmé, en décembre 2009, la toxicité pour les mammifères de trois maïs génétiquement modifiés brevetés par le semencier américain Monsanto. De quoi appuyer la position de la France qui s'est prononcée, sous la pression de l'opinion, pour un moratoire sur le Mon 810, le maïs de Monsanto qui défraye la chronique depuis plusieurs années déjà.

---

185. « A Comparison of the Effects of Three GM Corn Varieties on Mammalian Health », Joël Spiroux de Vendômois, François Roullier, Dominique Cellier, Gilles-Éric Séralini (CRIIGEN, Université de Rouen, Université de Caen). Voir aussi sur le sujet des OGM : criigen.org.

« Pour la première fois au monde, les tests confidentiels de Monsanto, qui ont permis les autorisations internationales de trois OGM commercialisés, ont été contre-expertisés »,[186] explique le Criigen (Comité de recherche et d'information indépendantes sur le génie génétique), qui a participé à l'étude. « Ces OGM produisent des insecticides (MON810, MON863) ou absorbent le désherbant Roundup (NK603)[187]. Ils entrent déjà dans certains aliments des animaux et des humains. Cette publication internationale montre des effets particuliers liés à la consommation de chaque OGM, différents selon le sexe et la dose. Ils sont associés au foie et aux reins, les principaux organes réagissant lors d'une intoxication alimentaire chimique. »

Pour comprendre le sujet des OGM, on ne saurait trop conseiller le livre du film culte « Le monde selon Monsanto », diffusé deux fois sur Arte, réalisé par Marie-Monique Robin en 2008[188]. Brisons là sur ce sujet car d'autres chimères alimentaires nous interpellent tout autant car déjà largement présentes dans nos assiettes. Les acides gras *trans* et les aliments irradiés sont moins connus, mais ils n'ont pas dit leur dernier mot en fait de toxicité !

Monstres huileux

Interdits dans les restaurants de l'État de New York, les acides gras *trans* (AGT) sont des huiles végétales dénaturées

---

186. Selon le Pr. Séralini, les autorités sanitaires se basent sur la lecture des conclusions présentées par Monsanto et non sur l'ensemble des chiffres. Les chercheurs ont pu obtenir l'intégralité des documents après décision de justice…

187. Il est donc faux de dire que les OGM permettent la diminution des pesticides ou des désherbants. Ces derniers demeurent bel et bien présents dans l'environnement.

188. ARTE Éditions/La Découverte.

par les procédés de raffinage. Ils creusent le lit des maladies cardiovasculaires. On les trouve dans les huiles de friture, les viennoiseries bas de gamme ou les barres chocolatées industrielles, bref, dans tout ce qui est gras et résulte de modifications industrielles[189]. Le végétal, à l'état naturel, n'en contient pas. On en trouve aussi dans les graisses animales (produits laitiers), que nous consommons par ailleurs en excès. Ceci dit, c'est surtout pour les graisses industrielles d'origine végétale que la toxicité est démontrée, car elles ne résultent pas d'un processus naturel.

William Reymond souligne que les AGT sont responsables de 100 000 décès par an aux États-Unis: « Je me base sur les très nombreux entretiens que j'ai menés avec des scientifiques de renom. » Toutes ses références figurent dans son livre *Toxic*[190]. « L'agroalimentaire étant un secteur mondialisé, la consommation en France d'acide gras *trans* est équivalente à celle des Américains », assure l'auteur. Par extension, sur les 60 millions de consommateurs français, le nombre de morts, dans l'Hexagone, attribuables aux AGT pourrait donc être de 20 000 par an. Ce chiffre n'est pas incohérent dans la mesure où les maladies cardiovasculaires représentent la première cause de mortalité en

189. Avant 1995, certaines margarines de table pouvaient contenir plus de 15 % d'acides gras *trans*. À partir de 1996-97, quelques années après les premières études démontrant leur nocivité, ces produits ont vu leurs teneurs en AGT baisser considérablement et passer sous la barre de 1 %. Comme quoi l'industrie agroalimentaire sait aussi se tenir au courant des publications scientifiques, et changer son fusil d'épaule lorsque le risque est trop grand…

190. Flammarion, 2007.

France avec près de 165 000 décès en 1999, soit 30,7 % de la mortalité totale[191].

Facilement reconnaissables sur les étiquettes des quatre-quarts, madeleines et chocolats industriels (encore faut-il prendre la peine de tourner le paquet), les AG *trans* sont désignés par l'expression « huile végétale hydrogénée » (ou « partiellement hydrogénée »). Pourquoi ces graisses sont-elles si dangereuses ?

Un petit rappel de biochimie et tout s'éclaire. Les acides gras (lipides) se caractérisent par une forme moléculaire qui tient compte de deux données : le nombre d'atomes et leur disposition dans l'espace. Selon la position des atomes d'hydrogène attachés aux atomes de carbone, les acides gras insaturés se présentent soit sous la forme *cis* soit sous la forme *trans*. Si les atomes d'hydrogène sont du même côté de la chaîne carbonée, l'arrangement est appelé *cis*. Si les atomes d'hydrogène sont de part et d'autre de la chaîne carbonée, l'arrangement est appelé *trans*. Et ça change tout !

Une molécule dont la représentation spatiale est modifiée n'a plus les mêmes propriétés. En l'occurrence, les huiles insaturées *cis* sont souples et participent à l'élasticité des membranes cellulaires et donc de nos tissus. En revanche, un AG *trans* se caractérise par sa forme linéaire et rigide (un bâtonnet), propriété très appréciée par l'industrie agroalimentaire (beaucoup moins par nos cellules) car cela confère de la solidité aux lipides. On peut ainsi transporter les matières grasses sous forme de bloc, puis les faire fondre au moment voulu.

191. Source : *Recueil des principaux problèmes de santé en France*, Haut Comité pour la santé publique, 2002.

En résumé, l'hydrogénation permet aux industriels de solidifier les huiles végétales par l'ajout d'atomes d'hydrogène qui saturent une molécule initialement non saturée (d'où l'appellation « graisse *in*saturée »). Plus stable d'un point de vue moléculaire, une graisse hydrogénée a moins tendance à s'oxyder (à rancir), elle se conservera donc plus longtemps. Génial !

Pas vraiment… Les risques liés aux acides gras *trans* sont connus depuis les années 1990. En 1993, le Pr. Walter Willett, de l'École de médecine d'Harvard (Boston), a mis de l'huile sur le feu en montrant que la consommation d'acides gras *trans* augmentait le risque de maladies cardiovasculaires[192]. Et pour cause : ils durcissent les artères.

Les effets pervers des AGT sont multiples, comme le détaille le site de référence LaNutrition.fr :

> « Pires que les graisses saturées qui font grimper le "mauvais" cholestérol LDL, les AGT diminuent le "bon" cholestérol HDL. Résultat : le ratio cholestérol total/cholestérol HDL diminue et le risque cardiovasculaire augmente. Il n'est pas nécessaire de consommer des quantités colossales de ces acides gras pour voir le risque augmenter : les experts estiment que dès 5 grammes d'AGT quotidiens, le risque de souffrir de troubles cardiovasculaires augmente de 25 %[193] ! »

---

192. Willett W.C., Stampfer M.J., Manson J.E., Colditz G.A., Speizer F.E., Rosner B.A., Sampson L.A., Hennekens C.H., « Intake of *trans* fatty acids and risk of coronary heart disease among women » (« Apports en AGT et insuffisance coronarienne chez la femme »), *The Lancet*, mars 1993 6 ; 341 (8845) : 581-5.

193. Mozaffrian D., Katan M.B., Ascherio A., Stampfer M.J., Willett W.C., « *Trans* fatty acids and cardiovascular disease » (« AGT et maladie cardiovasculaire », *N. Engl. J. Med.*, 2006 ; 354 : 1601-1613.

« Les AGT peuvent augmenter la résistance à l'insuline, l'hormone du pancréas qui donne aux cellules l'ordre d'utiliser le sucre sanguin. Dans la résistance à l'insuline, le sucre sanguin reste durablement élevé et ceci peut conduire au diabète chez les personnes à risque. »[194]

« Les études scientifiques démontrant la nocivité des graisses *trans* s'accumulent de jour en jour. À tel point qu'aux États-Unis, les chercheurs estiment que la suppression des acides gras *trans* des assiettes ferait baisser la mortalité cardiovasculaire de 10 à 20 %, soit 11 000 à 30 000 morts épargnés chaque année selon les estimations ! »[195] Encore plus que le nombre des morts sur la route !

Chez nous, les industriels ne sont soumis à aucune obligation d'étiquetage sur la présence d'AGT. Aucune loi ne limite la quantité d'acides gras *trans* dans les aliments en France, contrairement aux États-Unis ou au Danemark[196]. Mais que fait donc Super Sarko ?

Il faut dire que les médias se désintéressent du sujet. Courant 2008, alors que je travaillais pour le journal *Sud Ouest*, j'avais proposé un dossier sur ce thème. Je me souviens de l'air coincé des chefs de service devant le gros

194. Risérus U., « *Trans* fatty acids and insulin resistance » (« AGT et résistance à l'insuline »), *Atheroscler* Suppl., mai 2006 ; 7(2) : 37-9.

195. Retrouvez l'intégralité de l'article « Acides gras *trans* : comment les éviter ? », signé Aline Périault, publié le 13 février 2008 sur LaNutrition.fr.

196. Depuis janvier 2006 aux États-Unis, les étiquettes des produits industriels doivent mentionner la présence d'acides gras *trans*. Le Danemark interdit carrément les produits dont les graisses contiennent plus de 2 % d'AGT. Un exemple de politique de santé publique.

mot « acides gras *trans* ». Personne autour de la table n'en avait jamais entendu parler. Le sujet fut jugé trop compliqué, éloigné des « préoccupations des gens », puis rapidement classé verticalement (poubelle...). On se demande parfois à quoi peuvent bien servir les médias... Saluons toutefois le reportage de l'émission *Envoyé spécial* sur le sujet, diffusé fin 2007, et qui a fait date[197].

Globalement, la démission des journalistes contribue à l'ignorance de la population. « Nous continuons à nous empoisonner au quotidien sans même le savoir. Pourtant les pouvoirs publics, eux, ne peuvent pas dire qu'ils ne savent pas. Et pour cause : en 2005, l'Agence française de sécurité sanitaire des aliments (Afssa) rendait un rapport de plus de 200 pages sur les *Risques et bénéfices pour la santé des acides gras* trans *apportés par les aliments* », conclut Aline Périault sur LaNutrition.fr.

Il n'y a pas plus toxique, finalement, que l'immobilisme...

L'irradiation des aliments

Officiellement appelée « ionisation » (moins péjoratif, ce terme permet d'atomiser notre esprit critique...), l'irradiation des aliments est la dernière trouvaille de l'industrie nucléaire pour les applications civiles de l'atome. Cette technique utilisée par l'industrie agroalimentaire augmente la durée de conservation des aliments en leur infligeant une dose radioactive « légère ». Ces rayonnements peuvent être générés soit par un accélérateur de particules, soit par une

197. « Acides gras *trans* : le risque invisible », un reportage de Frédéric Boisset, William Reymond et Luc Hermann, accessible sur video.google.fr.

source radioactive. Mais ils ne produisent pas d'aliments « contaminés ». C'est déjà ça !

En Europe, l'irradiation est autorisée pour un certain nombre de denrées : abats de volaille, ail, oignons, échalotes, blanc d'œuf, céréales, condiments végétaux, crevettes, cuisses de grenouilles congelées, farine de riz, flocons et germes de céréales pour produits laitiers, herbes aromatiques, légumes et fruits secs, viandes de volailles, etc.[198]. Mais le Codex Alimentarius (le code alimentaire international) a donné son feu vert à l'irradiation de tous les aliments en 2003. Les États, eux, sont plus prudents. Mais pour combien de temps, lorsqu'on sait que les litiges commerciaux internationaux sont souvent réglés par l'OMC sur la base de ce Codex ?

En Europe, l'étiquetage est censé être obligatoire, mais les contrôles sont tellement peu fréquents, surtout en France, que le laxisme semble être la règle. Chez nous seuls 216 échantillons ont été contrôlés en 2006, avec un taux de fraude de 14,8 % ! En 2007, seulement 117 échantillons (taux de fraude : 5,13 %) ont été examinés. À comparer avec les 3744 échantillons allemands, bien plus représentatifs (avec un taux de fraude de seulement 1,47 %)[199]. On mesure, à cet écart, le professionnalisme de l'État français qui devrait plutôt s'inspirer de la rigueur germanique avant de pavaner sur la sécurité sanitaire de nos aliments.

« Comment prétendre utiliser le feu nucléaire, par essence destructeur, pour traiter des aliments qui sont constitutifs des forces de vie ? Irradier, c'est tuer les micro-organismes qui accompagnent nos aliments », s'exclame

198. Liste exhaustive disponible sur irradiation-aliments.org.

199. Source : *Rapports de la Commission sur le traitement des denrées alimentaires par ionisation* (2006 et 2007).

avec bon sens le paysan Jean-Louis Meurot, installé dans la Drôme[200]. Le Collectif français contre l'irradiation des aliments, qui regroupe une vingtaine d'associations[201], demande l'interdiction pure et simple de cette pratique qui reste néanmoins limitée (elle passe assez mal auprès des consommateurs).

Comment en sommes-nous arrivés là ?

C'est encore une fois du côté du dogme de l'hygiénisme qu'il faut chercher l'alibi d'une telle pratique, également appelée *pasteurisation à froid*... Décidément, on n'en sortira pas ! Le but est d'assurer notre sécurité alimentaire et de tuer champignons, moisissures et bactéries. Nos aliments seraient-ils à ce point malades ou dangereux ?

Mais ne nous voilons pas la face, la vraie raison de l'irradiation, c'est la course au profit, dans le cadre de la mondialisation de l'agriculture. Les aliments, cultivés sur des substrats peu vitaux et gorgés de chimie, ne possèdent plus les défenses naturelles nécessaires pour parcourir des milliers de kilomètres avant d'être transformés. Leur état sanitaire les rend vulnérables aux maladies. L'irradiation (progressivement autorisée dans le monde depuis les années 1960, mais surtout depuis 1999) vient donc pallier l'hygiène déplorable de nos denrées alimentaires.

« Ce procédé peut favoriser les pratiques frauduleuses, en permettant de masquer des signes d'altération de nos aliments résultant de mauvaises conditions sanitaires lors de la production. Ces avantages, ainsi que son efficacité

---

200. Dans le magazine *Campagnes solidaires*, de septembre 2007.

201. Action Consommation, Agir pour l'environnement, les Amis de la Terre, ATTAC, le réseau Biocoop, la Confédération paysanne, etc.

multi-usages (conservation, décontamination, ralentissement du mûrissement, inhibition de la germination) en font une technologie particulièrement appropriée pour l'économie moderne mondialisée », explique le Collectif contre l'irradiation[202].

Quelles conséquences sur notre santé ?

Incertaines. L'irradiation est suspectée de provoquer sur les aliments des mutations moléculaires toxiques, plus particulièrement dans les graisses, qui supportent mal ce traitement. « Si un aliment irradié ne devient pas radioactif, sa nature est cependant profondément altérée par la formation de radicaux libres très réactifs et par des recombinaisons chimiques donnant naissance à des molécules nouvelles comme le cyclobutanone dans les lipides, dont plusieurs études montrent la toxicité », explique Brigitte Zaccaria, consultante pour l'association de consommateurs Food and Water Watch Europe[203].

« Ce procédé provoque également la destruction d'acides aminés et de vitamines (A, B1, B6, B12, C, E, K, PP et acide folique), la rupture des équilibres naturels, la possibilité de mutations chez les bactéries ou les insectes les plus pathogènes. Par ailleurs, l'irradiation détruit les bactéries mais pas les toxines qu'elles sécrètent, or ce sont ces dernières qui sont responsables des intoxications alimentaires. »

Fait anecdotique, mais pas forcément anodin : en novembre 2008, l'entreprise Champion Petfood Ltd a rappelé des produits d'alimentation animale vendus sous la marque Orijen (Australie) à la suite d'une enquête des

202. *Irradiation des aliments : atome, malbouffe et mondialisation*, Collectif français contre l'irradiation des aliments, Golias, 2008, p. 18.

203. Dans le magazine *Campagnes solidaires*, septembre 2007.

inspecteurs du groupement de vétérinaires australiens, ce dernier ayant constaté des troubles neurologiques chez une centaine de chats nourris avec ces produits irradiés à des doses élevées (trente félins en sont morts). Le gouvernement australien a dû annuler l'autorisation d'irradiation pour les produits destinés à nos amis domestiques[204]. Pauvres bêtes… Mais sommes-nous mieux lotis ?

Collusion et désinformation des agences internationales

Lorsqu'on sait que, depuis 1959, l'Agence internationale de l'énergie atomique (AIEA) gère toutes les questions relatives à l'irradiation des aliments en étroite relation avec l'OMS, l'Organisation mondiale de la santé, on ne peut s'empêcher de craindre le pire… L'AIEA, dont le but est d'empêcher la prolifération des armes nucléaires, a pour vocation de promouvoir les applications nucléaires civiles « à des fins pacifiques ». Elle fera naturellement tout pour *atomiser* absolument tous les aliments au mépris de notre santé, avec la passive complicité de l'OMS et de la FAO (l'agence onusienne pour l'alimentation et l'agriculture).

« 1999 [a été] l'année de la renaissance de cette technologie controversée depuis ses origines. L'OMS, toujours sous l'influence de l'Agence internationale pour l'énergie atomique, a conclu sur la base de plusieurs rapports d'experts que "l'irradiation peut s'appliquer à tout produit alimentaire à quelque dose que ce soit" », rappelle l'ancien député européen belge Paul Lannoye, par ailleurs co-auteur du livre *Aliments irradiés, non merci*[205].

---

204. « Cat-food irradiation banned as pet theory proved », *The Sydney Morning Herald*, 30 mai 2009.

205. Avec Maria Denil, coédition Grappe, Fugea, Réseau Sortir du nucléaire et Public Citizen, mars 2005.

« Aussi choquant que cela paraisse, l'Agence chargée de ces activités à risque est en même temps chargée de les réglementer », précise Roland Desbordes, physicien au Criirad, la Commission de recherche et d'informations indépendantes sur la radioactivité. « L'AIEA a été au centre des études et groupes de travail qui ont conduit, dans les années 1970, à l'acceptation et à la réglementation de cette technique de traitement. Les experts de l'atome ont joué un rôle central dans le comité sur la salubrité des aliments irradiés (qui est un comité mixte FAO-AIEA-OMS) ». Tout s'explique... Et de conclure : « Tant que ces conflits d'intérêt ne seront pas résolus, le citoyen ne pourra pas — ne devra pas — faire confiance aux évaluations officielles en matière de toxicologie et d'épidémiologie ».

C'est récurrent : nos autorités sanitaires se montrent toujours rassurantes avec les consommateurs. À force, ce comportement devient très suspect. Il semble donc opportun d'opposer le principe de précaution quant à leurs affirmations... Ce qui est tout de même un comble.

OGM, acides gras *trans*, aliments irradiés, ces monstruosités alimentaires modernes ont su trouver le chemin de nos assiettes en partie à cause de la pression conjuguée de plusieurs lobbys (de la semence, de l'agroalimentaire et du nucléaire) mais aussi grâce à la passivité, voire la complicité, des pouvoirs publics sanitaires, nationaux et internationaux. Nous nous retrouvons donc bien seuls face à notre assiette pour évaluer la qualité de son contenu. Heureusement, on nous laisse encore le choix final : celui d'avaler ou pas...

4. La chasse au gras tue

Combien de personnes ont banni de leur alimentation toutes les huiles (même celles de première pression à froid), ne cuisinent plus qu'à la vapeur ou s'enfuient en courant dès qu'on leur tend quelques cacahuètes... ? L'essor des produits allégés représente un réel danger, surtout parce que le discours « anti-graisse » est partout ! Il émane aussi bien des diététiciens que de la télévision (publicités en tout genre et messages du PNNS[206]).

Il est urgent de rappeler que les acides gras (sauf les *trans*) ne sont pas mauvais pour la santé, et que les bannir, sans distinction, est pour le moins risqué. Le cerveau, tissu très riche en lipides, se caractérise par une forte teneur en acides gras poly-insaturés. Ces lipides jouent un rôle dans la régulation de la plasticité synaptique. Ce terme fait référence à la capacité que possède le cerveau de moduler le réseau de connexions entre les neurones, indispensables dans les processus de mémorisation. Dans certaines maladies neurodégénératives, comme la maladie d'Alzheimer, un déficit de plasticité a été observé, auquel sont associées des altérations des fonctions cognitives ainsi qu'une diminution de la teneur en acides gras poly-insaturés de la famille des oméga 3 dans les membranes cérébrales.

Se priver de noix (observez sa forme si semblable à celle notre cerveau !), d'huile de colza (riche en oméga 3, si de première pression à froid) ou de poisson gras (saumon, hareng, maquereau), c'est encourir de graves carences. Les oméga 3 sont aussi des précurseurs de plusieurs hormones (comme les hormones sexuelles) et entrent dans divers

206. « Pour votre santé, évitez les aliments gras et sucrés. »

processus anti-inflammatoires (ils préviennent les allergies). Supprimez ces graisses et vous vous exposerez aussi à des pathologies cardio-vasculaires ou à des problèmes de cholestérol !

Même sous leur forme saturée, les lipides s'avèrent indispensables. Tout est question de rapport avec les graisses mono-insaturées et poly-insaturées (voir le tableau page 263). En revanche, les différentes huiles industrielles raffinées (souvent re-colorisées), comme les mélanges de plusieurs huiles pour assaisonnement que l'on trouve dans le commerce, soi-disant équilibrées, sont sans valeur nutritionnelle, même si l'étiquette nous assure qu'elles contiennent des nutriments (oméga 3, vitamine D, vitamine E, etc.).

L'agroalimentaire retire un argument de vente supplémentaire de l'ajout de minéraux ou de vitamines, mais n'oublions pas qu'au départ, les aliments contenaient déjà tous les nutriments nécessaires avant que l'industrie ne les détruise par le raffinage. L'agroalimentaire sait tirer profit de notre ignorance et nous le faire payer. Saviez-vous que deux cuillerées à soupe d'huile de colza bio, en salade, comblent vos besoins quotidiens en oméga 3 ? Les margarines enrichies ne sont donc d'aucune utilité, d'autant plus qu'elles coûtent plus cher que le beurre, dont l'usage modéré n'est pas préjudiciable à la santé.

On peut enlever de nos placards ces « calories vides » suspectes et les remplacer par des huiles vierges première pression à froid biologiques qui comportent, outre des acides gras de qualité, toutes les vitamines associées. Elles sont certes parfois un peu plus chères, mais *vous le valez bien…* Précision utile : il est préférable de réserver l'huile d'olive pour la cuisson et les autres huiles végétales riches en oméga 3 pour l'assaisonnement (la chaleur les dénature).

Il est important de faire la distinction entre les différentes graisses et de comprendre que, présentes naturellement dans les végétaux, elles sont de toute manière bé-né-fiques ! À force d'être carencés en lipides par une chasse au gras intempestive, nous sommes tellement frustrés que nous finissons pas craquer, évidemment, pour les mauvais aliments ! Il est plus pertinent d'emporter avec soi quelques noisettes, nutritives en cas de fringale, plutôt que de se jeter sur une viennoiserie grasse ou un fromage industriel. Les fruits oléagineux nous permettent d'allier l'utile (la santé) à l'agréable (la faim) sans aucune culpabilité.

Plusieurs études épidémiologiques et cliniques associent une consommation régulière de fruits à écale (comme la noisette) et oléagineux à divers bienfaits pour la santé, tels qu'un effet hypocholestérolémiant[207], une diminution du risque de maladies cardiovasculaires[208] et de diabète de type 2[209]. D'autres études ont observé une diminution du risque de calculs biliaires chez l'homme[210], et une diminution du risque d'ablation de la vésicule biliaire[211] et de

207. Mukuddem-Petersen J. *et al.*, « A systematic review of the effects of nuts on blood lipid profiles in humans », *J. Nutr.*, septembre 2005 ; 135 (9) : 2082-9.

208. Hu F.B., Stampfer M.J., « Nut consumption and risk of coronary heart disease : a review of epidemiologic evidence », *Curr. Atheroscler. Rep.*, novembre 1999 ; 1(3) : 204-9.

209. Lovejoy J.-C., « The impact of nuts on diabetes and diabetes risk », *Curr. Diab. Rep.*, octobre 2005 ; 5 (5) : 379-84.

210. Tsai C.J., Leitzmann M.F. *et al.*, « A prospective cohort study of nut consumption and the risk of gallstone disease in men », *Am. J. Epidemiol.*, novembre 2004 15 ; 160(10) : 961-8.

211. Tsai C.J., Leitzmann M.F. *et al.*, « Frequent nut consumption and decreased risk of cholecystectomy in women », *Am. J. Clin. Nutr.*, juillet 2004 ; 80(1) : 76-81.

cancer du côlon chez la femme[212]. La quantité de fruits à écale et oléagineux liée à ces bienfaits équivaut la plupart du temps à une consommation hebdomadaire d'environ cinq portions de 30 grammes (plusieurs poignées par semaine).

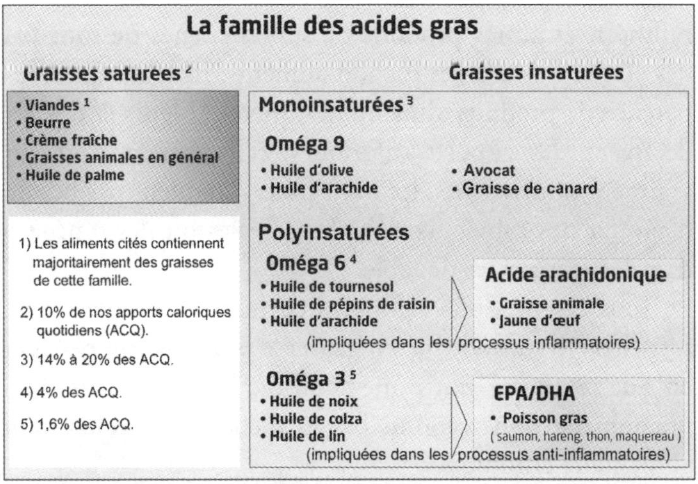

Conseilleur n'est pas payeur. La prochaine fois qu'on vous affirme que le gras est mauvais pour votre santé ou qu'on vous impose de le supprimer, pensez d'abord à vos neurones et à vos cellules qui en ont bien besoin pour fonctionner ! Manger sain, ce n'est pas se priver… C'est choisir !

---

212. JENAB M., FERRARI P. *et al.*, « Association of nut and seed intake with colorectal cancer risk in the European Prospective Investigation into Cancer and Nutrition », *Cancer Epidemiol Biomarkers Prev.*, octobre 2004, 13(10) : 1595-603. Toutes les références scientifiques à propos des nombreuses vertus de la noisette (mais aussi d'autres aliments non raffinés) sont disponibles sur le site passeport.net.

5. De l'indigestion chronique aux maladies de civilisation

La malbouffe est-elle vraiment digeste ? Desserts lactés, crèmes caramel, fromages fondus industriels, croque-monsieur vite prêts, crackers, pizzas à emporter, huiles raffinées, et autres produits de supermarchés ne sont pas des aliments, mais des pseudo-aliments. Ils n'ont que l'apparence de produits alimentaires, même si leurs étiquettes décrivent des apports caloriques. S'ils étaient d'ailleurs vraiment nourrissants, les industriels n'auraient pas besoin d'ajouter des minéraux dans les céréales ou des oméga 3 dans les margarines de table.

Tous ces produits raffinés, que nous payons en outre fort chers (il suffit de bien regarder le prix au kilo), peuvent en fait perturber notre métabolisme[213] par le biais d'un phénomène non reconnu par la médecine : l'indigestion alimentaire chronique.

À la différence des allergies alimentaires, qui sont en quelque sorte la pointe visible de l'iceberg[214], il existe un phénomène d'intolérance et d'indigestion chronique qui est la partie immergée de nos très nombreuses intoxications alimentaires.

C'est le Dr Jean Seignalet (1936-2003) qui a le plus étudié les liens entre l'altération de notre alimentation (profondé-

213. Le métabolisme est l'ensemble des transformations moléculaires et énergétiques qui se déroulent de manière ininterrompue dans la cellule ou l'organisme vivant. C'est un processus coordonné complexe, qui fait intervenir des réactions de dégradation (catabolisme) et de synthèse organique (anabolisme).

214. Elle se manifeste en effet par une réaction physique immédiate et est détectable dans le sang par la présence d'anticorps (IgE, IgA), fabriqués contre des substances étrangères (antigènes).

ment différente de la première moitié du XXe siècle) et les pathologies modernes, celles qui, justement, ont considérablement progressé ces cinquante dernières années. Son ouvrage majeur, *L'Alimentation ou la troisième médecine*, réédité plusieurs fois, est rapidement devenu une référence pour de nombreux praticiens alternatifs spécialisés en nutrition.

Un concept-clé : l'hyperperméabilité intestinale

Pour ce médecin, la très grande majorité de nos maladies chroniques vient de l'état déplorable de nos intestins, qui laissent passer dans la circulation sanguine des composés qui ne devraient jamais franchir la barrière très fine de la muqueuse digestive. Son concept-clé : l'hyperperméabilité intestinale.

La muqueuse de l'intestin grêle sert de barrière entre le milieu intérieur de l'organisme humain (sang, lymphe, tissus) et le milieu extérieur (le tube digestif, qui peut contenir divers toxiques, bactéries ou aliments). Chez certains individus plus sensibles, voire plus sujets au stress que d'autres (stress psychologique, cellulaire ou oxydatif[215]),

215. Le stress oxydatif désigne le déséquilibre électronique (en électrons) du milieu intérieur : les cellules sont attaquées par des molécules qui les oxydent (prennent des électrons) et donc les dénaturent puis les font mourir prématurément. Pour la bio-électronique de Louis-Claude Vincent, dont les travaux demeurent encore confidentiels, les aliments d'aujourd'hui ont une action oxydante : sucre blanc, pain blanc à la levure, pâtisserie industrielle, friture, fromage gras, viandes grasses, huiles raffinées, levures et champignons… Il y a aussi les boissons oxydantes : eaux d'adduction stérilisées et certaines eaux minérales, boissons instantanées ou celles à base de jus de fruits ou de cola et certaines boissons alcoolisées. Les médicaments sont aussi oxydants : antibiotiques dont beaucoup font une consommation excessive, corticoïdes, pilule, chimiothérapie, transfusions

cette barrière ne joue plus son rôle et laisse passer trop de macromolécules dans la circulation sanguine, des molécules mal dégradées qui génèrent des réactions inflammatoires et immunitaires chroniques.

Abîmée par une alimentation raffinée qui altère notre terrain général (sucres, aliments carbonisés, céréales mutées) et par des toxiques alimentaires variés (additifs, métaux lourds, pesticides, médicaments), la flore du tube digestif est envahie par des souches pathogènes (type *Candida albicans*) qui prennent la place des souches protectrices. La flore ne protège plus les entérocytes, les cellules de la muqueuse digestive. Celles-ci, affaiblies, perdent leur force de cohésion. Plus familièrement, la douane de l'intestin est une passoire, et les douaniers (cellules intestinales et flore) sont débordés par les fraudeurs (macromolécules) qui transportent des cargaisons toxiques et forcent facilement le passage.

La composition de ces molécules toxiques est variable d'un sujet à l'autre ; tout dépend de l'état de la flore intestinale, de la manière de manger (mastication, type d'aliments) et de la quantité des enzymes digestifs produits (ils découpent les protéines, les lipides et les glucides à des endroits différents du tube digestif). Selon leur structure, ces macromolécules auront une affinité pour tel ou tel type de cellules ou de tissus dans notre corps : chez certaines personnes, elles vont provoquer des maladies bien particulières, mais pas chez d'autres ! Ainsi, plusieurs rapports

---

sanguines et la plupart des vaccins ! Les stress (physiques, émotionnels et affectifs) et les pollutions (électromagnétiques, chimiques, électriques…) ont aussi une répercussion oxydante par création de radicaux libres (particules à charge positive qui cherchent à voler des électrons, à charge négative).

ont avancé un lien entre l'autisme et certains symptômes intestinaux chroniques[216].

Il est difficile de mener, dans ce domaine qui met en jeu autant d'interactions possibles qu'il y a d'êtres humains sur Terre, des expériences parfaitement reproductibles (comme l'exige la science mécaniste). « La théorie que je défends est beaucoup plus compliquée qu'une simple réaction croisée entre les antigènes alimentaires et les antigènes du soi », rappelle le Dr Seignalet. Il distingue trois catégories de maladies essentiellement provoquées par des molécules bactériennes et/ou alimentaires ayant franchi un intestin grêle trop perméable :

— **Les maladies auto-immunes**[217] : polyarthrite rhumatoïde, spondylarthrite ankylosante, rhumatismes inflammatoires, maladie de Basedow, sclérose en plaques, maladie cœliaque, diabète sucré de type I.

— **Les maladies d'encrassage**[218] : fibromyalgie, tendinites, arthrose, ostéoporose, goutte, céphalées, autisme, schizophrénie, dépression nerveuse endogène, maladie d'Alzheimer, maladie de Parkinson, dystonie,

---

216. P. Galiatsatos, A. Gologan, E. Lamoureux, « Autistic enterocolitis : Fact or fiction ? » (« Entérocolite autistique, mythe ou réalité ? »), *Canadia J. Gastroenterol.*, février 2009, volume 23, n° 2 : 95-98. « Clinical Presentation and Histologic Findings at Ileocolonoscopy in Children with Autistic Spectrum Disorder and Chronic Gastrointestinal Symptoms », *Autism Insights*, 27 janvier 2010.

217. Induites par des peptides (fragments protéiques) présentés aux lymphocytes T par des molécules HLA. Les molécules HLA du soi présentent au système immunitaire des peptides antigéniques du soi ou étrangers dérivés de protéines intracellulaires (de nos cellules) ou extracellulaires endocytées (extérieurs à nos cellules et capturés).

218. Induites par des molécules non peptidiques (glucides, lipides, lipopolysaccharides, molécules de Maillard, etc.) qui vont encombrer le milieu extracellulaire et le milieu intracellulaire.

sclérose latérale amyotrophique, diabète sucré de type 2, hypoglycémie, spasmophilie, surcharge pondérale et obésité, athérosclérose, hémopathies diverses, cancers.

— **Les maladies d'élimination**[219]: colite, maladie de Crohn, gastrite, acné, eczéma, urticaire, psoriasis, bronchite chronique, asthme.

De nombreuses maladies, graves ou bénignes, peuvent donc, selon Seignalet, se soigner naturellement par le retour à un régime alimentaire proche de celui pratiqué par les hommes préhistoriques. En réalité, il ne s'agit pas tant de soigner que de supprimer la cause première (l'intoxication) grâce à « un régime hypotoxique », selon les termes du Dr Seignalet, à la fois curatif et préventif, qui a aidé des milliers de patients à se sentir mieux dans leur corps et dans leur tête.

Voici les principes de cette réforme alimentaire proposée par le Dr Seignalet[220] aux grands malades.

— Supprimez tous les laits animaux (vache, chèvre, brebis) et leurs dérivés : beurre, fromage, crème, yaourt, glace.

— Bannissez les céréales mutées[221] (blé surtout, seigle, orge, avoine, maïs) et consommez des céréales non mutées (riz, sarrasin, sésame).

— Privilégiez des produits soit crus, soit cuits à une température inférieure à 110 °C.

219. Liées à l'inflammation des émonctoires (portes de sortie des toxines), traversés par des globules blancs transportant, du sang jusqu'à l'extérieur de l'organisme, des molécules nocives.

220. Site : seignalet.com

221. C'est-à-dire qui ont été modifiées au fil des décennies par des croisements ou mutations génétiques.

— Excluez des huiles extraites à chaud et/ou cuites au profit des huiles vierges consommées crues.

— Consommez sel et sucre complets, et ayez une préférence bien sûr pour les aliments biologiques qui contiennent moins de produits toxiques de type pesticides.

— Enfin, une complémentation en vitamines et en minéraux (d'origine naturelle) à dose physiologique en proportions harmonieuses est recommandée, à voir avec votre médecin traitant.

Sous sa forme drastique, cette diététique s'adresse surtout aux personnes mal en point qui ont épuisé tous les recours de la médecine… On peut néanmoins la pratiquer régulièrement, en cure « détox » (plusieurs fois par an), pour une action préventive des maladies de civilisation, notamment le cancer. Cette diététique repose sur des choix qualitatifs et non quantitatifs (il n'y a donc pas de restriction sur les portions). Il s'agit plutôt de modifier ses habitudes alimentaires en substituant un produit naturel à un produit industriel.

Levée de boucliers au pays des incrédules

Inévitablement, dès qu'une idée radicalement nouvelle émerge en médecine, nous assistons à une levée de boucliers chez les tenants de la pensée dominante, qui témoignent vivement de leur incrédulité (ou de leur fermeture d'esprit) : « Si ce genre de régime marchait, ça se saurait ! » La méthode Seignalet est ainsi fortement décriée.

« L'explication est à mon sens assez simple. Il existe en médecine une pensée unique, comme il en existe dans d'autres domaines, tels que la politique ou l'agriculture. Mes travaux d'immunologie plaisaient aux lecteurs (comités de lecture) de revues, car ils étaient dans le sens de cette pensée unique», explique le Dr Jean Seignalet, en réponse au Dr Jean-Marie Quiquempois, critiquant son livre[222].

«Mes recherches sur les régimes alimentaires sont par contre critiquées, car elles sortent du cadre de la pensée unique, qui veut que certaines maladies aient un mécanisme incompréhensible et soient traitées par des médicaments, même si ceux-ci ne parviennent pas à les guérir. Proposer un mécanisme logique pour de nombreuses maladies et un traitement par un simple régime alimentaire, qui est très souvent suivi de succès, constitue un message qui n'est pas admissible pour les tenants du "classicisme" ».

De nombreux médecins n'informent pas leurs patients de l'existence de la méthode Seignalet, même si ces derniers sont atteints par des maladies dites incurables (sclérose en plaques, autisme, cancer avancé, etc.). Persuadée de détenir la vérité, la médecine moderne préfère garder ses patients sous tutelle, quitte à les voir évoluer vers une aggravation certaine de leur maladie. Cela lui paraît étrangement plus acceptable que de laisser ses brebis s'aventurer sur des sentiers alimentaires qui n'ont pas apporté des preuves ir-ré-fu-ta-bles, même si ces méthodes ne présentent guère de risque en soi !

Ce fait est bien sûr extrêmement lourd de conséquences pour des millions de malades qui souffrent, parallèlement à leurs maux, d'une confiance aveugle envers un système médical en mal d'humilité…

---

222. Réponse complète sur le site alimentation.canalblog.com/archives/regime_seignalet/index.html

6. Le mal du sucre

Notre organisme est-il adapté à la quantité inégalée de sucre que nous ingérons annuellement ? L'Afssa établit à 40 kg par enfant la consommation moyenne annuelle de sucre sans intérêt nutritionnel. C'est énorme comparé au chiffre de 2 kg dans les années 1820[223]... Difficile de ne pas y voir un rapport avec le diabète ! Mais pas seulement. Comme le démontre ce chapitre, les maux du sucre sont variés, avec notamment la candidose (affection fongique courante) et l'hypoglycémie chronique.

« Le plus petit des grands plaisirs » ?

On se souvient de la publicité pour le sucre (sous la forme de dominos), lancée en 1986, sur « le plus petit des grands plaisirs »[224]. Le sucre fait toujours l'objet d'un intense battage par son industrie. Cette promotion flirte avec la désinformation par l'entremise du Centre d'études et de documentation du sucre (Cédus), outil de communication de l'industrie sucrière, à l'origine de la Semaine du goût (et qui distribue, à cette occasion, ses fiches pédagogiques dans les écoles). Voici quelques exemples d'intox qui contribuent à fausser nos actes d'achat :

---

223. La consommation a augmenté tout au long du siècle, passant à 5,5 kg en 1860, 8,6 kg en 1880, 12 kg en 1900, jusqu'à atteindre 20 kg à la veille de la Première Guerre mondiale. Les Trente glorieuses aboutissent rapidement à un haut niveau de consommation : en 1958, un Français consomme 30 kg de sucre, 36 kg en 1970. Ce chiffre se stabilise ensuite : 35 kg au cours des années 1990. Source : www.lesucre.com

224. Site lesucre.com : « le sucre dans la publicité ». Diaporama instructif sur l'intense propagande sur le sucre.

— « On sait désormais que, en dehors de leur contribution à l'apport énergétique total, le sucre et l'amidon ne sont pas impliqués dans les causes de l'obésité. Des études récentes ont montré qu'une alimentation trop riche en lipides favorise un accroissement de la masse grasse », explique le Cédus, incriminant ainsi les graisses.

— « Contrairement à une très ancienne idée reçue, il n'y a aucun lien de cause à effet entre le diabète sucré et la consommation de glucides en général ou de saccharose en particulier. En revanche, une consommation importante de saccharose peut révéler l'existence d'une prédisposition génétique au diabète sucré, en provoquant l'apparition des signes de cette maladie. » Les gènes, toujours les gènes…

— « La carie est une maladie microbienne multifactorielle. Les glucides, qu'ils soient présents naturellement dans les aliments ou ajoutés, forment le "terrain" de développement des caries. Mais ils ne sont qu'un facteur parmi d'autres. » C'est avec ce genre d'argument qu'on lit ensuite dans la presse des phrases du genre « la carie peut se transmettre de la mère à l'enfant par le baiser » (sic !)… Un peu de bon sens : la carie, effectivement maladie de terrain, n'a aucune prise sur un enfant qui n'est pas gavé de sucreries ! C'est donc bien le sucre qui est en premier lieu coupable.

— « Aujourd'hui, malgré des connaissances scientifiques affinées, des études cliniques poussées, qui ont largement contribué à "disculper" le sucre des maux dont on l'accablait, le poids des idées reçues est encore très fort. » Ben voyons ! Une vérification s'impose.

Ces propos partisans s'appuient sur des ficelles et des ressorts bien connus. Thierry Souccar, journaliste et auteur spécialisé dans la nutrition, en a fait les frais[225] : « En février 1999, j'ai exposé, études à l'appui, les risques potentiels liés à la surconsommation de sucres ajoutés : caries, diabète, obésité et cancers du côlon (il s'agit du n° 624 de *Sciences et avenir*). Lors de cette publication, en 1999, quelle levée de boucliers ! Un nutritionniste connu s'était répandu dans Paris sur l'air de “Souccar a pété les plombs !” Les organisations professionnelles avaient appelé *Sciences et Avenir* pour protester contre un dossier “irresponsable”.

« Sur les effets du sucre sur le cancer du côlon, un professeur de nutrition renommé m'invitait à lire dans une revue, des études parues sur le sujet, écrites par un certain V.J. Burley, lequel aurait conclu que “les preuves sont insuffisantes pour conclure que le sucre a un rôle dans les cancers quel qu'en soit le site”. Intrigué, je me souviens avoir filé illico à la bibliothèque de la faculté de médecine pour me procurer cette étude. Elle avait été commandée et financée par le lobby du sucre, ce qui en affaiblit singulièrement la portée.

« Dans son courrier, ce professeur de nutrition réfutait aussi l'hypothèse d'un lien entre sucres et diabète, que j'avais évoquée (et qui d'ailleurs n'a cessé de se renforcer). Pour cela, il s'abritait un peu naïvement derrière les conclusions d'un symposium financé par l'industrie du sucre en… 1974.

« Il tirait en définitive sa légitimité et ses arguments d'un énorme livre de 850 pages dont il est l'auteur. […] Des conclusions tellement favorables aux produits sucrés que

225. « Le Lobby du sucre », article de LaNutrition.fr, du 28 avril 2006.

le livre est gracieusement offert par le Cédus, le lobby des producteurs de sucre, aux journalistes qui veulent écrire un article. » Chemin classique de la désinformation médiatique…

Drogue douce ou drogue dure ?

Le professeur Bart Hoebel et son équipe du Département de psychologie et de l'Institut de neuroscience de Princeton ont étudié les signes de dépendance au sucre chez les rats[226]. Pour comprendre les mécanismes du cerveau qui contrôlent l'appétit et la prise de poids, ils ont proposé de l'eau, de l'eau sucrée et de l'alcool à des rats pendant plusieurs semaines. Les chercheurs ont observé que le rat est fortement attiré par l'eau sucrée et peut en consommer de grandes quantités. Si on leur retire cette eau sucrée, les animaux se mettent à boire de l'alcool, beaucoup plus qu'en temps normal ! Pour « compenser le manque de sucre », d'après l'étude.

« La forte consommation de sucre entraîne des modifications neurochimiques dans le cerveau des rongeurs, impliquant des troubles du comportement. Ces changements sont similaires à ceux qui se produisent lors de la consommation régulière et abusive de substances comme la cocaïne, la morphine ou la nicotine », note Thierry Souccar[227].

---

226. Avena N.M., Rada P., Hoebel B.G., « Underweight rats have enhanced dopamine release and blunted acetylcholine response in the nucleus accumbens while bingeing on sucrose », *Neuroscience*, octobre 2008, 28 ; 156 (4) : 865-71.

227. « Le sucre agirait sur notre cerveau comme une drogue », LaNutrition.fr, 16 décembre 2008.

Quand les chercheurs ont supprimé l'eau sucrée mise à disposition des rats, les niveaux de dopamine ont diminué et les animaux ont manifesté des signes d'angoisse les paralysant dans leurs activités quotidiennes. De quoi expliquer, peut-être, certains de nos comportements alimentaires compulsifs et notre dépendance à cette poudre cristalline dont la blancheur n'est pas si angélique…

L'excès de sucre pourrait aussi favoriser le déclin mental et le développement de la maladie d'Alzheimer ! C'est ce que suggère une étude menée sur des souris par des chercheurs de l'Université de l'Alabama à Birmingham (États-Unis)[228]. À consommer avec modération donc, si on ne veut pas sucrer les fraises prématurément…

Vers l'hypoglycémie chronique ?

Outre le diabète (caractérisé par une faiblesse pancréatique), un autre mal antagoniste est moins connu : l'hypoglycémie, provoquée par une hyperréactivité du pancréas. Submergé par l'afflux rapide et en grande quantité de sucre dans le sang, le pancréas peut avoir tendance à sécréter l'insuline de manière excessive, ce qui a pour effet de faire baisser brutalement le taux de sucre sanguin.

Concrètement : lorsqu'on mange une sucrerie ou du pain blanc à jeun, on peut ressentir une faiblesse intellectuelle et musculaire deux heures plus tard. On a parfois les jambes flageolantes et le cerveau au ralenti, ce qui invite à remanger sucré pour nous remonter. Ce phénomène s'ap-

228. Dongfeng Cao, Hailin Lu, Terry L. Lewis et Ling Li, « Intake of Sucrose-sweetened Water Induces Insulin Resistance and Exacerbates Memory Deficits and Amyloidosis in a Transgenic Mouse Model of Alzheimer Disease », *J. Biol. Chem.*, décembre 2007.

pelle l'hypoglycémie réactionnelle, signature d'un pancréas hypersensible.

L'hypoglycémie chronique est un mal méconnu mais assez fréquent. Danièle Starenskyj a largement exploré ses aspects dans un livre tout simplement incontournable: *Le Mal du sucre*[229]. Les symptômes généraux: nervosité (dans 94 % des cas), irritabilité (89 %), épuisement général (87 %), évanouissement, tremblement, faiblesse (86 %), sueurs froides (80 %), dépressions (77 %), étourdissements, vertiges (73 %), somnolence (72 %), maux de tête (71 %), troubles digestifs (69 %), manque de mémoire (67 %), etc.

Le sujet hypoglycémique n'arrive pas à commencer sa journée sans une tasse de café et souffre de fatigue chronique. Il est plus enclin à tomber dans le piège du tabagisme à cause du cercle vicieux suivant: « Lorsqu'une personne fume, elle cherche à élever le taux de glucose sanguin. La nicotine ou le café ont le même effet sur l'organisme qu'une grande peur. Ils sollicitent les surrénales et l'adrénaline [hormone du stress qui augmente le taux de sucre dans le sang, NdA]. L'effet immédiat est de décupler les capacités du sujet, mais ça ne dure pas. Bientôt toutes les réserves du foie et des muscles [qui stockent le sucre sous forme de glycogène, NdA] sont épuisées. La glycémie chute », rappelle l'auteur du *Mal du sucre*. Le sujet retourne alors à son état d'épuisement et de fatigue, toujours plus marqué au fil de la journée. Le soir, l'hypoglycémique est vidé; il s'effondre dans son canapé devant la télé, sans la moindre énergie pour se préparer un dîner équilibré...

Ce cercle vicieux généré par des habitudes alimentaires inadéquates et entretenu par des excitants (café, cigarette,

229. Éditions Orion, 2000.

sucre) ne peut cesser qu'avec une diététique appropriée[230] et l'arrêt total du tabac. Faire de l'exercice physique est un moyen plus sûr de remonter son taux de sucre sanguin. Au cours d'une marche rapide, le corps déstocke en douceur le glycogène sous forme de glucose dans le sang, ce qui apporte à l'hypoglycémique un bien-être plus durable et moins toxique que la béquille de la cigarette…

La candidose, répandue mais peu connue

Autre fléau méconnu, responsable de fatigue chronique, la candidose. Cette affection fongique est causée par des levures du genre *Candida* et plus particulièrement par le *Candida albicans.* Présent à l'état naturel dans notre organisme, il peut évoluer sous une forme mycélienne (longs filaments qui traversent les tissus) lorsque le terrain s'y prête. Le champignon devient alors pathogène et difficile à déloger du fait de ses nombreux ramifications et foyers.

La forme chronique est bien plus insidieuse que la forme aiguë, car elle ne se voit pas. C'est elle dont il est question ici. Ses symptômes sont digestif, énergétique, immunitaire et mental. On retrouve généralement[231] :

— Une perméabilité intestinale, avec une flore perturbée, des colites avec ballonnements, diarrhée, constipation.

— Une fatigue progressive et inexpliquée avec sommeil médiocre et récupération insuffisante.

230. L'auteur du *Mal du sucre* donne les clés et propose des recettes.

231. *Je me sens mal mais je ne sais pas pourquoi. La candidose chronique, une maladie méconnue,* Dr Philippe-Gaston BESSON, Éditions Jouvence, 2003.

— Des allergies aggravées (cutanée, respiratoire ou alimentaire) et des mycoses à répétition.

— Des troubles du sommeil (difficulté d'endormissement), de la concentration (mémoire, baisse de la volonté) et de l'humeur (irritation, inquiétude, agressivité, insatisfaction…).

— Des envies de sucre (chocolat, gâteaux…), de graisses saturées (charcuterie, fromage…) et de boissons alcoolisées, tous ces produits nourrissant le *Candida*…

Le sucre, l'usage des médicaments (antibiotiques et fongicides) et le stress sont les principaux responsables de cette maladie difficile à déceler. Les Américains ont été les premiers à évoquer pour la première fois ce *yeast syndrom* (syndrome de la levure), avec la parution de deux livres capitaux en 1983 : *The Missing Diagnosis*[232] et *The Yeast Connection*[233]. « Selon les études épidémiologiques les plus récentes, on estime que 80 millions d'Américains souffrent de candidose chronique », explique le Dr Philippe-Gaston Besson, dans son ouvrage *Je me sens mal mais je ne sais pas pourquoi.*

Près de la moitié de la population française pourrait être concernée par la candidose chronique, à des degrés plus ou moins pénalisants, suffisants en tout cas pour fréquenter régulièrement les cabinets médicaux pour divers maux à première vue anodins (infections ORL, mycoses, troubles du sommeil et de l'humeur, maux de ventre).

Ces symptômes sont généralement très difficiles à relier à une même cause, surtout dans la vision médicale actuelle qui considère les maladies séparément, chacune ayant son

232. True O. (1983).

233. William G. Crook (Jackson, Tennessee, Professional Books, 1983).

traitement. La candidose chronique entraîne donc une surmédicalisation (fongicides, antalgiques, antibiotiques, anti-histaminiques) qui aggrave encore plus le terrain du patient et concourt au développement du champignon qui apprécie les milieux acidifiés. Au bout de plusieurs années, le malade ne s'en sort plus et sombre dans une dépression ou un mal-être qu'il ne s'explique pas.

Seule solution : supprimer tous les sucres rapides, limiter les amidons (céréales raffinées, pâtes blanches), stopper les aliments raffinés (oxydants) et les produits laitiers (acidifiants), se prémunir des antibiotiques, prendre des antifongiques naturels (huiles essentielles, extraits de pépin de pamplemousse, et autres nombreux complexes spécialisés). On s'en sort généralement au bout de six mois. L'amélioration se ressent par un regain d'énergie qui permet de rester motivé. Mieux vaut toutefois se faire aider.

La candidose est l'exemple même d'une maladie somatopsychique, qui se caractérise par des troubles de l'humeur et une altération de la personnalité, mais dont les causes sont induites par nos comportements alimentaires ou médicamenteux. Elle est l'inverse d'une maladie psychosomatique, où c'est l'esprit qui crée la maladie.

Candidose, hypoglycémie, diabète, obésité : même combat. Elles sont par essence des maladies de terrain. Pour résorber ces dysfonctionnements internes, on ne fera pas l'économie d'un changement de nos habitudes alimentaires, si possible soutenu par des traitements naturels efficaces (et ils sont légion). La médecine allopathique ne peut absolument rien contre ces différents maux du sucre.

7. Le mal du lait

Les laitages préviennent-ils l'ostéoporose ? Non. Pire, aux doses officiellement conseillées (trois fois par jour), les laitages favoriseraient les maladies cardiovasculaires, le diabète, le cancer de la prostate… En réalité, comme dans le cas du sucre, les recommandations officielles sont parasitées par des intérêts financiers qui influencent les experts des autorités de santé.

La promotion du lait représente l'une des plus belles intox alimentaires de notre temps : non seulement on nous fait croire qu'il est indispensable pour notre santé mais on nous cache également sa toxicité sur le long terme… À notre insu, nous sommes devenus les débouchés de l'industrie laitière, au mépris de notre santé.

Quand les pédiatres nous trompent…

Au-delà d'un certain âge, notre corps ne digère plus le lait : nous ne sécrétons plus la lactase, enzyme destinée à dégrader le lactose (le sucre du lait). Par conséquent cet aliment devient indigeste, comme chez la plupart des mammifères. Le meilleur exemple est celui de la vache elle-même : elle nourrit son veau au lait, mais ce dernier, comme sa mère l'a fait avant lui, adoptera après quelques mois de tétée, une alimentation végétale à base d'herbe. Cela ne l'empêchera pas de fabriquer des protéines en grand nombre (sa masse musculaire) et de trouver du calcium pour sa charpente osseuse ! Il en va de même pour l'espèce humaine qui peut (et doit) trouver sa première source de calcium dans les végétaux.

Ces faits, parfaitement scientifiques, ont encore leurs contestataires, et non des moindres. « Dans un éditorial récent des *Archives de Pédiatrie*, le Dr Vidailhet et des médecins du Comité de Nutrition de la Société française de Pédiatrie défendent "la place essentielle des laitages" et fustigent ceux qui la remettent en cause »,[234] raconte Thierry Souccar[235], toujours prêt à mordre sur les questions alimentaires.

« Ses auteurs, dont plusieurs ont des liens anciens et réguliers avec l'industrie laitière[236], n'expliquent pas pourquoi, s'agissant d'une "synthèse des données scientifiques", ils ont choisi d'appuyer leur démonstration sur un petit nombre d'études — presque toutes favorables aux laitages, presque toutes financées par l'industrie laitière — plutôt que de mentionner les conclusions des très nombreuses méta-analyses et analyses qualitatives déjà publiées sur le sujet et disponibles. »

Or, c'est incontestable : l'ensemble des données scientifiques disponibles ne permet pas d'affirmer que les laitages chez l'enfant et l'adolescent sont bénéfiques à leur santé osseuse ni que leur limitation ou leur éviction nuit à leur santé[237]. La meilleure preuve que le lait est totalement

---

234. VIDAILHET M. *et al.*, « Le lait de vache serait-il dangereux pour la santé des enfants ? », *Arch. Pédiatr.*, 2008.

235. *Lait, mensonge et propagande*, de Thierry Souccar, Éditions Thierry Souccar (mars 2007). Voir aussi *Lait de vache : blancheur trompeuse*, Anne LAROCHE-WALTER (préface du Dr Jean Seignalet), Éditions Jouvence, 1998. Également, *Soyons moins lait*, de Nicolas LE BERRE et Hervé QUEINNEC, Éditions Terre vivante, 2000.

236. Lire à ce sujet : « Qui sont les médecins de la Société française de pédiatrie » sur LaNutrition.fr.

237. Comme le démontrent en effet ces trois études relativement récentes sur les rapports entre la consommation de lait (ou

inutile en terme d'apports calciques est la bonne densité osseuse dans les pays où l'on n'en consomme pas…

Lors des grandes études menées depuis 1950, les deux régimes de santé les moins contestés sont le vrai régime crétois (le traditionnel, pas le moderne…) et le régime d'Okinawa. « Ces deux modes alimentaires excluent totalement les produits laitiers de vache », rappelle le Dr Nicolas Le Berre, auteur de *Soyons moins lait.* « Le premier comporte des produits de chèvre (bio), le deuxième pas. Dans ces populations, il y a en particulier moins de problèmes cardiovasculaires et de cancers et jamais il n'a été noté plus de fractures, bien que la longévité active et souriante y soit plus accentuée que chez nous. »

A contrario, les pays forts consommateurs ont des taux record de fractures, comme en Norvège ou en Suède, gros buveurs de lait et premiers pays pour les fractures du col du fémur…

Pour nous faire avaler les produits laitiers qui s'étalent par milliers dans les rayons des supermarchés, l'industrie avance une bonne idée : « C'est dans les produits laitiers que l'on trouve le plus de calcium. » Vrai ! Mais ce qu'on ne vous dit pas, c'est que ce calcium d'origine animale est très peu assimilable, et que les produits laitiers acidifient l'or-

---

de la complémentation en calcium) et la densité osseuse : Lanou A.J., Berkow S.E., Barnard N.D., « Calcium, dairy products and bone health in children and young adults : a re-evaluation of the evidence » (« Apports calciques et santé osseuse de l'enfant et du jeune adulte : une réévaluation des preuves »), *Pediatrics,* 2005. Winzenberg T., Shaw K., Fryer J., Jones G., « Effects of calcium supplementation on bone density in healthy children : meta-analysis of randomised controlled trials », *B.M.J.*, 2006. Kalkwarf H.J., Khoury J.-C., Lanphear B.P., « Milk intake during childhood and adolescence, adult bone density, and osteoporotic fractures in US women », *Am. J. Clin. Nutr.*, 2003.

ganisme (les toxines de la dégradation des protéines du lait sont des acides). Par conséquent, ils pompent les minéraux contenus dans les os en vue de « tamponner » cette acidité qu'ils génèrent. Le bénéfice s'avère donc nul...

« Le lait est source d'une dérégulation intestinale, bien étudiée par le Dr Seignalet en particulier, d'une dérégulation métabolique, d'une dérégulation hormonale. L'incidence de ces dérèglements est très variable d'un sujet à l'autre. Certains enfants font des rhinopharyngites et des otites, d'autres pas, il en va de même pour les maladies auto-immunes ou les cancers hormono-dépendants », précise le Dr Le Berre. Tout dépend de la vitalité du sujet et de son système immunitaire :

— Chez un sujet au système immunitaire réactif, le corps tente d'évacuer le problème : troubles du transit, colopathie fonctionnelle, écoulements muqueux respiratoires (otites, rhinites, bronchites etc.) ou gynécologiques (pertes blanches), troubles de la peau (eczéma).

— Chez un sujet dont le système immunitaire est dépassé, le corps ne suit plus : pathologies dégénératives vasculaires (athérosclérose[238]), cancer hormono-dépendant (sein[239] et prostate).

---

238. Le vieillissement normal des artères se nomme, en médecine, artériosclérose. On parle d'athérosclérose lorsque l'artériosclérose s'accompagne de plaques d'athérome. C'est le cas le plus fréquent. L'athérosclérose associe l'épaississement de la paroi des grosses artères (aorte abdominale, coronaires, artères cérébrales, artères de jambe) et leur obstruction par des plaques d'athérome.

239. *Ce lait qui menace les femmes*, Dr Raphaël NOGIER, Le Rocher, 1994 : « Les maladies du sein constitueraient chez certaines femmes l'aboutissement d'un processus organique beaucoup plus général et insidieux, l'intolérance alimentaire au lait de vache. »

Plusieurs arguments plaident donc en faveur de la réduction de notre consommation de lait : le calcium d'origine animale est mal assimilé ; nous sommes naturellement intolérants au lactose (glucides du lait) ; les protéines du lait provoquent une acidification. Rappelons aussi que les laits de ruminants sont les seules substances naturelles contenant des acides gras *trans*, dont on a vu, plus haut, la nocivité potentielle. Pour toutes ces raisons, l'apport en produits laitiers doit être limité à un par jour maximum (qu'il s'agisse de yaourt ou de fromage), le reste des apports calciques étant largement fournis par les végétaux (fenouil, chou, légumes verts, fruits, sésame et bien d'autres).

Lait et métaux lourds

Si on souhaite consommer du lait occasionnellement, il faut, autant que faire se peut, opter pour la qualité (il y a lait industriel et lait biologique…) et si possible préférer des fromages de brebis ou de chèvre. « Les manipulations excessives du secteur agroalimentaire rendent le lait inassimilable par le métabolisme humain et en surplus, le lait devient un véritable bouillon de toxiques en tout genre », explique de son côté Elke Arod[240], présidente de l'association suisse Stelior, citée plus haut, qui vient en aide aux enfants hyperactifs.

« Il peut apporter jusqu'à 14 % de l'apport alimentaire en plomb, soit 13,5 à 84 microgrammes par litre, suivi de près par le cadmium (9 µg/l) et le mercure (5 µg/l) ! Le problème se pose donc pour les nourrissons et nos enfants. C'est la raison pour laquelle le Conseil supérieur d'hygiène publique français proposait qu'une valeur limite de 50 µg/l

---

240. Dans la revue *Biocontact*, n° 179, avril 2009.

de plomb soit imposée à tout produit lacté. On l'attend toujours... » Effet pervers supplémentaire, les travaux du Pr. Boyd Haley démontrent que le lait inhibe la libre excrétion des toxiques comme le mercure. Décidément, c'est une sacrée vacherie...

Le lait n'a rien à faire dans une alimentation adulte. Symbole de l'enfance, il doit le rester. S'y accrocher, c'est en quelque sorte s'empêcher de grandir, ce qui arrange bien l'industrie laitière, ravie de nous maintenir dans l'univers confortable du sein nourricier. Il est temps que nous coupions le cordon avec nos anciennes habitudes alimentaires. C'est ainsi que nous cesserons d'être les vaches à lait des lobbys agricoles en tout genre...

8. Le mal du blé

Si la majorité des gens digère bien la baguette de pain, les biscottes et autres produits à base de blé, néanmoins le gluten, une protéine contenue dans cette céréale, peut s'avérer particulièrement toxique pour certaines personnes. Notamment chez celles dont les intestins sont hyperperméables, au sens où l'entendait Seignalet.

Cette intolérance s'appelle la maladie cœliaque (ou hypersensibilité au gluten), une maladie chronique caractérisée par une réaction immunitaire anormale capable de détruire la paroi intestinale. Outre les malaises digestifs, les personnes hypersensibles au gluten peuvent ressentir de la fatigue et des douleurs aux articulations et vivre des épisodes de dépression. Seule solution, supprimer au maximum le gluten de son alimentation. Le problème, c'est que l'industrie agroalimentaire met du blé ou du gluten absolument partout. L'éviter est devenu un vrai parcours du combattant.

Dérivés opioïdes

Le gluten contient des particules protéiques opioïdes, c'est-à-dire qu'il peut agir sur le système nerveux en utilisant, comme le font la morphine ou l'opium, les récepteurs destinés notamment à l'endorphine naturellement synthétisée par l'organisme. Chez certains sujets, dont les processus enzymatiques et la muqueuse intestinale sont perturbés, les peptides étrangers parviennent intacts dans la circulation sanguine, en quantité suffisante pour susciter une réponse immunitaire pathogène et une intoxication cérébrale, à des degrés divers.

On doit à Karl Reichelt, docteur en neurochimie[241], professeur et chercheur titulaire au Département de recherche pédiatrique à l'Hôpital pour enfants d'Oslo (Norvège), d'importants travaux sur les liens entre troubles du comportement et alimentation.

Pionnier dans la recherche des peptides opioïdes (peptides compatibles avec les récepteurs aux opiacés[242] du cerveau), il les a découverts en 1981, dans les urines des schizophrènes et des autistes. Il rapporta entre 1986 et 1991 des cas de très forte amélioration ou de guérison, à la suite de l'élimination du régime alimentaire de ses malades du gluten du blé (mais aussi d'autres céréales[243]) et de la caséine du lait[244].

Depuis, de nombreuses études sont venues confirmer l'importance du changement d'alimentation chez l'enfant autiste, comme le rappelle le Dr Massimo Montinari, dans son livre *Autismo*[245] : « En confirmation de la théorie opioïde, D'Eufemia et ses collaborateurs trouvèrent une perméabi-

---

241. Reichelt a reçu le prix médical Snokloas pour ses recherches à l'Université d'Oslo et a publié plus de deux cents articles scientifiques.

242. Autrement dit c'est une chaîne d'acide aminé, ou un morceau de protéine.

243. Le gluten est également présent dans l'avoine, le seigle, l'orge, l'épeautre, le kamut, et dans une faible proportion le petit épeautre. Les ingrédients suivants sont également suspects, puisque leur origine n'est pas spécifiée : l'amidon, l'amidon modifié, les protéines végétales.

244. Reichelt K., *The Journal of Applied Nutrition*, volume 42, n° 1, 1990. Reichelt K.L., Lind G., Nodland M., « Probable etiology and possible treatment of childhood autism » (« Étiologie probable et traitement possible de l'autisme de l'enfant »), *Brain Dysfunction*, n° 4, 1991, pp. 308-319.

245. Une traduction du premier chapitre de ce livre paru en 2002 en italien est disponible sur hyperactif.net/autisme.html.

lité intestinale altérée chez 43 % des 21 enfants autistes mais chez aucun des enfants du groupe contrôle. »[246]

Uhlig, en 1997[247], contrôla au monitoring l'activité électrique cérébrale d'enfants présentant un syndrome de déficit d'attention et d'hyperactivité. Il démontra pour la première fois une corrélation entre la perturbation de l'activité électrique cérébrale et l'absorption d'aliments contenant du gluten et de la caséine, dont l'élimination faisait disparaître les symptômes mentaux et comportementaux.

L'association suisse Stelior est particulièrement engagée sur cette question : « Actuellement, les industries agroalimentaires modifient de façon exagérée les céréales, qui sont devenues beaucoup plus inassimilables et, par conséquent, encore plus toxiques qu'elles ne l'étaient déjà auparavant. Certains individus ont la possibilité d'ingérer du gluten sans aucune conséquence pathologique (ils sont rares, de plus en plus rares). D'autres manifesteront certaines pathologies, mais ne feront aucun lien avec les intolérances dérivant du lait et du gluten. »

Selon cette association, des signes permettent de suspecter des intolérances qui sont heureusement moins graves que les pathologies de type autisme, mais qui peuvent néanmoins s'avérer handicapantes dans la vie quotidienne :

---

246. D'Eufemia P., Celli M., Finocchiaro R., Pacifico L., Viozzi L., Zaccagnini M., Cardi E. et Giardini O., « Abnormal intestinal permeability in children with autism », *Acta Pediatr.*, n° 85, septembre 1996, pp. 1076-1079.

247. Uhlig T., Merkenschlager A., Brandmaier R. et Egger J., « Cartographie topographie de l'activité électrique cérébrale chez des enfants présentant un syndrome de déficit d'attention et hyperactivité provenant des aliments », *Eur. J. Pediatr.*, n° 156, juillet 1997, pp. 557-561.

anémie, dépression, problèmes d'apprentissage, troubles intestinaux variés, etc.

Supprimer le blé et le lait pendant quelques mois permet de voir si ce changement alimentaire s'accompagne d'une disparition des symptômes dont on ne trouve pas l'origine. Il faut ensuite penser à rétablir sa flore et protéger sa muqueuse intestinale avec des probiotiques avant de réintroduire en douceur (un par un) les aliments suspects pour connaître ceux qui nous sont défavorables et nous intoxiquent à notre insu. Cela vaut le coup d'essayer, avant d'être diagnostiqué « dépressif », « constipé chronique » ou « allergique » et mis sous anxiolytiques, laxatifs ou anti-histaminiques à vie par son médecin traitant…

Derrière des aliments apparemment banals comme le lait ou le blé se cachent parfois des toxiques aux conséquences désastreuses pour notre santé. Ce n'est pas toujours la faute de l'aliment lui-même, mais plutôt de pratiques agroalimentaires qui le rendent de moins en moins assimilable. Depuis cinquante ans, l'agro-industrie pollue les sols, maltraite les semences et modifie les céréales pour produire des denrées bon marché. Nos organismes payent l'addition de cette pollution par une véritable indigestion !

9. Le mal du sel

Le sel est-il, oui ou non, responsable de l'explosion de l'hypertension artérielle? Une chose est aujourd'hui certaine: l'explosion s'est bien produite! Le vieillissement de la population n'y est évidemment pas étranger[248]. Les 11 millions d'hypertendus sous traitement, représentent, selon la Caisse nationale d'assurance maladie, la troisième cause de prise en charge à 100 % derrière le diabète et les cancers. Soixante pour cent des plus de 70 ans sont concernés, près d'un Français sur cinq… Le coût de cette pathologie n'est pas uniquement dû au prix des médicaments de l'hypertension, mais aussi à ceux du diabète, du cholestérol, des anticoagulants, prescrits en association.

En 2006, la prise en charge de l'hypertension et des facteurs de risque associés (les infarctus, les accidents vasculaires cérébraux) atteignait ainsi 4,4 milliards d'euros, contre 2,6 milliards en 2000. C'est dire l'enjeu du procès qui a opposé, en mars 2008, un chercheur de l'Inserm, pour qui le sel est un facteur de risque majeur, et le Comité des salines de France[249], qui fédère la quasi-totalité de la production de sel du territoire et qui criait à la désinformation.

Le délibéré a finalement donné raison au chercheur de l'Institut national de la santé et de la recherche médicale, Pierre Meneton. L'industrie du sel l'attaquait pour

248. Il n'y a pas d'augmentation au cours du temps lorsque l'on normalise à l'âge (à la différence du diabète dont la prévalence augmente en fonction du temps même après normalisation à l'âge). Cela dit, l'hypertension reste effectivement un poids considérable pour la santé publique.

249. Depuis 1999, les Paludiers de l'Atlantique (Oléron, Guérande, Ré) ont quitté le Comité des salines.

diffamation sur une phrase parue dans un petit journal, aujourd'hui disparu (*Toc*)[250] : « Le lobby des producteurs de sel et du secteur agroalimentaire industriel est très actif. Il désinforme les professionnels de la santé et les médias. » Au-delà du problème de diffamation, la question de fond était celle du lien entre hypertension et consommation de sel.

Retour sur la querelle scientifique

En 1998, un débat d'experts émerge au sein du prestigieux Inserm entre le chercheur Pierre Meneton et le néphrologue Tilman Drueke, tous deux spécialistes de l'hypertension. Le premier, qui dénonce l'abus de sel, travaille au sein du Département de santé publique et d'information médicale de Jussieu. Le second, qui conteste cette analyse, est rattaché à l'hôpital Necker, mais conseille aussi, depuis vingt ans, le Comité des salines de France. Au sein de l'Inserm, dont les travaux scientifiques font autorité en matière de santé, ces deux chercheurs s'opposent radicalement.

En 2001, le conflit éclate lorsque Tilman Drueke, à l'époque expert à l'Afssa, est chargé de rédiger le chapitre « sodium » dans les « Apports nutritionnels conseillés à la population française » : « Chez le sujet bien portant, le

250. On retrouve ce même procédé d'intimidation sur le dossier des pesticides. Le Mouvement pour les droits et le respect des générations futures a été assigné le 6 janvier 2010 devant le tribunal de grande instance de Paris pour dénigrement du raisin de table, à la suite à la publication d'analyses de résidus de pesticides dans des raisins de table vendus dans des supermarchés, réalisées en novembre 2008 avec quatre autres associations européennes. La Fédération nationale des producteurs de raisin de table, qui réclamait un demi-million d'euros, a finalement été déboutée (generations-futures.org).

niveau de la pression artérielle ne dépend que très peu ou pas de la quantité de sel consommée [...]. Il convient d'éviter les excès dans les deux sens, c'est-à-dire des apports de sel supérieurs à 12 grammes par jour ou inférieurs à 5 grammes par jour », écrit-il.

« Ces recommandations sont en totale opposition avec celles données dans le monde depuis trente ans. Il n'y a pas une seule expertise collective indépendante qui dédouane le sel », s'insurge Pierre Meneton, tout en posant la question du « noyautage de l'Afssa par des personnes ayant des liens d'intérêt très forts avec le privé ».

« Sur les méfaits de la surconsommation de sel, il y a un large consensus scientifique, mais il est occulté par une poignée d'études financées par les producteurs industriels de sel qui souhaitent faire croire que la question n'est pas tranchée. Or, il est de notoriété publique que la recherche indépendante ne donne pas les mêmes résultats que la recherche privée. »

En 2002, l'Afssa revoit sa position, même si, conséquence du rapport de force, les doses maximales admises (8 g par jour) sont notoirement au-dessus du dernier rapport de l'Organisation mondiale de la santé en 2007 (5 g par jour pour la population générale, d'après un travail de quarante experts). L'Association médicale américaine n'y va pas non plus avec le dos de la salière lorsqu'elle décrit les dégâts du mal du sel : « Les morts attribuées à l'excès de sel représentent un lourd tribut, l'équivalent d'un avion de 400 passagers s'écrasant chaque jour. »

La protection du secteur agroalimentaire

« Si le débat sur la dangerosité du sel est entretenu depuis trente ans, c'est parce que les intérêts financiers dépassent les seuls producteurs. Ces derniers bénéficient d'une protection du secteur agroalimentaire. Le sel est un exhausteur de goût qui permet aussi d'augmenter avantageusement le poids d'un produit grâce à sa faculté de retenir l'eau », lâche Pierre Meneton.

Le Comité des salines rétorque de son côté : « Pour nous, le débat est toujours ouvert. Ce qui nous intéresse, c'est de voir l'ensemble des avis sur le sujet. Comme souvent en nutrition, ce n'est ni noir ni blanc. On ne paye pas les chercheurs. Mais nous faisons du mécénat scientifique par le biais d'associations d'aide à la recherche »,[251] explique Sarah Clisci, la directrice. Soit !

Néanmoins, la présence de Solvay Carbonate parmi ses membres laisse perplexe. Cet industriel, qui produit du bicarbonate de sodium, appartient à la firme internationale Solvay. Ce groupe possède une branche pharmaceutique (Solvay Pharmaceuticals) qui engrange chaque année 810 millions de dollars pour ses médicaments destinés à… la sphère cardiovasculaire (inhibiteurs de la synthèse du cholestérol, hypotenseurs). Solvay possède aussi une filiale française, Solvay Pharma (Hauts-de-Seine). Cette dernière commercialise des médicaments contre l'hypertension (Physiotens et Teveten[252]). Décidément, le dossier du sel n'a pas fini de nous mettre sous pression…

Mangez salé, buvez sucré…

« Les messages du PNNS ont maintenant intégré le sel au même titre que le sucre et le gras. Le problème de fond reste l'absence de législation concernant les teneurs en sel.

251. Propos recueillis par l'auteur dans l'article « Le Procès du sel dérange », *Sud Ouest*, 9 mars 2008.

252. Source : solvaypharmaceuticals.com.

Ces messages apparaissent donc comme un faire-valoir pour les pouvoirs publics qui ont démissionné sur ce sujet de santé publique comme sur les autres sujets du même type », regrette Pierre Meneton. C'est à se demander si la santé a jamais été une priorité politique…

Publiée en mars 2008 dans *Hypertension*, mensuel américain de l'American Heart Association, une étude britannique s'interroge sur les liens entre la consommation de sel et la consommation de soda ou de boisson sans alcool chez les enfants. Les chercheurs de l'Institut Saint-Georges, Département de la pression sanguine (Université de Londres), démontrent un fait connu et expérimenté de tous : manger salé donne soif…

Cette évidence n'est pas sans lien avec le développement de l'obésité : les trois chercheurs concluent, après une étude menée auprès de 1 700 enfants de 4 à 18 ans, que la consommation de sel est un facteur majeur de consommation de boissons sucrées. Selon eux, il suffirait de diminuer de moitié la consommation de sel pour prévenir l'obésité de l'enfant, à travers la réduction de boissons sucrées.

Le déséquilibre sodium/potassium

Nous ne savons pas que 80 % de nos apports en sel sont « cachés ». C'est-à-dire que nous les consommons hors salière, par le biais des plats préparés, des charcuteries, des fromages, du pain ou encore des produits de grignotage. Selon deux études de l'Afssa et de l'Institut national de veille sanitaire, publiées en 2007, un Français consomme en moyenne 8,5 g de sel par jour, ce qui représente tout de même une montagne de 180 000 tonnes par an…

Parallèlement, en quarante ans, la consommation de fruits frais a chuté de 17 % et celle des légumes frais de

40 %. Or, pour retrouver une pression sanguine normale, il convient d'augmenter ses apports en potassium (un sel minéral faisant baisser la tension), présent en large quantité dans ces aliments que les Français consomment de moins en moins.

La cause de cette désaffection n'est pas tant le prix, comme le prétendent souvent les spécialistes en nutrition prompts à se lamenter sur la baisse du pouvoir d'achat. Non, si les Français se détournent des fruits et légumes, c'est surtout à cause de leur manque de saveur, directement lié aux modes de production. Il en résulte un déséquilibre entre sodium et potassium, deux minéraux aux effets antagonistes, qui aggrave les risques d'hypertension.

Réduire sa consommation de sel passe nécessairement par un retour aux fourneaux familiaux (sans plats cuisinés industriels) et aux ratatouilles maison, en gardant une main légère sur la salière. Et uniquement du sel gris, car il contient de l'iode et des minéraux.

Conclusion

L'enfer alimentaire est pavé de bonnes intentions

Contrairement à ce que nous expliquent la plupart des diététiciens et autres spécialistes de l'alimentation « conventionnelle », il n'y a pas une seule manière de bien manger. Chaque personne, en fonction de son terrain et de sa constitution, possède un régime approprié.

Halte aux diktats alimentaires ! Au-delà des règles contradictoires avec lesquelles on nous embrouille, il est devenu urgent de redécouvrir la nutrition sous un autre aspect : une bonne alimentation s'appuie essentiellement sur la densité nutritionnelle, à savoir sur la qualité des aliments eux-mêmes. La manière de les associer et la quantité journalière sont des éléments secondaires qui se régulent aisément en fonction du ressenti, des goûts et des besoins de chacun.

Il importe aujourd'hui de se reconnecter à notre instinct naturel, un peu comme le font les animaux pour éviter de s'empoisonner. Pour bien manger, il n'est pas nécessaire de s'encombrer de règles drastiques et contraignantes, seulement de rester vigilant sur ce qui atterrit dans notre panier.

On ne le répétera jamais assez : bien manger ce n'est pas se priver, c'est opter pour des aliments de qualité.

Il existe de nombreux livres bien faits sur la nutrition et la diététique bio[253] ; l'objectif du présent ouvrage n'est pas d'en faire la synthèse mais de considérer surtout les croyances qui nous empêchent de changer rapidement de cap alimentaire.

Beaucoup de gens se sont écartés de l'art du bien manger sous la pression de la publicité (avec la complicité des experts), qui se targue de donner des leçons de nutrition pour masquer son vrai but : nous faire consommer, tout et n'importe quoi, sauf de la qualité ! Cinquante ans de conditionnement télévisuel en faveur de la malbouffe et d'achats effrénés dans les grandes surfaces, aboutissent aujourd'hui aux graves problèmes de santé publique que l'on connaît : obésité, cancers, maladies cardiovasculaires, mais aussi dépression, troubles du comportement et déficit de... l'attention citoyenne !

Autant de maux enracinés dans une alimentation coupée de ses valeurs, « hors sol » et carencée. On a vu, précédemment, comment l'industrie agroalimentaire a perverti notre goût et nous a rendus accros à la malbouffe. Pour nous « ferrer » encore davantage, elle nous a aussi bourré le crâne

253. Outre *Manger bio, c'est pas du luxe*, de Lylian Le Goff, on peut aussi se procurer d'urgence l'incontournable *Se soigner par les légumes, les fruits et les céréales*, du Dr Jean Valnet (Poche). Également pratique, le *Cuisiner bio, mode d'emploi*, de Valérie Cupillard, Éditions La Plage, 2004 ; *Cuisiner bio et pas cher* de Valérie Vidal, Anagramme, 2008 ; *Cuisiner bio en famille. Recettes pour petits gourmands et grands gourmets* de Valérie Cupillard, Éditions Jouvence, 2009 ; et *Okinawa : un programme global pour mieux vivre* (nouvelle édition revue et augmentée), Jean-Paul Curtay, Éditions Anne Carrière, 2009.

avec un énorme mensonge: la défense de notre pouvoir d'achat.

Une alimentation de qualité à bas coût, est-ce réaliste? Peut-on vraiment trouver des cuisses de poulet de qualité à 1,85 euro le kilo, comme veulent nous le faire croire les chaînes de supermarchés dans les prospectus qui polluent nos boîtes aux lettres[254] ? Cet argument du pouvoir d'achat est tout sauf compatible avec la qualité nutritionnelle. Il n'a d'autre but que de fournir un alibi à la consommation de masse et de nous garder sous la coupe de l'industrie agroalimentaire, dont nous sommes, ne l'oublions pas, les premiers débouchés…

L'autre versant de cet argument fallacieux est que l'alimentation bio est réservée aux riches. L'hypermarché serait dès lors, le défenseur du pauvre et de l'opprimé. Et la nourriture bio, réservée à la bourgeoisie. On se souvient des campagnes d'É. Leclerc qui jouaient ainsi sur la notion de la lutte des classes: « Leclerc défend votre pouvoir d'achat », avec en illustration, un poing levé. Belle manière de diviser pour mieux régner! C'est également faire preuve d'un cynisme éhonté, dans la mesure où l'hypermarché est l'un des plus beaux symboles de la société capitaliste consumériste.

Manger bio, c'est pas du luxe[255]

On veut nous faire croire que la nourriture doit coûter toujours moins cher pour qu'elle soit accessible à tous.

---

254. Ce chiffre est celui du mois de janvier 2010, proposé par une chaîne de supermarchés nationale.

255. Titre de l'ouvrage de Lylian LE GOFF, Éditions Terre Vivante, 2007. Une référence pour commencer à s'alimenter différemment.

Mais à force de tirer les prix vers le bas, au détriment de la qualité, notre représentation du coût de l'alimentation s'en trouve complètement faussée. Dès lors, un produit de qualité (comme un poulet bio à 7 ou 8 euros le kilo ou un fromage fermier à 16 euros le kilo) apparaît hors de prix ! Il semble réservé aux gens aisés alors qu'il présente, en réalité, le juste rapport qualité/prix.

De moins en moins soucieux de qualité (puisque l'aliment n'est pas considéré comme un produit de santé), les consommateurs se sont habitués à la médiocrité (viandes d'élevage concentrationnaire, légumes hors-sol, laitages aux antibiotiques)… Et nous voudrions ensuite que le prix des aliments de qualité s'aligne sur ces produits toxiques !? Soyons sérieux, ce n'est pas en mettant les paysans bio sur la paille que nous sortirons de l'intox agroalimentaire…

Ne nous cachons pas derrière notre petit doigt : si nous n'acceptons plus de payer le juste prix d'une alimentation saine, c'est parce que la société de consommation nous met chaque jour sous le nez de nouveaux besoins. Par compulsion, nous dépensons pour tout et n'importe quoi (lecteurs DVD, écrans plats, abonnements aux bouquets télévisuels, vêtements de marques, sorties *fast food*, bagnoles clinquantes, etc.), sans voir que nos propres enfants sont de plus en plus « dénutris » : nos réfrigérateurs qui débordent d'emballages multicolores sont en réalité d'une pauvreté nutritionnelle sans nom.

« En une cinquantaine d'années, la part du budget familial consacrée à l'alimentation est passée de près de 50 % à 14 % selon l'Insee. […] Si la part de l'alimentation a tant baissé dans nos budgets, c'est aussi parce que sa valeur symbolique a diminué », explique Lylian Le Goff, dans *Manger bio, c'est pas du luxe.* « Nous n'acceptons plus de payer plus cher notre nourriture, car il y a d'autres priorités dans notre vie. Quitte à ce que la collectivité dépense des sommes considérables pour en traiter les conséquences : les dépenses de santé des ménages et de la collectivité arrivent maintenant en deuxième position dans nos budgets. Sommes-nous vraiment gagnants ? »

Pas vraiment ! C'est bel et bien nos cotisations qui comblent le trou de la Sécurité sociale (plus de 20 milliards d'euros en 2009/2010). Ce que nous croyons économiser d'une main (celle qui remplit le caddie), nous le payons inévitablement de l'autre (celle qui remplit la déclaration d'impôt sur le revenu…).

N'oublions pas non plus que l'agro-industrie est fortement subventionnée et fortement polluante. Coût pour le contribuable européen de la politique agricole commune (la PAC) : 450 euros par an et par foyer… Sans compter que la Nature nous présentera un jour ou l'autre la facture environnementale, qui promet d'être salée (eaux, sols, air, etc.). A-t-on vraiment pris conscience du coût global de la dépollution via notre facture d'eau individuelle, via nos impôts locaux ou via la dette nationale (menace d'amende pour pollution aux nitrates en Bretagne : 28 millions d'euros[256]) ?

Il est bon de rappeler que 80 % des aides de la PAC reviennent à 20 % des exploitants agricoles, les plus gros. Parce qu'ils utilisent des méthodes moins intensives sur de plus petites surfaces, les agriculteurs bio se retrouvent péna-

256. La Commission européenne estime que les efforts de Paris pour réduire la pollution de l'eau par les nitrates en Bretagne sont insuffisants. Elle a saisi la Cour européenne de justice en octobre 2007 et lui demande d'infliger à la France une amende de 28 millions d'euros.

lisés et reçoivent beaucoup moins d'aide (35 % de moins en moyenne) que leurs collègues conventionnels. Selon la Fédération nationale de l'agriculture biologique (FNAB), cet écart dans les subventions explique pratiquement à lui seul la différence de prix entre produits bio et conventionnels.

En d'autres termes, supprimez les subventions aux cultures intensives et vous verrez doubler les prix dans les supermarchés ! Tout le monde trouvera alors l'agriculture biologique soudainement beaucoup plus abordable… Et même rentable !

Ne faisant donc pas partie de nos choix de société, l'agriculture bio ou familiale doit se débrouiller financièrement, sans l'aide de Bruxelles, et payer elle-même les contrôles AB/Écocert. Pensons-y la prochaine fois que nous faisons nos courses. Croire que les produits bio sont plus chers est une illusion : nous avons financé en amont la différence du prix affiché par le conventionnel !

Notons au passage — et c'est sans doute la plus déconcertante des intox agroalimentaires — que les prétendues économies que l'on croit réaliser à la caisse du supermarché ne sont pas nécessairement au rendez-vous. La faute aux nombreux intermédiaires qui se sucrent au passage… Un exemple le démontre : le pain moulé aux céréales « Terre et saveur » était à 4,33 euros le kilo chez Casino début février 2010, alors qu'au même moment, sur le marché de Sarlat-la-Canéda (Dordogne), le pain de campagne au levain bio d'un kilo, qui se garde une semaine sans durcir, coûtait seulement 4 euros. La comparaison marché/supermarché est généralement fatale pour certaines idées reçues, notamment du côté des fruits et légumes de saison.

Manger sainement, sans se ruiner

« Je ne comprends pas, nous dépensons près de 500 euros tous les mois », explique un jeune couple de Bordelais avec un enfant en bas âge. Dans son frigo, des produits de grandes marques trouvés au supermarché (desserts lactés élaborés, charcuterie sous plastique, boissons sucrées, produits allégés, etc.). Ces fameux faux aliments reviennent finalement très chers au kilo, et ils ne nourrissent pas assez la famille. Le corps ne s'y trompe pas : tant qu'il n'a pas sa dose de nutriments essentiels (minéraux, oligo-éléments et vitamines), il continue de crier famine et nous pousse à acheter toujours plus.

Cette sensation de faim, qui correspond à un manque physiologique (même si les calories sont abondantes), n'est pas étrangère à nos grignotages incessants, qui alourdissent encore davantage la facture et nous font prendre des kilos. L'industrie agroalimentaire l'a bien compris. Ah, le *light*! Les fabricants réussissent le tour de force de nous faire payer deux fois plus cher des produits qui contiennent deux fois plus d'eau (sans oublier quelques toxiques au passage, comme l'aspartame…). Alors qu'il suffirait tout simplement de moins manger, et de s'orienter sur des produits à forte densité nutritionnelle (c'est-à-dire des produits naturels et non raffinés).

Contrairement aux insinuations d'un certain fatalisme décourageant, manger sainement, sans se ruiner, c'est heureusement à la portée de tous. Une autre famille du Bordelais que j'avais interviewée début 2008, dans le cadre de la quatrième Journée de dépistage de l'obésité infantile[257], démontre que l'on peut s'alimenter en produits frais,

257. « On ne fait pas de régime », P. Ducœurjoly, *Sud Ouest*, 13 janvier 2008.

sains, et naturels, avec un budget de 200 à 250 euros par mois (avec deux enfants !), sans compter la cantine. Mais voilà : dans le réfrigérateur familial, pas un seul produit issu de l'industrie agroalimentaire ; seulement des légumes, du beurre, des cornichons, de la moutarde et autres produits de première nécessité. Dans les placards : pas de paquets de gâteaux ni de plats cuisinés, seulement quelques denrées en dépannage, des fruits secs, du riz, des lentilles, des pâtes et quelques conserves.

C'est surtout Laurence, la mère de famille, qui a convaincu sa tribu et instauré deux principes essentiels : faire le marché et se mettre aux fourneaux. « En plus d'une alimentation naturelle, sans sucre ni sel cachés, je privilégie les aliments de saison et les petits producteurs locaux, même si ce n'est pas nécessairement bio. »

Attention toutefois à l'argument du *local*, qui peut être utilisé comme faire-valoir, notamment pour les œufs semi-industriels ou de batterie, issus de poules élevées dans des cages pas plus grandes qu'une feuille A4. De même, à plus grande échelle, l'argument « élevé en France » est purement commercial et ne dit rien sur la qualité, la France étant la quatrième championne mondiale de l'agriculture… intensive.

Chez Laurence et Pascal, on a banni le « prêt-à-manger » autant que possible. « Sans être extrémistes, on s'astreint à consommer un maximum de produits faits maison : le pain, les yaourts, et bien sûr les repas familiaux. » Tous les jours, Laurence travaille sur l'éducation à l'alimentation : « Aujourd'hui, beaucoup d'enfants n'ont jamais vu leur maman faire une pâte à tarte, seulement la sortir de l'emballage et la dérouler. Lire une recette, peser les aliments, ça fait travailler la lecture et le calcul tout en s'amusant. » Rien n'est plus facile, bon marché et vite fait que de mélanger un peu d'eau et de farine avec un œuf…

Laurence se bat aussi, à son niveau, contre l'hygiénisme qui a contaminé l'école : « Il est inadmissible, sous couvert de normes d'hygiène, d'interdire les tartes maison à l'école. Seuls les produits industriels sont désormais autorisés ! On a donc décidé que Valentine ne fêterait pas son anniversaire à l'école, mais à la maison. En échange, mercredi prochain, on sera envahi par un troupeau de Schtroumpfs… » Un exemple de réflexe individuel et citoyen.

Ses deux filles connaissent déjà bien l'importance des fruits et des légumes. « Elles ont aussi intégré le fait que la publicité à la télé ne présente pas de l'information mais plutôt de la… pollution. Il faudrait davantage veiller sur le contenu des programmes pour enfants[258]. La société est devenue schizophrène : d'un côté on nous dit de faire du sport, de manger des fruits et légumes et de l'autre on multiplie les tentations. C'est très culpabilisant ! Chez nous, on ne se prive de rien. Il y a souvent des pâtes le soir, mais aussi toujours de la soupe et de la salade. Ici, on ne fait pas de régime et on ne grossit pas. »

Si cette famille n'est pas touchée par le mal de l'obésité, c'est aussi parce qu'elle a su résister à la pression des intox distillées par la très persuasive industrie agroalimentaire, dont le budget communication s'élève à 1,5 milliard d'euros. C'est 200 fois plus que la somme allouée par l'État

258. D'après une enquête de l'*UFC-Que Choisir*, 97 % des publicités qui s'adressent aux enfants portent sur des produits trop riches en graisse, sucre et sel ; 77 % des enfants préfèrent les céréales de la télévision comparées à celles qui ne font pas l'objet de publicité ; « L'UFC-Que choisir veut une loi », P. Ducœurjoly, *Sud Ouest*, 13 janvier 2008.

à la lutte contre l'obésité (dont les soins coûtent par ailleurs quelque 15 milliards d'euros à la collectivité), d'après l'UFC-Que choisir[259].

Manger sainement est à la portée de toutes les familles modestes, à condition de ne pas surconsommer de viande et de produits laitiers, deux denrées sans grand intérêt nutritionnel. Ces produits de luxe alourdissent la facture alimentaire. Les ramener à une juste consommation (une fois par jour maximum, ou mieux, tous les deux ou trois jours) permet d'acheter des œufs bio, des fruits et légumes du marché (auprès des petits producteurs qui ne traitent pas) et des céréales ou légumineuses non raffinées, grandes pourvoyeuses de nutriments essentiels (magnésium, manganèse, potassium, zinc, vitamine du groupe B, acides gras essentiels, etc.).

Lentilles de toutes les couleurs, pois cassés, haricots secs de toutes les formes, millet, riz variés, couscous, sarrasin, quinoa, flocons de céréales, farines, toutes ces denrées sont très souvent disponibles en vrac dans les magasins bio. C'est le consommateur qui remplit lui-même son paquet. Ô surprise, pour ces denrées brutes à forte densité nutritionnelle, le choix s'avère désespérément limité dans les hypermarchés et le prix au kilo revient plus cher ! Pour vous en convaincre, comparez… À titre d'exemple, Casino ne proposait qu'une seule marque de riz demi-complet bio début février 2010, à 3,72 euros le kilo, contre quatre variétés à la supérette bio (riz rond, long, thaï, basmati, dans leur version complète ou demi-complète), avec un premier prix à 2,79 euros (soit 25 % moins cher).

259. « L'UFC-Que choisir veut une loi », *art. cit.*

À noter que le sarrasin, le blé du pauvre, est un excellent substitut à la viande. Non seulement il ne contient pas de gluten mais il possède les huit acides aminés essentiels. Ces composants des protéines, que nous ne pouvons synthétiser, doivent être présents simultanément au cours d'un repas pour pouvoir être assimilés correctement. Vive les galettes de blé noir!

Acheter un livre de recettes végétariennes est utile pour apprendre à équilibrer les repas sans viande ni fromage, grâce à l'association « céréales + légumineuses » qui remplace les protéines animales. Agrémentés d'épices et de fines herbes, quelques légumes en sauce (tomate, champignon, ratatouille ou jardinières) compléteront ces repas végétariens réguliers, finalement aussi appétissants que nourrissants.

Un exemple de repas peu coûteux, nutritif et équilibré

Entrée		Plat principal		Total
carotte râpée	0,2	lentilles roses	0,35	
½ fenouil	0,35	½ salade et/ou un œuf	0,65	
graines germées	0,4	2 tranches pain bio	0,5	
assaisonnement	0,1	Citron + huile d'olive	0,2	
Coût	1,05		1,7	2,75
Avec un dessert gourmand :			0,6	3,35
Yaourt de soja, 1 cc de purée noisette, 1 cc de purée de marron				
0,50 + 0,05 + 0,05				

Pour échapper à l'intoxication alimentaire nous n'avons pas d'autre choix que de reprendre en main notre cabas, en délaissant les rayons des supermarchés au profit des étals du marché. Contrairement à une idée

reçue en diététique, manger varié, ce n'est pas toujours manger équilibré. Il nous faut surtout réapprendre à cuisiner avec des aliments vraiment sains et nutritifs. Replacer cette activité dans notre emploi du temps est indispensable. Il y va de notre santé qui, c'est bien connu, n'a pas de prix.

Épilogue

Vers une évolution de conscience…

La palette des intoxications contemporaines ne s'arrête pas aux domaines abordés dans ce livre. Le but n'était pas non plus de faire une encyclopédie… Le plus urgent, me semble-t-il, était de décrypter trois domaines qui influent directement sur notre vie quotidienne, et qui font de nous des assistés de la pensée, de la santé et de l'alimentation.

J'aurais pu évoquer l'intox économique qui nous endette à vie et mène la société à la banqueroute : *Pour sauver la planète, sortez du capitalisme*, a écrit Hervé Kempf, journaliste au *Monde* (Seuil, 2009). « Il faut prioritairement se défaire de ce conditionnement psychique. L'oligarchie cherche à détourner l'attention d'un public de plus en plus conscient du désastre imminent en lui faisant croire que la technologie pourrait surmonter l'obstacle », nous dit-il.

Il en va de même avec l'intox énergétique qui nous a rendus dépendants du nucléaire ou du pétrole. Cela fait cinquante ans que l'on nous dit que la science résoudra le problème des déchets radioactifs. On attend toujours… Quelle douce manière d'endormir notre mauvaise conscience de pollueurs !

Ne désespérons pas. Derrière cet écran de fumée, une énergie propre et gratuite existe sans doute déjà ! Découverte par le Serbe Nikola Tesla (1856-1943), un inventeur de génie, pionnier du courant alternatif, l'« énergie libre » nous placera en situation d'abondance et d'autonomie, bien mieux encore que ne le proposent déjà le solaire ou l'éolien.

Encore balbutiantes dans le creuset de la société civile (voir le site, très fréquenté, www.quanthomme.fr), ces technologies sont forcément connues et expérimentées en haut lieu depuis longtemps. Tout est bon pour nous empêcher d'envisager l'existence d'une énergie illimitée, puisée dans le « champ du point zéro » que décrit la physique quantique. Que deviendront Total, Areva et EDF ? Malgré les apparences, leur agonie a commencé : ces lobbies luttent déjà pour leur survie en pratiquant la politique de la terre brûlée (« Après nous le déluge »).

L'intox est tellement partout qu'il devient légitime de se demander si *on* ne veut pas notre peau. Parce qu'il est avéré que l'empoisonnement de l'humanité arrange certains esprits peu évolués, le « conspirationnisme » est en passe de devenir un véritable phénomène de société. Il y a, en effet, largement de quoi devenir paranoïaque…

Malgré tout, ne nous arrêtons pas à ce constat pessimiste : nous complaire dans la victimisation ou sombrer dans la colère n'arrangera pas la situation. La solution passe par la maturité psychique des individus. Devenir un adulte autonome, c'est sortir de la soumission du petit enfant mais aussi dépasser l'opposition stérile de l'adolescent. Tel est le véritable défi de nos sociétés occidentales.

La conscience humaine est aujourd'hui recluse dans des problématiques manichéennes. Les contradictions du système nous paraissent pour l'instant insolubles parce qu'on ne nous a jamais dit qu'un problème comporte toujours une troisième voie susceptible de réconcilier les antagonismes. Cette voie, c'est celle tracée par l'évolution de notre *conscience.* Nous décidons, ou pas, d'adhérer à ses intuitions qui déterminent nos représentations du monde et notre perception de nous-mêmes. Un peu comme un poste de radio présente plusieurs longueurs d'onde (courte, moyenne, grande), il existe différents niveaux de conscience qui nous permettent de « capter » des informations de très loin et d'élargir notre vision de la réalité.

Il est urgent de changer de *fréquence*!

Pour sauver l'espèce humaine et la planète, il faut réaliser que la conscience collective (idéologie socialiste, État « assistanciel ») est limitante, et que la conscience individuelle (idéologie capitaliste, égocentrisme tout-puissant) n'est pas un aboutissement en soi non plus. Il convient désormais de s'élever à un niveau supérieur : celui de la conscience planétaire.

C'est grâce à elle que nous comprendrons intimement que nous sommes tous reliés les uns aux autres. Les peuples sont les éléments complexes d'un organisme vivant dont la grandeur nous dépasse, de même que nos cellules, bien qu'étant des entités individuelles, ne peuvent être séparées de l'Être auquel elles collaborent. « Ce que vous faites à autrui, c'est à vous que vous le faites », disait déjà un certain Jésus, il y a plus de 2000 ans. L'explosion des maladies auto-immunes, caractérisées par le retournement d'une partie du soi contre le soi, est à ce titre une triste métaphore de nos comportements déviants.

Coincées dans l'étau mental de la société toxique, très peu de personnes sont parvenues à ce niveau de conscience planétaire. La plupart reste bloquée dans des niveaux inférieurs, persuadée que ce qu'elle voit est la totalité de la réalité. Les niveaux de conscience sont comme les différents étages d'une montagne : seul un sage, qui atteint le sommet, peut apprécier le paysage dans sa globalité. Emboîtées à la manière des poupées russes, toutes les formes de conscience ont néanmoins leur raison d'être : la partie collabore au Tout qui a besoin de bases pour exister…

Le maintien de l'espèce. Le premier niveau de conscience est celui de l'instinct de reproduction (à l'échelle de la cellule ou des individus). C'est le degré zéro de l'existence (sans conscience propre), le temps des luttes entre les espèces. La vision proposée par Darwin ne dépasse pas ce degré. La raison du plus fort est toujours la meilleure. C'est dire si la théorie de l'évolution est peu évoluée…

L'état de survie. Les dangers environnants (de la jungle préhistorique à la jungle économique) nous rendent insensibles à notre état réel. Un phénomène d'anesthésie nous permet de survivre dans des conditions émotionnelles ou physiques difficiles. C'est dans ce niveau que nous retombons parfois, lorsque nous sommes au bout du rouleau.

Le comportement collectif. Troisième étape de l'expansion de la conscience humaine, l'individu se voit comme un être au service du groupe ou de la tribu ; son opinion importe peu et la raison d'État domine. À l'échelle de la cellule familiale, cela aboutit à la reproduction des schémas. En politique, c'est l'expérience du communisme/collectivisme. Les phénomènes de mode s'inscrivent dans ce type de conscience, comme les campagnes de vaccination de masse (intérêt collectif supérieur). Le modèle le plus perfectionné d'organisation collective est la fourmilière, où des milliers d'« ouvrières » travaillent sans relâche au service de la pérennité du groupe.

Le comportement individuel. Dans ce quatrième niveau, expériences et critères personnels deviennent la base de nos décisions. C'est l'adolescent qui dit « merde » à ses parents, le citoyen rebelle qui rejette le système, mais c'est aussi l'homme qui prend conscience de son existence propre et pense enfin par lui-même. À l'échelle du politique, c'est l'expérience capitaliste par l'affranchissement de règles imposées au profit de la liberté individuelle. À ce titre, l'opposition droite/gauche, sorte de « bug » dans le programme d'évolution, reflète les forces antagonistes à l'œuvre entre les niveaux du comportement collectif et du comportement individuel. Il semble bien que la conscience de la société actuelle en soit encore là.

La conscience humaine. Ce cinquième niveau est celui de l'âge adulte. Nous sommes de plus en plus nombreux à y accéder. « Ma liberté s'arrête là où commence celle d'autrui », « Un autre monde est possible ». On prend conscience que pour vivre ensemble, il faut des règles mais qu'elles ne s'arrêtent pas à l'organisation sociale pure et simple. Ces lois sont fondées sur le respect d'autrui. On comprend dès lors le sens des limitations, de l'éthique. L'amour et la fraternité deviennent des valeurs primordiales. Cette transformation s'opère actuellement dans les sociétés occidentales, avec la prise de conscience des errements du capitalisme (que l'on veut « moraliser ») et la critique de l'individualisme primaire. Mais les ego de certains « profiteurs » qui nous dirigent opposent encore beaucoup de résistance…

La conscience planétaire, enfin, s'occupe des conditions de vie sur Terre. Les écologistes savent depuis longtemps que l'Homme appartient à un ensemble plus grand. Dans cet état de conscience supérieur, la « menace terroriste » a disparu. *Le défi du XXe siècle* dont parle Teddy Goldsmith est de développer une vision écologique du monde, où l'évolution ne se définit plus par la lutte entre espèces, mais par la coopération des systèmes, en vue de l'évolution du tout. Nous commençons à percevoir que nous faisons partie de cet écosystème planétaire, mais « Nous sommes encore à la préhistoire de l'esprit humain. [...] Nous sommes dans l'âge de fer planétaire », souligne le sociologue et philosophe Edgar Morin, dans *Pour sortir du XXe siècle* (Fernand Nathan, 1981).

Il existe, évidemment, d'autres consciences supérieures qui nous appellent à vivre une vocation planétaire (notre « légende personnelle »), à mettre notre ego au service d'une cause plus grande (comme l'abbé Pierre ou Gandhi) ou encore à personnifier l'Amour (Jésus, le Bouddha, etc.) Mais nous n'en sommes pas là... !

Ne brûlons pas les étapes. C'est d'abord le niveau du planétaire que nous devons incarner. Comme le décrit avec poésie Edgar Morin, « la Terre est devenue un vaisseau spatial ». Nous réalisons effectivement que nous sommes embarqués sur une arche naviguant dans les eaux profondes d'une mer cosmique. Nous prenons tout juste conscience de la gravité de nos actes de sabotage à bord et de la nécessité d'inverser rapidement la vapeur pour éviter la désintégration de l'habitacle et de ses habitants dans le néant intersidéral. Nous sommes tous dans le même bateau !

Par ces temps apocalyptiques, « Il y a péril mortel. [...] Il est dans la conjoncture synergique des États tout-puissants, des techniques de manipulation, d'asservissement et d'anéantissement, des mythes délirants », nous rappelle encore Edgar Morin. Mais il ne faut pas se laisser impressionner par ces « États totalisants » qui brident notre perpétuelle évolution ! Ils ne sont que les formes, certes perfectionnées, d'un niveau de conscience inférieur. Ils ont érigé en vérité, en système, leur vision limitée du réel. Leur anti-évolutionnisme intrinsèque les condamne tôt ou tard à l'autodestruction.

Nous pouvons choisir de lutter contre l'abrutissement du corps social par la force ou l'action. Mais ne sous-estimons pas la puissance de la seule pensée ! Les croyances sont bel et bien les causes premières de nos déviances. Elles disparaîtront dès lors que nous aurons accédé à ce niveau de conscience plus élevé. Le système s'effacera ainsi de lui-même pour laisser place à un autre modèle, plus vivable.

S'informer est fondamental pour accélérer la maturation de la pensée collective. Il nous en incombe la responsabilité. Lorsque nous nous orientons vers des informations « saines », nous contribuons à élargir notre conscience. Nous ne tardons pas à découvrir à quel point la vision des médias dominants est étriquée, sans issue. Jaillit alors en nous un sentiment de claustration, d'étouffement. Cette crise d'asthme de la conscience, bien que chargée d'angoisse, est salutaire : elle nous invite à écarter au plus vite les barreaux de notre prison psychique. Lorsque nous trouvons enfin la sortie de secours, par le biais de bonnes informations, le monde apparaît sous un jour radicalement différent, et nous respirons à nouveau. Toute prise de conscience est libératrice !

Il n'est pas de meilleur antidote aux diverses pollutions mentales que de chercher à savoir si ce qu'on nous raconte est vrai. Un peu comme un enfant qui, au-delà d'un certain âge, ne croit plus au père Noël ou aux contes de Perrault, certains discours féeriques (ou machiavéliques) ne pourront plus nous ensorceler car nous n'y croirons tout simplement plus.

Ne nous lamentons pas sur la disparition du père Noël et de nos anciens héros… N'ayons pas peur de regarder l'arbre mort de nos croyances ! Ce rendez-vous de la psyché avec la désillusion est nécessaire pour jeter au compost les éléments du passé, trop vieux et usés. Actuellement, un lent processus de transformation s'opère, pour changer la pourriture en un nouvel humus fertile. Il contient déjà en germes les racines d'une nouvelle vie, de nouvelles branches, de nouveaux bourgeons qui, bientôt, donneront de nombreux fruits. Nous pourrons alors croquer la vie à pleines dents sans avoir peur de nous empoisonner !

Allez, courage, ce n'est plus qu'une question de temps !

Pryska DUCŒURJOLY,
le 11 février 2010.

Postface

Dans ce livre, Pryska nous a fait vivre un tour d'horizon redoutable de l'envers du décor de notre présomptueuse civilisation ; sorte d'électrochoc pour éveiller nos consciences et trouver le courage et la lucidité de sortir du « meilleur des mondes » où nous sommes enlisés.

Finalement, nous ne pouvons que constater la prose visionnaire d'Aldous Huxley. Comment l'intelligence humaine peut-elle accepter les méfaits d'un « progrès » dévoyé, abandonné aux dérives mercantiles et au cynisme des oligarchies financières que tout le monde peut voir ? Faudra-t-il à nouveau qu'un Messie vienne chasser les « marchands du temple » avec leurs basses œuvres, leur conduite égoïste et leur cupidité ?

L'évangile de la croissance, que les manipulateurs d'opinions continuent à invoquer malgré les démentis cinglants que la situation leur inflige et les périls qu'ils accumulent autant pour eux-mêmes que pour le reste du monde, est un signe de désordre mental évident. Le bonheur par la croissance et la consommation : voilà une idéologie qui a vécu, puisqu'on en mesure aujourd'hui les contradictions et les méfaits.

Ce qui est étonnant c'est qu'on ait pu, pendant si longtemps, se voiler les yeux devant l'évidence des dérives et les conséquences de nos choix de vie, alors que l'on se targue d'une pensée **rationaliste** et **scientifique**.

« Dieu est mort », proclamaient les philosophes du XIXe siècle, en dénonçant les religions comme « l'opium du peuple ». Pourtant, tous les jours de nouveaux gourous nous appellent à la prière par leurs incantations psalmodiées sur toutes les ondes : CAC 40… Dow Jones… Indice Nikkei…

Qu'y a-t-il de plus abscons, de plus irrationnel que ce délire quotidien qui mesure le bonheur de l'espèce humaine par les indices de la consommation ? Cette obsession, qui frise parfois l'hystérie, serait le fait de gens sérieux et responsables ?

Des gens sérieux qui s'enthousiasment quand baisse le prix du cacao ou du café, qui achètent pour une bouchée de pain des gadgets fabriqués à l'autre bout du monde par des enfants faméliques et qui s'affligent des menaces des désordres économiques et sociaux, de la violence et de la pollution grandissante, sans mesurer un instant la part de responsabilité qui leur incombe…

Comment pouvons-nous rester insensibles devant la gravité des dégradations que produisent nos comportements sur notre « milieu de vie », sur nos ressources, sur nos rapports humains… ?

C'est peut-être cet immense défi de mort collective qui va nous permettre de sortir de la chrysalide pour accomplir une autre étape de notre extraordinaire destin, à travers le fameux « saut quantique », qui doit nous propulser vers une nouvelle dimension pour accomplir ce que tous les prophètes ont annoncé en proclamant notre nature divine.

Car, nous ne l'avons peut-être pas remarqué, mais nous sommes aujourd'hui dans l'Apocalypse annoncée pour la fin des temps, ou plutôt la fin d'*un* temps… En effet, au sens étymologique du terme, l'Apocalypse c'est la « Révélation ».

À cet égard, l'humanité n'a jamais eu autant de chances de comprendre son destin et d'en influencer le cours. Ces dernières décennies lui ont permis, en l'espace d'une génération, d'embrasser l'absolue complexité de l'univers et de découvrir la Terre comme jamais auparavant… Notre belle planète bleue vue d'ailleurs… Ce fragile esquif dans l'immensité cosmique est l'unique refuge sur lequel nous devons partager l'espace et les ressources, avec toutes les formes de vie qui y cohabitent, sous peine de disparaître avec elles et avec toute la trame du mystère qui assure notre pérennité.

Le livre de Pryska est magnifiquement écrit. Il témoigne d'un esprit de synthèse et d'une grandeur d'âme qui caractérisent les êtres appelés à jouer un rôle indispensable dans l'évolution de la conscience collective.

La clarté du propos, la sobriété du texte, la qualité des références, tout y est présenté d'une plume alerte, lucide, incisive et déterminée…

Ce manuel de dépollution mentale est un véritable bain de jouvence pour les neurones, mais aussi pour les cœurs qui ont bien besoin de battre à l'unisson dans un monde d'espérance, de partage et de compassion.

À consommer sans modération !

Philippe DESBROSSES

Agriculteur (ferme de Sainte-Marthe), docteur en sciences de l'environnement (Université Paris-VII) et écrivain, Philippe Desbrosses fut à l'origine de la création de la plupart des mouvements de l'officialisation de l'agriculture biologique. Il est aussi expert consultant auprès de l'Union européenne et chargé de mission auprès du ministre de l'Agriculture pour le Grenelle de l'Environnement.

Repères bibliographiques

L'Écologie du Tao, une vision écologique du monde, Edouard Goldsmith, Le Rocher, 1994 (réédité en 2002).

La Terre est un être vivant : l'hypothèse Gaïa, J.E. Lovelock, Flammarion, 1999.

Pour sortir du XXe siècle, Edgar Morin, Fernand Nathan, 1981.

Pour une politique de civilisation, Edgar Morin, Arléa, 2002.

Nous redeviendrons paysans, Philippe Desbrosses, Alphée, 2007 ; *Le Krach alimentaire*, Le Rocher, 1988.

L'Alimentation ou la troisième médecine, Dr. Jean Seignalet, Éditions François-Xavier de Guibert, 2004 (5e édition).

Se soigner par les légumes, les fruits et les céréales, Dr Jean Valnet, Poche, 1967 (1re édition).

Les Vérités indésirables, le cas Pasteur, Philippe Decourt, Éditions Archives Claude Bernard, 1989 (épuisé).

Toxiques alimentaires. Marie Langre, Dr Maurice Rabache, Poche, J'ai Lu, 2004.

Nos enfants cobayes de la psychiatrie ? Enquête sur la médicalisation des problèmes de l'enfance, Pierre Vican, Éditions Anagramme, 2006.

Les Poules préfèrent les cages, Armand Farrachi, Albin Michel, 2000.

Le Mal du sucre, Danièle Starenkyj, Éditions Orion, 7e édition, 1986.

Alertes santé, André Cicolella et Dorothée Benoit Browaeys, Fayard, 2005.

Autisme et Vaccination, Sylvie Simon, Guy Trédaniel Éditeur, 2007.

150 petites expériences de psychologies des médias, Sébastien Bohler, Dunod, 2008.

Ces glandes qui nous gouvernent, Jean du Chazaud, Éditions Équilibre-Charles Corlet, 1990.

L'Origine glandulaire des troubles mentaux. Le fonctionnement des facultés mentales par l'Endocrino-Psychologie, Jean du Chazaud, Éditions Équilvital, 2009.

Ce qui est caché aux sages et aux intelligents, Thierry Salmeron, Édition Mols, 2009.

Mon enfant a-t-il besoin d'un pédiatre, Dr Françoise Berthoud, Éditions Ambre, 2006.

Hyperactivité et déficit d'attention de l'enfant, comprendre plutôt que droguer, Dr Françoise Berthoud, Éditions Marco Pietteur, 2008.

Combat pour une idée: la pollution électromagnétique, Dr Jean-Pierre Maschi, France Europe Éditions, 2005.

Les dix plus gros mensonges sur la sclérose en plaques, Dr Jean-Pierre Maschi, Dangles, 2007.

Savants maudits, chercheurs exclus, Pierre Lance, Éditions Trédaniel, 2006.

Votre GSM, votre GSM, on vous ment !, Dr R. Gautier, Dr P. Le Ruz, Dr D. Oberhausen, Dr R. Santini, Éditions Marco Pietteur, collection Résurgence, 2004.

Le Chlorure de magnésium, un remède-miracle méconnu, Marie-France Muller, Éditions Jouvence, 2005.

La Défense par le système nerveux, Dr Martin du Theil, Librairie scientifique et médicale Amédée Legrand, 1933.

Une arme secrète contre la maladie, l'argent colloïdal, Frank Goldman, Le Lotus d'Or, 2004 (épuisé).

Manger bio, c'est pas cher, France Guillain, Éditions Jouvence, 2004.

Le Mensonge alimentaire, Dr Halas-Ulrich Grimm, Éditions Trédaniel, 2006.

Rapport Campbell, Collin Campbell et Thomas Campbell, Ariane publications et distribution, 2008.

Changez d'alimentation, Pr. Henri Joyeux, Éditions F.-X. de Guibert, collection Écologie humaine, 2008.

Additifs alimentaires danger, Corinne Gouget, Chariot d'Or, 2006.

Je me sens mal mais je ne sais pas pourquoi, la candidose chronique, Dr Philippe-Gaston Besson, Éditions Jouvence, 2003.

Lait, Mensonge et Propagande, Thierry Souccar, Éditions Thierry Souccar, 2007.

Vaccins, Mensonges et Propagande, Sylvie Simon, Éditions Thierry Souccar, 2009.

À propos de l'auteur

Journaliste, Pryska Ducœurjoly a travaillé huit ans dans la presse quotidienne régionale, notamment au journal *Sud Ouest*, pour plusieurs rédactions locales, départementales puis au siège, à Bordeaux. De formation littéraire pluridisciplinaire, diplômée de l'Institut pratique de journalisme, elle s'est initiée aux disciplines scientifiques (nutrition, biochimie, anatomie-physiologie du corps humain) dans le cadre du cursus de Naturopathe praticien de santé (Institut Euronature). Après avoir quitté les « mass média » en 2008, Pryska Ducœurjoly est aujourd'hui journaliste d'investigation indépendante. Avec *La Société toxique,* elle signe son premier essai de psychologie sociale, synthèse de son expérience croisée dans les domaines de la santé non conventionnelle, de l'écologie et du journalisme.

Achevé d'imprimer en mars 2010
sur les presses du
Groupe HORIZON
Parc d'activités de la plaine de Jouques
200, avenue de Coulin
13420 Gémenos

N° d'imprimeur : 1002-013

Imprimé en France

Dépôt légal : mars 2010